中国老年医学学会
国家老年疾病临床医学研究中心（解放军总医院）
国家重点研发计划项目“医养结合支持解决方案研究（2018YFC2002400）”

医养结合创新研究与实践

主　审　范　利　胡建中　高松柏
副主审　曹　丰　杨庭树　杨　谦
主　编　陈运奇　侯惠如
副主编　訾加禄　吴仕英　黄伟红　李元庆

人民卫生出版社
·北　京·

图书在版编目（CIP）数据

医养结合创新研究与实践 / 陈运奇，侯惠如主编 .
北京 ：人民卫生出版社，2024. 6（2024. 11重印）.
ISBN 978-7-117-36473-7

Ⅰ. D669.6

中国国家版本馆 CIP 数据核字第 2024H2X643 号

人卫智网	**www.ipmph.com**	**医学教育、学术、考试、健康，购书智慧智能综合服务平台**
人卫官网	**www.pmph.com**	**人卫官方资讯发布平台**

医养结合创新研究与实践
Yiyang Jiehe Chuangxin Yanjiu yu Shijian

主　　编：陈运奇　侯惠如
出版发行：人民卫生出版社（中继线 010-59780011）
地　　址：北京市朝阳区潘家园南里 19 号
邮　　编：100021
E - mail：pmph @ pmph.com
购书热线：010-59787592　010-59787584　010-65264830
印　　刷：北京盛通印刷股份有限公司
经　　销：新华书店
开　　本：710 × 1000　1/16　　**印张：**18
字　　数：323 千字
版　　次：2024 年 6 月第 1 版
印　　次：2024 年 11 月第 3 次印刷
标准书号：ISBN 978-7-117-36473-7
定　　价：118.00 元
打击盗版举报电话：010-59787491　E-mail：WQ @ pmph.com
质量问题联系电话：010-59787234　E-mail：zhiliang @ pmph.com
数字融合服务电话：4001118166　E-mail：zengzhi @ pmph.com

《医养结合创新研究与实践》

编写委员会

主　审　范　利　胡建中　高松柏

副主审　曹　丰　杨庭树　杨　谦

主　编　陈运奇　侯惠如

副主编　昝加禄　吴仕英　黄伟红　李元庆

编　委（以姓氏笔画为序）

丁　瑜　丁志平　丁媛媛　王　莉　王　骋　王亚妮　王克勇
王丽霞　邓东飞　龙　沙　龙宗耀　白雪松　冯　涛　曲峰杰
刘　玲　刘　剑　刘发军　刘晓敏　刘爱祥　安　娜　关延斌
汤晓霞　许晓东　阳　敏　孙志军　孙春丽　巫初华　李　芳
李　杰　李卫平　李元庆　李世明　李东科　李军翔　李志强
李秋芳　李瑶盖　杨　谦　杨庭树　肖　晖　肖洪松　吴仕英
张　健　张文安　张译文　陆菊明　陈　峥　陈东升　陈运奇
陈春霞　范　利　林　峰　林承雄　罗　志　罗树春　罗桐法
周　华　周　琳　周　鑫　赵　静　赵继承　胡建中　胡晓蓉
禹乐军　侯惠如　昝加禄　姜开田　骆亚男　秦万长　秦小玲
袁　源　袁熹娜　夏　红　徐　艺　徐卫华　高　悦　高松柏
郭佳钰　唐少林　唐远勤　黄伟红　曹　丰　康丰娟　梁　智
董炳辉　程　红　程　志　程丽红　曾　丽　蔡丽丽　蔡荣斌
裴松宪　穆文娟

序　一

我国老年人口规模大，老龄化速度快。为应对人口老龄化的挑战，我国相继推出了《“十四五”健康老龄化规划》《关于进一步推进医养结合发展的指导意见》《居家和社区医养结合服务指南(试行)》等一系列医养结合政策。政策核心观点认为，推进医养结合发展要以老年人健康需求为导向，增加医养结合服务供给，提升医养结合服务质量，增量与提质并重。

同时，推进医养结合是优化老年健康和养老服务供给的重要举措，是积极应对人口老龄化、增强老年人获得感和满意度的重要途径。这些政策措施体现了我国对老年人福祉的高度重视，以及在优化老年人健康和养老服务方面取得的进步。

老年人的医疗与养老需求往往相伴而生，并且难以分离，《医养结合创新研究与实践》这本书正是在这样的背景下应运而生的，中国老年医学学会的范利、陈运奇、侯惠如等专家领衔的研究团队，经过大量理论研究和实践探索，为我们提供了一个深入理解医养结合和应对老龄化挑战的独特视角。在医养结合中，“医”与“养”的关系紧密且互补，“医”强调医疗干预和治疗，“养”则侧重于日常生活的照顾和支持，更关注老年人的生活质量，强调长期照护和生活支持。“医”为“养”提供必要的医疗支持和健康保障，而“养”则为老年人提供一个舒适、有尊严的生活环境，两者结合，共同促进老年人的整体健康和福祉。本书是一部理论扎实、实用性强的著作，能够为中国医养结合的未来发展提供指导。

值得推荐的是，本书通过理论与实践相结合的方式进行论述，主编团队均为从医多年的资深专家，具有丰富的老年医学临床经验和医养结合创新实践。本书正是基于中国老年医学学会团队近十年来已有的实践案例和模式创新，并结合大量实际调查研究凝聚而成的结晶。书中的实践案例涵盖了从基层医疗保健到养老服务等多个层面，展示了如何在不同的社会和经济条件下，创新和实施医养结合，能够为政策制定者、专业医护人员以及养老服务的专家学者提供参考和指导。

本书还是培养医养结合新型人才的一本好教材。书中的内容逐层递进，全方位解析了医养结合形成的背景、内涵与外延，通过对我国医养结合政策和机构的深入研究，阐释了医养结合的重要地位与作用，同时从理论层面分析了医养结合运营的体制与机制，并有丰富翔实的实践案例可供学习，是研究和学习医养结合理论与实践不可多得的读物。

本书通过深入浅出的理论阐述和案例分析，将复杂的政策环境和实践需求转化为易于理解的知识点，使读者能够快速掌握医养结合的核心理念与技能。对致力于老年医疗保健和养老服务的专业人员或学生来说，这本书将是宝贵的学习资源，有助于在其未来的职业培训和进阶中发挥重要作用。

張秋俭

第十二届全国政协副秘书长，
兼教科文卫体委员会副主任
2024 年 3 月

序　二

由陈运奇同志领衔编写的《医养结合创新研究与实践》一书完稿付梓，邀我为之作序。我与陈运奇同志同在老龄事业和老年医学领域共事，我们既是同事，又是感情融洽的战友。多年来陈运奇同志及其团队，以党中央、国务院及政府部门颁发的老龄事业、健康服务业、医养结合的决策部署、指导文件为引擎，在中国老年医学学会会长、解放军总医院原副院长范利教授的指导下，夯实聚焦医养结合研究与实践的探索并推动应用，他亲临基层、现场对若干个不同区域、不同机构进行医养结合试点示范，给予现场指导、帮扶，并总结推广试点成果和经验，升华理论与实践相结合的应用价值，并对相关领域发挥影响和推动作用。

医养结合，是医疗资源与养老资源及其功能融为一体的新型养老模式，为老年人提供多元、优质、综合连续的健康养老服务，实现社会资源利用最大化。医养结合的诞生，是随着我国进入人口老龄化总量大、进展快，同时面临着共病、慢性病多、高龄化、失能化、空巢化、未富先老、供需与区域不平衡相交织的长寿不健康老龄问题与挑战，也是我国很长一段时间的基本国情。老年人是医养结合健康服务需求量最大、技术与服务能力程度要求最高的特殊群体。党的十八大以来，在健康中国行动、积极应对人口老龄化和健康老龄化战略的推动下，我国首创构建的医养结合新体系、新模式、新生态的健康养老服务业和产业已成为国家长期战略任务，又是主动适应人口老龄化、优化老龄人口健康医疗和养老养生供给、不断满足老年人日益增长的健康需求，建设具有中国特色医养结合模式的新篇章。

医养结合，是我国健康中国建设和实现健康老龄化的重要举措，是将健康融入老龄政策的制度创新，是传统养老模式向生命健康全方位、全周期、全过程健康医疗服务的转型升级，是推动健康养老服务业与产业的支撑，有望成为经济发展新常态下的一个重要经济增长点。

“春江水暖鸭先知”,本书通过专业性、系统性研究,以精准对接老年人需求为导向,以基层实际工作为研发环境,以国家决策部署、政策、规范、标准等为基础,构建了医养结合健康养老服务体系的架构和服务模式,创建了不同模式的医养结合试点示范场景,并有针对性地总结出具有指导意义的理论与实践,以及探索走什么路才能在发展中作出最优选择。

略览本书,个人有所受益,更体会到在以习近平总书记为核心的党中央及各级政府的决策部署下,各相关政府部门颁布的若干指导文件的指引下,全国上下齐心协力,共同推进医养结合及老龄健康事业,取得的成就实属不易。同时这也让我对未来与时俱进、实现高质量发展、推进中国式现代化医养结合的大趋势充满期待。基于这些从书中获取的启示,以及对行业的内在规律和本质特征的理解和认知,总体考虑未来发展应再现以下“六个特征”,也是抛砖引玉促发展的引擎。

一是,理念引领特征。在积极应对老龄化、以人民健康为中心、推进健康中国建设的背景下,我们将健康老龄化的理念融入医养结合的养老服务中,以此推动老龄健康事业的持续发展。新时代孕育出新理念,这些理念包括更加重视心理健康、倡导积极康复、追求服务系统化和多元化,以及强调个人价值和社会贡献等。这些新理念不仅打破了传统的发展模式,解决了供需不匹配的问题,而且以智慧为引导,激发了创新的活力,为我们赢得了未来发展的主动权。

二是,服务需求刚性特征。根据我国人口老龄社会的特点、老年期健康特征和健康养老服务需求,国家倡导以居家养老为基础、社区养老为依托、机构养老充分发展的养老模式(即“9073”模式,90% 居家、7% 社区、3% 机构),继而将医养结合融为一体化、“一站式”健康养老场景集成应用,打造覆盖城乡、供给多元(包括低端有保障、中端有市场、高端有选择的多元供给)、服务优质、方便可及、暖心服务的开放型医养结合健康养老服务体系,以及完善多层次养老健康社会保障体系和质量、监测、绩效评价体系,与需求相对标。推进医疗、科技资源与养老资源深度融合,并完善优化资源配置,为老龄人口提供集健康教育、预防保健、医疗救治、康复护理、长期照护、健康管理、养老养生、安宁疗护为一体化的健康照护服务网络,满足老年人医养结合健康养老服务的刚需。同时,根据老年人所处的活力阶段、半失能阶段、失能失智阶段“三段人生”的特点和需求,提供居家、社区、机构所需的适老产品和服务供给;还要适应构建由国家医学高峰、省级医疗高地、城市医疗集团、医联体、县域医共体以及“三医联动”组成的新体系相匹配的老年健康养老需求。只有坚持需求为导向,把老年人的健康放在首位,不断拓展医养结合健康养老服务的广度和深度,加大服务供给,才能为老龄人口实施医养结合健康服务做好“增量”“增质”的协同提升。

三是，健康入万策特征。在推进医养结合健康养老服务体系、模式建设中，首要的是要发挥国家政策支持和保障作用，完善医养结合政策体系和强化政策支持力度，尤其要形成医养结合服务人才和产业发展的政策合力。实施健康入万策，需要培育医养结合健康养老服务消费新业态，满足老龄人口的养老与健康医疗需求；需要发挥卫生健康系统的专业力量，为医养结合健康养老服务体系和模式以及产业发展赋能；需要激活与医养结合服务相关的各个环节，并落实落细；更需要探索践行新时代医养结合实现什么样的发展，怎样实现发展的新图景。

四是，整合发展特征。医养结合健康养老服务体系、模式的建立，本身就改变了单一的养老和单一的医疗格局，形成医养结合整合协同发展的常态，创新生态整合发展的新格局。整合发展还体现在多方面：其一，组织协同保障，将医养结合纳入经济社会发展和民生实事，建立政府主导，部门协同联动，企业、社会参与，区域化布局协同推进的整合格局；其二，创新推进业态整合，发展医养结合需多行业、部门协同行动，支持医养结合服务与卫生健康、文化、旅游餐饮、家政、教育、体育、养老、金融等行业发展，共建共享；其三，医养结合资源整合，将人、财、物资源系统与相关业务系统整合，利用各类医疗机构、养老机构及医养结合机构的专业化、连锁化、品牌化优质资源、生态景观资源等，促进优势特色发展；其四，医养结合服务功能整合，根据老年人健康状况、消费水平、个人喜好，为老年人在居家、社区、机构养老提供适宜的经济可承受的多层次、多元化、个性化、智慧化的全方位、全周期医养结合连续、规范的服务，让养老变享老；其五，科技领域整合，以生物技术、生命科学、信息技术多资源数据整合、中医药与中西医结合技能等相融合为支撑，促进医养结合服务业与产业的大发展。只有把整合协同力、各方优势协调、各类人员积极性调动起来，才能推动新时代医养结合健康养老服务高质量发展，努力创建中国式现代化特色医养结合新路。

五是，智数化特征。智能化与数字化是一种基于现代信息技术的全新模式，已成为引领未来，持续赋能行业发展的重要趋势，迎来智慧健康养老的新时代，有望创建个性化、服务化、数据化、智能化为特征的智慧健康养老服务模式，提升服务质量和资源配置效率并形成合力，推进医养结合健康养老服务高质量发展。随着医养结合健康服务业与产业快速发展，数智赋能，需要以老年人健康养老需求和服务可及性为核心，针对不同消费层次、不同人群的认知度、接受度和适应能力，丰富智慧健康养老产品及服务供给，进一步完善构建与经济社会发展相适应，与居家、社区、机构医养结合健康养老服务新需求、新业态相匹配重塑新体系、新模式以及标准化体系，持续优化智慧健康养老服务。通过丰富“互联网+”、远程医疗新应用场景，更好地实现线上平台和线下服务一体化的协同发展，统筹聚集政府、行业、企业、个人、社会的合力，扎实应用数智化核心能力，提升适老化水平和为老服务的满意度，幸福安享晚年。

六是，可持续发展特征。为了满足健康长寿、生命科学发展的需要，不断创新推进老龄事业、老龄健康养老、健康老龄化的高质量发展，提升医养结合健康养老服务能力和促进健康产业发展，是可持续发展的战略对策。医养结合健康服务业与产业的可持续发展，要靠目标的战略性、成长的发展性、品质的创新性、竞争的优势性，总体谋划顶层设计，规定未来发展方向。同时，要靠坚持以人民健康为中心、高质量发展为主题主线，以质量、绩效、智数赋能、技术与人文等新内涵为驱动，进一步强化、完善医养结合健康服务体系建设、医养结合机构建设，人才队伍建设并形成人力资源合理配置，优化资源和外部支持环境，扩大需求供给和竞争力提升，满足老年人对高品质健康养老和美好生活的需求和期盼，持续增强老年人的获得感、幸福感、安全感。

本书对于各类医养机构、医养结合机构、管理部门及其他相关单位，都是急需的，为他们提供了发展思路和实践经验。希望大家都更加清晰地看到人口老龄化快速发展走向医养结合的大方向、大趋势、价值创造，都更加坚定地遵照党中央、国务院的战略部署积极行动，努力推进医养结合在新时代实现跨越式发展，为改善老龄人口健康和健康公平，大力推进健康中国、健康老龄化、中国式现代化目标的实现作出新贡献，确保医养结合未来更符合国家发展战略的愿景。

张立平

中国人民解放军总后勤部卫生部原部长

2024 年 3 月

序　三

欣阅此著，感触良多。作为老年健康服务领域的重大知行成果之一的《医养结合创新研究与实践》一书，既是中国老年医学学会和解放军总医院范利教授团队历时十余年艰苦探索的学术总结，也是中南大学湘雅医院胡建中教授团队历时五年牵头攻关国家重大计划课题研究的智慧结晶。

《医养结合创新研究与实践》一书汇聚了众多专家的心血与努力。以范利教授为首，陈运奇、侯惠如教授为主将的一大批探索者，十余年来在中国老年医学临床领域和中国老年医学学会这一平台默默耕耘，与全国各地区的政府和企业紧密合作，创建了众多不同模式的医养结合健康养老试点示范机构。依托这些机构，他们进行了持续且深入的研究与实践，总结出了一系列医养结合健康养老的新理念、新知识和新模式。在此基础上，他们针对相关社会热点问题，创造性地提出了一系列具有社会指导意义的理论性认知，尤其在以下一些新认知、新观念方面，更是突出地表现出引领学术潮流的积极意义。

一是对医养结合理念的创新和诠释。在致力于提升老年健康服务的过程中，中国老年医学学会率先提出了医养结合的理念，进而针对医养结合机构的体系构成、建设标准、服务内容以及相关的一些热点问题，进行了一系列的理论探索和学术定义。这些工作无疑都非常有利于促进老年健康服务业界统一思想，形成共识和合力。

二是以人群类别为特征界定健康养老格局内涵。在老年健康服务实践过程中，人们曾试图对其社会功能进行基本概括，提出了“9073”模式。中国老年医学学会的探索者们则根据长期的实践和理解为这一模式注入了新的内涵。他们明确指出，“90%”代表的是广大的普通老年人群，包括城乡居民，须推行“区域化”养老，也就是由政府主导，建设“县-乡-村”一体化的“农村模式”和融合居家与社区养老的康养社区“城市模式”；“7%”指失能、失智的高龄或高危老年人，他们的养老服务须由大医院办养老院的“院中院”模式承担，这是中心城市居民的刚性需求；"3%" 代表的是高收入、高学历的活力型老年人，他们更倾向于选择以医养旅居为特色的养老服务，这类服务通常由企业家在风景区建立的医养结合机构提供。本书认为，"9073" 模式中的三类人群应分别由政府、医院和企业家主导服务，同时在民政部门的统一监管下，共同构建医养结合健康养老的国家模式。这一观点具有很高的社会价值和很强的实践意义。

三是为贯彻落实党和国家的老年健康服务政策探明了方向。党中央、国务院在发布的多个文件中反复强调，要建立覆盖城乡的基本养老服务体系，促进健康中国建设。《医养结合创新研究与实践》根据党和国家的总体要求，就如何在老龄化日益严重的中国建立覆盖城乡的基本养老服务体系，提出了明确的指导思想、系统的工程建设原则以及具体的实施方法和标准。书中还明确指出，"建立覆盖城乡的养老服务体系" 不仅是医养结合的支撑体系，也是落实健康中国建设，实现全民健康的基础工程。这为各级政府清晰地指明了在老年健康服务实践中的努力目标和策略。

四是为老年健康服务各个层面推动工作提供了成熟的指导经验。《医养结合创新研究与实践》系统地总结了在全国各地创建的各种类型医养结合示范机构和养老模式的经验和做法，配合国家卫生健康委对于医养结合试点工作典型经验的推广，提供了一系列成功案例和可资借鉴的样本。

五是围绕医养结合健康养老事业发展的相关政策问题提出了一系列新观点。范利教授和胡建中教授领衔的医养结合研究与实践，针对体制机制创新、与医养结合相关的学科建设、中医药康复以及大健康产业发展等政策问题进行了深入的研究与探索，为老年健康服务领域绘制了一张崭新的学术蓝图。

《医养结合创新研究与实践》对上述问题的研究和探索，虽然仅仅是初步的，但却很有积极意义，特别是一些具有开创意义的理论和经验，对于进一步贯彻落实习近平总书记关于 "要加快建设居家社区机构相协调、医养康养相结合的养老服务体系和健康支撑体系" 的指示，深入开展创建全国医养结合示范县（市、区）和示范机构的社会实践，不失为颇具指导价值的一份参考蓝本。

俞梦孙

中国工程院院士

2024 年 3 月

前　言

2011 年，中国老年医学学会命我以中国老年医学学会副会长的身份，专职分管医养结合的研究、实践和探索工作，中国老年医学学会会长、中国人民解放军总医院副院长范利教授亲自指导工作。自此，我们先后在成都、石家庄、临沂、沈阳、海南、湖南、河南、贵州、云南、江苏等地，培育了一大批不同类型、不同风格的医养结合试点示范机构和具有示范效应的县（市、区）医养结合养老模式。前期主要与民营企业家们合作，创建各种类型的医养结合示范机构；后期主要与县市政府合作，探索创建医养结合示范县（市、区）。为此，我们先后考察了 16 个县（市、区），为部分县市制定了医养结合实施方案。

2022 年 4 月，国家卫生健康委下发《关于开展第一批全国医养结合示范县（市、区）和示范机构创建工作的通知》，此文件为我国的医养结合、健康养老事业打开了新局面。

医养结合是近年来提出的新概念，反映了社会的新需求，也是社会经济文化发展和人民生活水平提高的重要标志。由于人们对于医养结合概念的理解不同，做法也不同，基本上是“八仙过海，各显神通”，因此，从思想上、理论上、实践方法上厘清概念，统一认识，是医养结合、健康养老事业发展的当务之急。

基于这样的现状和认识，我们按照党中央、国务院的部署和要求，站在国家的高度、政府的角度，根据广大人民群众需求的强度，从以下三个方面提出理论指导、解决方案和实践样本：

一是总结十余年来的医养结合实践经验，梳理医养结合的各种认识和与其相关的各种问题，提出一整套医养结合的理论，以期发挥行业引领作用。

二是以成功创建的 5 类医养结合养老机构和模式为研究基础，提出一整套部署省、市、县区域医养结合服务体系和各类医养结合机构的建设思路、方法、原则、运营模式和与之配套的体制机制创新观点。尤其推出以建设覆盖城乡且以医养结合为特征的基本养老服务体系建设标准和服务要求，以着重解决 90% 以上的普通居民为主要服务对象的医养结合示范县（市、区）样本，并认为这是落实“健康中国”建设和实现“全民健康”的基础工程，具有重要的意义。

三是根据我们创建的一系列不同类型的医养结合试点示范机构连续不间断运营的情况，提出一整套各级各类医养结合机构建设的基本要求、基本构成、建设标准、服务规范、质控标准、运营办法和机制体制创新等，以期发挥行业推动作用。

以上仅是我们的愿望，受本人知识和能力的限制，可能有许多地方不尽完善，甚至存在错误之处，欢迎读者批评指正。

陈运奇　侯惠如

2024 年 3 月

目　录

第一篇　基础理论研究

第二篇 医养结合政策体系与机制创新研究

第三篇　医养结合试点示范探索

第一篇

基础理论研究

人一般在中年以后，生理代谢、器官功能和应激反应能力即开始不断退化，而老年期的身心状态及其功能方面的衰退会以更快的速度进行。老年人随着社会活动的减少，受疾病和衰老的影响，必然会逐渐丧失生活自理能力。因此，如何让老年人尽量保持生理、心理和社会适应的状态，持续地、有尊严地乐享人生，成为老年人及其家庭成员乃至于整个社会都非常关心的话题。

近十余年来，"医养结合" 和 "医养融合" 逐渐成为老年健康服务领域的热门概念，这一理念体现了新时代对于老年健康服务的全新认识和期待。随着社会老龄化的持续发展，越来越多的老年人面临失能、失智等问题，导致生活自理能力下降，因此，探索如何为这部分老年人提供周全的医疗与养老服务显得尤为重要。基于此，我们进行了医养结合的理论研究，以期通过科学的方法探索如何更好地满足老年人的医疗和养老需求，为社会的持续发展和老年人的福祉做出贡献。

第一章

绪　　论

第一节　我国人口老龄化进程

一、人口老龄化定义

老龄化是一个社会现象，其本质特征是社会人口的结构比例趋于高龄化、衰弱化。人口老龄化是指因社会的生育率降低、年轻人在总人口中的比例下降、人均寿命延长等多种因素而导致的老年人在总人口中占比不断增加的动态过程。根据联合国《人口老龄化及其社会经济后果》确定的划分标准，以 65 岁及以上年龄的人口比重作为划分人口类型的常用指标，当一个国家或地区 65 岁及以上老年人口数量占总人口比例达到 7% 时，则意味着这个国家或地区进入了老龄化；达到 14% 时，即进入深度老龄化社会；达到 20% 时，就进入超级老龄化社会。1982 年维也纳老龄问题世界大会确定，60 岁及以上老年人口占总人口比例超过 10%，意味着这个国家或地区即进入老龄化。其中 60 岁以上人口占总人口比重超过 10%，表示进入轻度老龄化社会，超过 20% 为中度老龄化，超过 30% 为重度老龄化，超过 35% 为深度老龄化。

二、我国人口老龄化背景

改革开放以来，我国社会经济发展取得了举世瞩目的成就，从一个积贫积弱、百废待兴的国家崛起为世界第二大经济体。随着社会经济的快速发展，人民的生活水平和质量得到了极大优化，尤其是医疗卫生条件显著改善，极大地提升了人口健康水平。同时，社会保障体系也逐渐法制化、正规化和社会化，医疗与养老保障的范围扩大、水平提升，老年人的生活质量得到了显著改善，预期寿命不断提高。进入 21 世纪以来，我国 65 岁以上人口比例快速上涨状态见图 1-1-1。

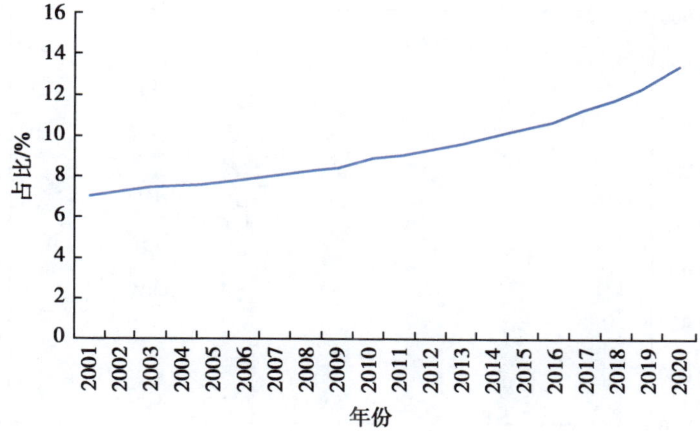

图 1-1-1 21 世纪前 20 年中国 65 岁以上人口占比变化曲线

中华人民共和国成立后,前期的高生育率与后期长时间的低生育率相互作用,既增加了老年人口总量,也降低了低龄人口的结构比例,这些因素综合叠加,使得老龄化的趋势越发严重。21 世纪前 20 年中国 0~14 岁人口比例波动情况曲线见图 1-1-2。

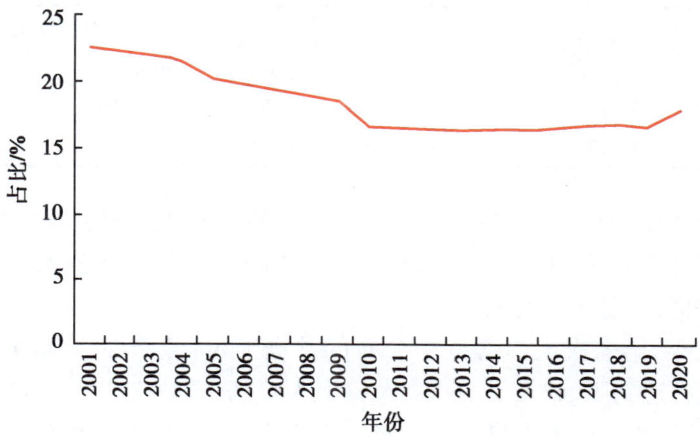

图 1-1-2 近 20 年中国 0~14 岁以上人口占比变化曲线

我国历次人口普查全国人口变动及年均增长率曲线见图 1-1-3。

三、我国人口老龄化现状

1999 年,我国 60 周岁以上老年人口占到总人口的 10%,按照国际通行标准,我国人口年龄结构在当时即已进入老龄化阶段。我国于 2010 年进行了

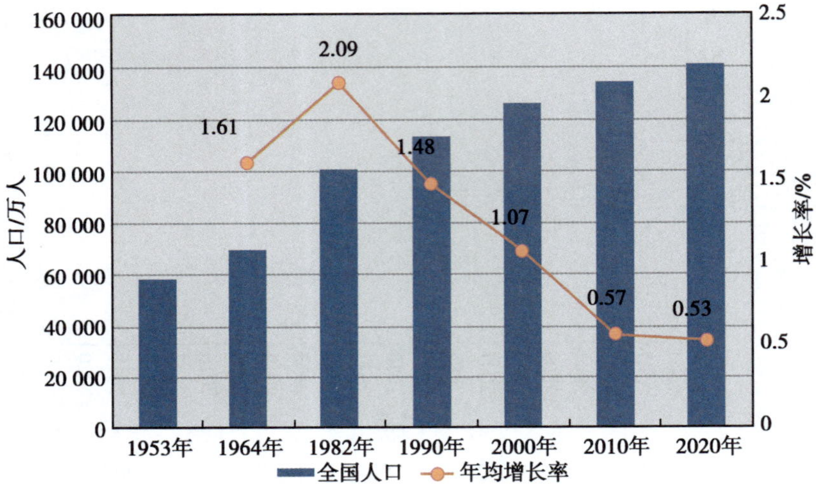

图 1-1-3　我国历次人口普查全国人口变动及年均增长率曲线

第六次全国人口普查，于 2020 年进行了第七次全国人口普查。中国第六次和第七次全国人口普查人口年龄结构状况见**表 1-1-1**。

表 1-1-1　中国第六次和第七次人口普查人口年龄结构

年份	总人口/亿人	60 岁及以上人口		65 岁及以上人口	
		数量/亿人	占比/%	数量/亿人	占比/%
2010	13.71	1.77	13.26	1.19	8.87
2020	14.43	2.64	18.70	1.90	13.50

2010 年第六次全国人口普查数据显示，我国总人口已达 13.71 亿，全国 60 岁及以上老年人为 1.77 亿，占总人口的 13.26%，其中 65 岁及以上老年人达到 1.18 亿，占总人口的 8.87%。

2021 年，第七次人口普查中公布的数据显示：截至 2020 年 11 月 1 日，我国总人口达到 14.43 亿人，60 岁及以上人口为 2.64 亿左右，约占总人口的 18.7%，按照 60 岁以上人口占比超过 20% 的标准，我国老龄化程度已接近中度老龄化。2021 普查数据中 65 岁及以上人口超过 1.9 亿人，约占总人口数量的 13.5%，按照 65 岁人口达到 14% 时即进入深度老龄化社会的标准，我国已接近深度老龄化。由此可见，我国老龄化形势十分严峻。

四、我国人口老龄化特点

中国将来的老年人口比重将逐年上升，人口老龄化、高龄化趋势日益明显。受历史、经济、文化等各种因素综合影响，我国人口老龄化也有区别于其他国家的特点，主要表现为以下几点。

（一）老龄人口规模大，增速快

中国人口基数决定了老龄人口规模巨大。据预测，到 2050 年，全世界老年人口将达到 20.2 亿，其中中国老年人口将达到 4.8 亿，几乎占全球老年人口的四分之一。目前我国老龄人口已超过了日本总人口，2025 年将相当于美国总人口，2035 年我国的老年人将有可能超过 4 亿人。

据测算，预计“十四五”时期，60 岁及以上老年人口总量将突破 3 亿人，占比将超过 20%，进入中度老龄化阶段。2035 年左右，60 岁及以上老年人口将突破 4 亿人，在总人口中的占比将超过 30%，由此我国即进入到重度老龄化阶段。我国从 1999 年开始进入老龄化社会，预计到 2030 年 65 岁及以上人口将超过 20%，至时即迈入超级老龄化社会，这一过程只需要 30 年。德国 2010 年 65 岁及以上老年人口占比为 21%，亦即从 1950 年进入老龄化到 2010 年进入超级老龄化，他们用了 60 年；英国预计到 2025 年 65 岁及以上老年人口占比为 20.2%，亦即从 1950 年进入老龄化社会到 2025 年进入超级老龄化，需要用 75 年；美国预计到 2035 年 65 岁及以上老年人口占比为 20% 以上，亦即从 1950 年进入老龄化社会到 2035 年进入超级老龄化，用时 85 年。由此可见，中国人口老龄化规模之大、增速之快，确实需要足够重视。

（二）低龄老年人口占比偏大

我国 2020 年开展的第七次全国人口普查结果数据显示，我国 60 岁以上的老年人有 2.64 亿，其中 70 岁以下的低龄老年人占比约在 55%。随着社会的发展，我国老年人的文化水平不断提高，这些低龄老年人属于活力型老年人，他们生活自理能力较强，对医疗、护理服务需求相对较低，有些老年人为了有更多时间享受美好生活，热衷医疗保健和养生；有些老年人时间充裕，精力充沛，文化娱乐爱好广泛；有些老年人有丰富的人生阅历和经验，具有一定的知识和技能，仍然希望能发挥余热，继续实现自我价值。但以上种种因素却常常被忽略。

总体而言，老年人的精神心理需求较丰富，但现实是我们经常忽略了老年人心理和精神层面的需求。2021 年全国 60 岁以上人口各年龄段抽样调查（1.058‰）结果见图 1-1-4。

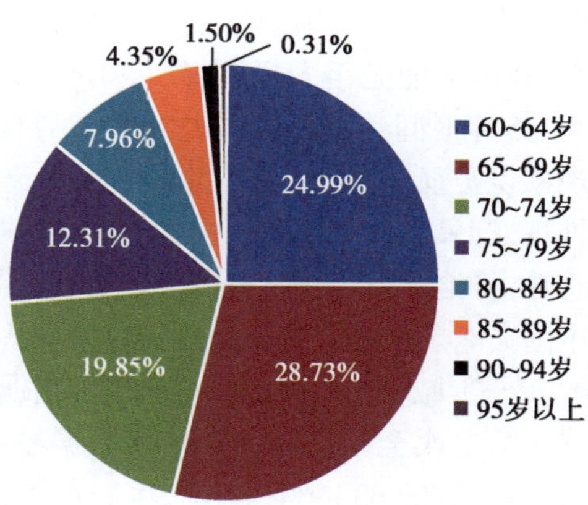

图 1-1-4 2021 年全国 60 岁以上人口各年龄段抽样调查结果

（三）慢病化、共病化现象明显

老年人常患有多种慢性疾病，如高血压、冠心病、糖尿病、慢性阻塞性肺疾病、慢性肾衰竭、脑血管疾病、骨关节炎、骨质疏松、白内障、前列腺增生等。有数据显示，全国患慢性病的老年人数达 2.1 亿，占老年人口总数的 80.1%，且大多老年人不止患一种慢性病。据《中国老年疾病临床多中心报告》，老年住院患者共病的比例高达 91.36%，平均患病 4.68 种，更严重的是还伴有一些未察觉的老年综合征，如衰弱、肌少症、营养不良、跌倒、便秘、失能、焦虑、抑郁、谵妄等，并常常伴有不同程度的功能障碍。

疾病及功能的部分缺失，明显影响老年患者的身心健康和生活质量，这就需要老年健康服务工作者通过合理的健康教育、预防保健、急性期合理救治、恢复期慢病康复、亚急性期功能促进等，在一定程度上维持老年疾病的稳定状态，延缓功能衰退及生活质量下降。然而，我国有近亿老年人存在潜在的健康风险，然而这些风险往往没有被及时发现，因此难以及时采取有效的干预措施。这种情况可能导致老年群体的健康状况出现急剧下降。同时，因为老年健康知识及信息的匮乏，很多老年人消极被动地面对疾病，因此而丧失了维护身体功能、恢复身心活力的最佳时机，进而加速了老年人的衰老与死亡。

（四）高龄化、失能化、失智化比例上升

根据第七次全国人口普查结果，2020 年我国 80 岁及以上人口有 3 580 万，占总人口的比重为 2.54%，比 2010 年第六次全国人口普查的结果增加了 1 485 万人，比重提高了 0.98 个百分点。由此可见，我国老龄化逐渐呈现出高龄化特点。2019 年我国居民人均预期寿命已达到 77.4 岁，但平均健康寿命却仅 68.5 岁，这意味着我国老年人的预期寿命有了很大的提升，但是健康预期寿命却没有太大的增加。据预测，高龄老年人群体中的失能率在 50% 以上，我国失能老年人规模将由 2016 年的 625 万人上升到 2050 年的 1 875 万人，35 年时间其增幅将高达 200%。伴随着老年人口的高龄化，老年人的失能现象也愈显突出，中国是世界上阿尔茨海默病患者人数最多的国家，据目前推算，痴呆和认知障碍人群总计有 5 000 多万。如此庞大的失能和失智人口总数，将给社会、家庭以及公众承担的照护和医疗保健系统带来沉重的负担。中国失能老年人口统计分析及预测情况见图 1-1-5。

（五）城乡老年人口结构倒置并出现空巢化趋势

第七次全国人口普查结果数据显示，全国居住在城镇的人口为 9.02 亿人，占总数的 63.89%；居住在乡村的人口为 5.10 亿人，占总数的 36.11%。与 2010 年第六次全国人口普查数据相比，城镇人口增加 2.36 亿人，乡村人口减少 1.64 亿人，城镇人口比例上升 14.21 个百分点，说明随着我国城镇化的

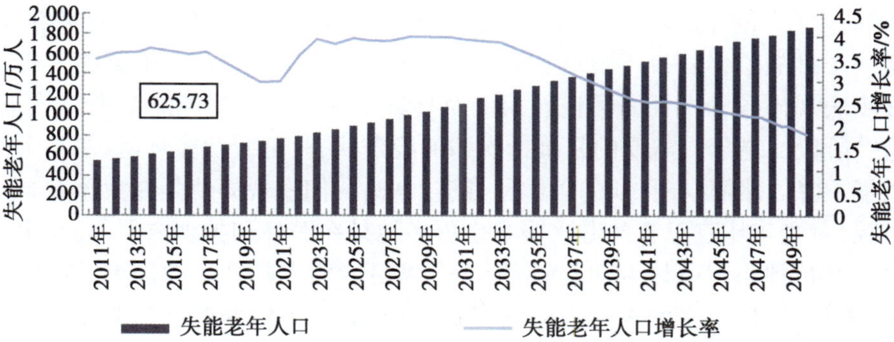

图 1-1-5 中国失能老年人口统计分析及预测情况统计图

进程不断加深，人口已明显地向城镇流动。然而，如果单从全国老年人的分布情况来看，居住在乡村的 60 岁及以上、65 岁及以上老年人其比重分别为 23.81%、17.72%，比居住在城镇者分别高出 7.99%、6.61%。与 2010 年第六次人口普查数据相比，60 岁及以上、65 岁及以上老年人口比例的城乡差异分别扩大了 4.99% 和 4.35%。以上两组数据揭示了一个现实：一方面，自 1978 年十一届三中全会作出改革开放的重大决策以后，我国城镇化进程开始加速，大量的农村人口逐渐变成了城镇人口；然而另一方面，大量的老年人却仍然留居在农村，以至于在 2010—2020 年的十年间，农村 60 岁及以上的老年人占比增长了约 5%，比城镇老年人的占比高约 8%，这也就是农村老年人日益“空巢化”的主要原因。发达国家城市老龄化高于农村，而我国农村老龄化发展趋势比城市更迅猛。当前农村经济发展水平、社会服务水平等都严重滞后，长久以来，我国养老保险、医疗保险制度的发展呈现城市和农村碎片化、地域化和户籍化的特征。农村人口老龄化必将为老年健康服务事业乃至于社会发展带来更为严峻的挑战。

第二节 我国人口老龄化面临的挑战

随着社会的发展，低龄活力型老年人（指年龄在 60~69 岁之间的老年人）并不仅仅满足于基本的生存和健康需求，他们对心理及精神文化方面的需求高涨。然而，目前针对老年人的文化产品类型较单一，消费项目的选择也较局限，不能与老年人企盼的文化层次完美匹配。

一、养老服务需求明显升高

通常情况下，“健康预期寿命”与“预期寿命”之间年限差距比较大，即

“带病生存”的年限较长，怎样延长这部分活力型老年人的健康寿命年限，也是一个挑战。伴随着年龄增长而必然出现的机体功能衰退，中高龄老年人逐步表现出各种慢性非可逆性疾病及日常生活能力及功能的半失能状态，这个阶段的老年人需要的是维持疾病的稳定状态，延缓功能衰退，避免生活质量下降。然而，在长期的医学社会实践中，我们发现即使是在大型综合性医院，对老年住院患者的健康服务也更多地是在医疗和护理方面，而在生活照护及精神心理关怀方面，尚不能完全满足老年人的特征性需求。我国失能、失智、多病缠身的老年人数量与日俱增，必然导致养老服务的需求总量增加。

随着老年人身体功能的变化，不同阶段老年人养老服务的侧重点也呈现出不同的需求，各种服务需求之间应该保持相对的连续性及协同性。随着老年人及其家庭对高质量生活的期望提高，社会对养老服务的需求在数量和质量上都将显著提升。不仅如此，由于老年人的需求具有层次及类别的多样性以及个性化等特点，更广泛且更精准的养老服务才能满足老年人不断增长的个性化需求。因此在需求与供给之间，需要结合不同阶段老年患者的健康特征和养老服务需求，提供更加专业的协同与配合服务，才能充分应对我国日益严重的老龄化现状。

二、传统家庭养老模式面临挑战

人口老龄化必然影响社会结构中的老年赡养比。所谓老年赡养比，通常用以表明每百名劳动年龄人口要负担多少名老年人，主要指社会结构中20~64岁劳动年龄人口与65岁以上老年人口的数量之比。据联合国的预测，在世界各个地区，1950—2050年，老年赡养比均呈现上升趋势。1950年，全世界每12名劳动者供养一位老年人，2000年时每9名劳动者供养一位老年人，到2050年时每4名劳动者供养一位老年人。根据历年人口普查数据，我国家庭户平均人口规模持续下降，已从1990年的3.96人、2000年的3.44人下降至2010年的3.10人。第七次全国人口普查数据显示，这一趋势尚在延续，2020年我国家庭户平均人口规模为2.62人，比2010年减少0.48人。

自20世纪70年代开始，计划生育政策的广泛实施，我国独生子女家庭大量涌现，全社会的家庭规模和结构普遍发生了明显的变化，传统上的多子女大家庭模式逐渐淡出了中国社会，新的家庭结构更多地表现为：1对夫妻赡养4位老人，抚养1~3个孩子。在竞争激烈的社会环境下，作为家庭、社会中坚的年轻一族们既要承受工作、生活的压力，又要面临沉重的家庭经济负担和来自各方面的心理压力，对于赡养4位甚至更多老人的义务，很多年轻夫妇确实显得有些力不从心。在不断强化的人口老龄化背景下，由于平均家庭规模缩小、子女远距离就业等原因，可承担赡养义务的子女数量相对下降，加之农村人口趋向于向城镇流动，以及受"叶落归根"等传统观念的束缚，大量农村居住的老年人主动或被动选择不与定居城镇的成年子女同住，因此而成为空巢老人。另外，远在外地甚至外国的子女很难有时间和足够的精力去照顾到独居老年人的生活，条件稍好一些的也只有利用周末或假期的有限时间去偶尔看望一下父母长辈，这种现象使传统的家庭养老格局面临着巨大挑战。因此，传统的家庭养老模式已经无法满足现实的养老需求，如何补充传统家庭养老乏力的现状，也是亟须解决的问题。

三、经济上的未富先老

发达国家大都是在基本实现现代化且经济发展水平比较高的条件下进入老龄社会的，属于"先富后老"或至少"富老同步"，而中国社会则是在尚未实现现代化，经济尚不发达的情况下进入老龄化社会的，属于"未富先老"。在 2000 年，我国刚刚进入人口老龄化社会时，人均 GDP 约为 3 976 美元，远低于当时世界 7 446 美元的平均水平。中国同其他国家老龄化程度和人均 GDP 的比较见**表 1-2-1**。

表 1-2-1 中国同其他国家老龄化程度和人均 GDP 的比较

国家和地区（年份）	人均 GDP（购买力评价）/美元	老龄化程度/%	
		60 岁及以上人口比例	65 岁及以上人口比例
世界（2000）	7 446	10.0	6.9
中国（2000）	3 976	10.1	6.8
美国（1950）	10 645	12.5	8.3
日本（1970）	11 579	10.6	7.1
以色列（1975）	12 270	11.8	7.8
韩国（2000）	17 380	11.0	7.1
新加坡（2000）	23 356	10.5	7.2

资料来源：国家人口发展战略研究课题组．国家人口发展战略研究总报告［M］．北京：中国人口出版社，2007.

自 20 世纪 70 年代以来，由于我国的计划生育政策和以经济建设为中心的发展战略，人口抚养比开始逐步下降，而劳动年龄人口的比例和规模则在不断上升。这种年龄结构的变化逐渐发展成为推动经济高速发展的"人口红利"。然而随着社会人口结构的变化，我国逐渐进入"低死亡率、低出生率、低自然增长率"的老龄化阶段，劳动力老化水平持续上升，适龄劳动力占比逐渐下降，有效劳动力供给减少，劳动生产率降低，原本以"人口红利"促进经济发展的资源优势逐步降低。不仅如此,我国劳动力老化水平在今后很长一段时期都将会持续升高,并且远高于世界平均水平,这种人口老龄化规模大、增速快的现象,将在一定程度上影响我国的经济发展。

我国人口老龄化是在社会经济还不够发达、物质条件尚不充裕、社会的养老机制并不健全的情况下到来的,因此,一方面发展社会的养老事业需要政府积极主导,另一方面单靠政府的力量来发展老年健康服务事业又很不现实。因此,在“未富先老”的前提下,如何充分高效利用现有条件,整合社会资源,解决我国老年人的养老问题,是我们面临的一个挑战,如果能够借养老服务产业为我国经济赋能,也未尝不是一种机遇。

四、社会形态的“未备先老”

中国的老龄化是在社会尚未充分作好充分准备的情况下来临的,主要表现在以下几方面。一是在硬件设施方面,我国基于年轻型或者成年型社会建立的交通、教育和医疗等社会支持系统难以满足老年人口特别是高龄人口养老及生活的迫切需求。二是在老年健康服务人才方面,专业的老年医疗和护理人才储备不足,特别是老年生活照护人员存在文化程度低、专业技术水平低、工作时间长、劳动强度大、心理压力大、流动性强等缺点。三是在政策规划方面,部分政策落实不到位,政府部门相互间存在着权责割裂,职责划分不清,联系不强等问题。四是我国在老年健康服务业界的政府主导地位尚未确立,而老年健康服务的社会力量参与度显得比较薄弱,无法承担主体责任,稳定性及可持续性差。因此,提升养老服务的硬件设施和提升人才服务的质量以及科技含量是养老服务需要解决的重要问题。同时如何确立政府主导地位,保证养老服务的稳定性及持续性也是需要考虑的问题。

五、社会稳定性受到潜在冲击

我国在经济尚未高度发达、城乡老年人口结构失衡、空巢化趋势明显的背景下,已经步入了老龄化社会。由于各地经济发展不均衡,老年健康服务的理念和机制也尚未成熟,这使得人口老龄化的进程与经济发展速度、社会发展水平以及人们的思想观念之间存在不匹配。因此,家庭、政府和社会,都需要积极探索并承担起老年健康服务的道义和责任,强化养老公平与养老质量,进而提高老年人的生活质量和幸福指数,让老年人充分享受改革发展成果,安享健康幸福晚年。为了实现这一目标,我们需要结合地域环境、文化特色、经济基础、人力成本等多方面因素,形成一套可持续的运行机制,以确保社会稳定,并保证老年健康服务的社会供给和需求形成双向循环、可持续发展的格局。

第三节 国外养老服务模式及其对我国的启示

由于生育率的持续下降和人均预期寿命的提高，人口老龄化问题已经成为每一个发达国家无法回避的重大社会问题。伴随着越来越严重的社会老龄化，以及老年人慢性疾病患者的日益增多，各方面的养老服务需求也与日俱增，世界各国都在探寻适合本国国情的养老服务模式。美国、日本、英国、澳大利亚等发达国家进入老龄化的时间远远早于我国，在应对老龄化的过程中，他们已经积累了比较成熟的运行模式和成功经验。分析研究国外成熟的养老模式及其应对老龄化的方法措施，对我国有一定的借鉴意义，有助于我们探索并制定解决老龄化时代难题的政策和策略。

一、美国的养老服务模式

作为近现代社会最为发达的资本主义国家之一，美国依靠其较高的经济发展水平，在成熟社会形态基础上产生的医疗保险制度，包括政府的社会保障医疗计划、团体保险计划及个人投保的商业医疗保险计划，使老年照顾得到了比较广泛的覆盖。美国的养老模式主要分为三类。

第一类是对老年人全包服务项目（Program of All Inclusive Care for the Elderly，PACE）。它主要是针对 55 岁及以上、社区低收入群体中自理能力较差或患有重大疾病的老年人。服务策略是由政府为其提供医疗和健康服务的全包服务项目，纳入全包的内容包括日常生活照料、疾病诊疗、预防保健、健康管理、康复护理等，从而最大限度地满足长期生活在社区的失能或半失能老年人的医疗、养老及护理需求。这是一种性价比相对较高的社区照料与医疗照料相结合的养老模式，在美国长期照料体系中最为实用。

第二类为养老居所服务项目（Congregate Housing Services Program，CHSP）。此项目主要服务于低收入、生活不能自理的老年人。服务策略主要是为老年人提供日常基本生活照料与康复护理等其他支持性服务。

第三类为家庭与社区服务（Home and Community-Based Services for the Elderly，HCBS）。这一类服务主要是为自理能力较强、居家养老的老年人提供基本生活与医疗照护，是一种可以让老年人在家中享受到便捷生活和医疗照护的服务模式。

以上三种方案，立足于针对不同自理能力的老年人提供不同的照护和养老服务，较大程度上满足了老年人的需求，解决了美国的养老问题。由于美国主要采取的是商业养老模式，该模式是市场经济条件下的养老服务体系，这种模式受个人经济状况的差异、购买保险种类的不同，以及贫富悬殊等多方面因素的影响,人们所能得到的养老服务水平也存在较大差异。

二、日本的养老服务模式

受社会经济高速发展的积极影响,日本的社会保障体系得到了较好的充实和完善,实现了全民养老金和医疗保险,而且建立了比较稳定的福利制度。在针对老年人的福利制度中,介护养老已成为日本的主要养老模式之一,它是一种集医疗卫生资源、公共服务资源、医疗保险体系等于一体的区域化养老服务模式,可以提供老年人日间照料、患病老年人服务等全面的居家养老服务。除此之外,日本还重视老年人的精神需求,为之设立了老年人休养之家等特定的服务机构;日本的社区服务也是采取分类模式,针对不同情况的老年人推出不同的菜单式服务内容,主要包括派遣家庭服务人员护送老年人看病、购物、料理家务、养护委托、电话咨询以及实施家庭看护,等等。

从 20 世纪 80 年代末 90 年代初开始,日本逐渐将为老年人进行健康服务的重心转移到居家福利模式上。原因主要在于由国家大量投资兴建老年人福利设施,会加大政府财政负担。同时,由于受儒家思想和孝道文化的长期影响,日本比较推崇居家养老方式,避免隔断老年人与家人和朋友之间的感情,最大限度地满足老年人从情感上回归家庭,参与社会活动的愿望。上门医疗服务和居家养老服务的结合,减轻了政府的经济压力,提高了老年人的养老质量。日本的介护保险制度发展较为完善,制度中针对不同类别的人群、从事不同职业的对象加以区分,有针对性地为老年人提供个性化、多元化的养老服务。

介护业确实有利于提高老年人的养老质量,但由于介护工作主要为老年人、残疾人、患有慢性病或身体虚弱的人提供日常生活及医疗照护,非常辛苦,而且介护士自身的人格尊严经常受到来自工作的冲击,这些职业本身的特殊性使得日本的介护士职业越来越难以稳定,人才流失率逐年增加,有的地区流失率可高达 20%,越来越多的年轻人不愿意从事这个行业。日本政府近年通过多种政策吸引外来劳动力加强这项工作,以弥补人口日益老龄化带来的介护士缺口。同时,由于民间企业退出介护保险不受法律条文的约束,企业可以随时撤换获利较少的服务机构,这种做法让部分老年人难以接受持续稳定的健康服务。且介护服务主要集中于城市,农村、海岛、山区等偏远地区的老年人难以享受到介护保险服务。

三、英国的养老服务模式

目前,英国已经形成了以政府为主导的国家医疗服务体系,主要通过国家税收筹资来承担包括养老服务在内的国民医疗费用。相关的医疗费用由政府直接与服务提供商结算，医疗机构不向个人收费。为了满足老年医护服务日益增长的需求，1989年，英国政府提出社区照顾的理念，经过多年的发展与演变，英国社区照顾的模式主要以居住社区而体弱多病的老年人为服务重点，由政府主导，为其提供卫生服务，主要由服务业、医疗机构和社会照护机构之间进行协作，为老年人提供综合的照料服务。英国基于社区的整合照料比较具有医疗与照护服务的协同效应，这种服务比较有效地提升了老年人健康服务的质量与连续性。

但任何一种制度都有它的相对性，整合照料制度的缺点也是比较明显的。首先，这项制度最重要的支撑基础就是资金全部来源于税收，国库承担的支付压力相对较大。其次，由于每年的资金筹措可能受不同经济状况的影响，所以支付未必能够及时到位，于是政府出台了“等待”政策，等待的人群须基于疾病的严重程度分先后接受免费诊治。再次，政策特别规定，对于一些相对不严重的疾病，不论患者的财力状况如何，其享受制度的权利都不在政策平衡的范围内。因此，在相对偏僻的农村地区，全科医生为了更高的收入以及吸引更多的患者就诊，往往忽略精准诊治，这也就导致了医疗服务质量的差异，为社会的不平衡发展埋下了隐患。

以上简要地介绍了英美日等发达国家在老年健康服务方面的主要做法，其实国外比较成功的做法还很多，如欧洲尝试为老年公寓创造“泛家庭”氛围，奥地利等国家推出方便老年人生活的“多代公寓”，西班牙、意大利、泰国等推崇异地养老，等等，这些做法和经验都可以作为我们的参考。随着我国社会的老龄化程度不断加深，传统的家庭养老模式越来越难以满足社会发展的需要，而发达国家社会养老模式的经验可以作为我国的参考和借鉴。

从发达国家现有的养老模式来看，比较成熟的老年健康服务策略主要表现在以下几个方面。一是政府、社会在养老问题上发挥主导性作用。二是保障体系的普及性及筹资体制的多样性。三是注重医疗资源和养老资源的整合以及确保服务的连续性、养老的集中性。四是政策法规的完备性和医护人员的专业化。五是注重老年人情感寄托和心理需求。然而，由于受到文化、经济、社会发展程度等因素制约，对外国的经验，我们也不能简单地照搬照抄，应当在借鉴学习国外先进经验的基础上探索适合我国国情的养老模式。

四、国外老年健康服务责任主体和功能支撑

根据美日英等发达国家的养老模式和特点可以看出，一是责任主体都是政府，承办方多为社区机构。二是经费保障，大都是政府买单或介护保险直接支付。三是养老模式，虽然没有直接提“医养结合”，但是强调的也是医疗机构和社会养老机构协同服务和社区与家庭相结合的方法。

五、我国老年健康服务所具有的国情优势

就老年健康服务而言，我国与美英日等发达国家最大的不同点着重表现在四个方面：一是我国更强调人民至上，二是强调医养结合，三是我国具有中医药健康服务特色能力，四是强调健康管理，维护全民健康。之所以表现出这些特点，主要是因为我国有 5 000 年深厚的人文底蕴和中医药养生疗病的传统优势，在长期的社会运行过程中积累了丰富的健康养生养老实践经验。这是我国健康养生的优势，也是中华文明的瑰宝，值得我们大力挖掘发扬光大。

第二章

医养结合概述

“医”乃“医病”,“养”即“养生”,这是人们的基本共识,只不过在老龄化程度越来越深的时代背景下,针对老年群体的“养”则比较明确而特定地用于指称“养老”。惜生与畏死,是人类在自然演化过程中的自然本能;而对于“医病”与“养生”这两种现象,没有太多人去注意两者之间的关系。在老年阶段,尤其是当老年人面临多病共存、失能或失智等健康挑战时,“医”与“养”的问题便显得尤为突出,不容忽视。这些问题不仅影响着老年人及其子女,也对整个社会提出了挑战。

第一节　医养结合的基本内涵

医养结合是将老年人的医疗服务与养老服务结合起来的一种模式。然而,作为系统完整的科学体系,对医养结合的理解须深入其严谨的学科理论体系之中,全方位探讨其产生背景、定义、目的、特征、形式与内容等。

一、医养结合的产生背景

2010 年,中国人民解放军总后勤部卫生部原部长,时任中国老年学学会副会长兼老年医学委员会终身名誉会长的张立平将军多次在学术报告和学术论文中提出并使用“医养结合”的概念。

同时,解放军总医院副院长,2008—2017 年担任全国政协委员、长期担任中国老年学学会老年医学委员会会长的范利教授,连续几年在全国“两会”上提案,并在时任全国政协主席俞正声主持的双周协商座谈会上,系统阐述了推进医养结合的重要性、必要性和可行性,使医养结合的理念逐步在国家层面和广泛的社会体系中形成共识。

2013 年 9 月,《国务院关于加快发展养老服务业的若干意见》(国发〔2013〕35 号)中首次提出“积极推进医疗卫生与养老服务相结合”的要求。

2014年9月，国家发展改革委、民政部等9部门联合下发《关于加快推进健康与养老服务工程建设的通知》，文中两次出现“医养结合”相关内容，这是在国家文件中最早出现的“医养结合”词组。

2015年11月《国务院办公厅转发卫生计生委等部门关于推进医疗卫生与养老服务相结合指导意见的通知》(国办发〔2015〕84号)，首次提出“医养结合机构”的概念。

2017年，在中国共产党第十九次全国代表大会上的报告中，习近平总书记正式提出了“推进医养结合，加快老龄事业和产业发展”的要求。

2022年4月，国家卫生健康委下发了《关于开展第一批全国医养结合示范县(市、区)和示范机构创建工作的通知》。

2023年5月，中共中央、国务院办公厅印发了《关于推进基本养老服务体系建设的意见》。

以上这一系列文件的发布迅速推动了全国医养结合健康养老事业的发展，使其进入了快车道，从而开创了医养结合的新局面，为践行医养结合和发展医养结合模式奠定了坚实基础。各级政府普遍把创建全国医养结合示范县(市、区)作为健康中国建设的重要抓手，有力地推动了健康养老事业的深入发展。

医养结合概念的提出及其在社会实践中的广泛应用，实际上是中国应对老龄化社会发展趋势的必然选择。这一模式不仅反映了广大人民群众，特别是中老年人对健康需求的日益增长，更是对老年健康服务追求更高标准的自然延伸。同时，它也体现了人类对健康更高层次的追求和理解，成为社会经济文化发展进入新时代的一个重要标志。

二、医养结合的定义

作为21世纪的新生事物，学术界对医养结合的定义至今还没有形成统一的认识，也缺乏系统化的理论研究。徐卫华认为，一切将医疗卫生服务与养老服务相结合的老年服务供给方式，都可视为医养结合，进而认为医养结合的目标是实现健康老龄化，让老年人舒适、安详、有尊严地度过一个幸福的老年期。

朱孔来在综合国内多家意见后，提出医养结合的内涵可以阐述为“一种有病治病，无病疗养，医疗和养老有机结合的新型养老模式”，他强调，通过有机整合养老服务资源和医疗卫生资源，老年人能够有序共享持续性的照料服务。他还把医养结合养老模式界定为以基本养老服务为基础，破除医疗资源和养老资源之间的壁垒，将包含健康教育、常规体检、疾病诊治、康复保健、大病康复及临终关怀等医护内容的“医”与涵盖生活照料、心理健康服务、精神慰藉等养护内容的“养”结合起来，形成的一种新型的养老服务模式。这种模式使医疗机构与养老机构这两个原本相互独立、自成体系的机构实现了跨界合作与有机融合，从而解决了传统“医养分离”的养老模式所导致的老年人在养老过程中有关医疗和长期护理的供求矛盾，以及由此带来的一系列问题。

我们根据十多年来对20多个医养结合研究基地连续不间断的研究、实践和探索，对医养结合的定义有了比较深刻的认识。我们认为从理论与实践相结合的角度说，医养结合的定义可分为广义与狭义两种，广义的定义可采纳朱孔来先生如上所给出的表述，狭义的定义则可概括为：所谓医养结合，即以健康为中心，围绕健康而采取的医疗与养护相结合的健康维护行为。其最核心的本质是将医疗卫生服务与养老服务相结合，对面向居家、社区和机构养老的老年人，提供全元素高品质的日常生活照料和所需的医疗卫生相关服务。我们认为，无论是医疗与养老的资源整合与技术应用，还是老年健康服务的方法和产品开发，其核心都是为了维护老年人的健康，提高老年人的生命质量，促进老年人不断恢复健康。其中的健康维护行为，可以是“医”而不限于医，也可以是“养”但不限于养，必须采取一种周全的策略，这种策略应该是“亦医亦养”“医养结合”，直至“医养融合”，这样才能确保老年人得到全方位的照护。

三、医养结合的目的

医养结合的目的主要表现在两个方面。

其一，既方便就医，又方便养老。按照传统的社会分工职能，“医”与“养”是两类不同性质的机构，历来皆以不同的行业性质承担不同的社会职能。接受“医”“养”服务的对象，大多是高龄、多病或失能、失智的高危老年人，不仅平时多病缠身、行动不便，而且生活难以自理，且又常常免不得可能有各种意外发生。他们既离不开医疗职能的救助，又依赖生活上的照料与呵护。因此，这类老年人及其家属非常希望医院能够开设养老院，或者在养老院内设医疗机构，以实现医疗与养老功能的近距离甚至无缝对接，从而满足老年人全面的健康需求。

其二，既能治未病、疗慢病，又能促康复、抗衰老。据调查，60岁以上的老年人中，80%以上都有程度不同的慢性疾病，包括高血压、糖尿病、痛风、肿瘤、心脑血管病、慢阻肺，等等。因此，越是年事高迈的老年人，对于医养结合的需求越是迫切，他们希望通过这种方式有效预防慢性疾病的发生，并对已经患上的慢性疾病进行有效治疗，以恢复受损的器官功能。对于追求高品质生活的老年人来说，他们更希望在抗衰老和延长寿命方面获得显著效果。为了满足这些老年人的期望，提供老年健康服务的社会机构就特别需要积极推行医养结合，努力实现医疗和养老服务的深度融合，即医养融合，切实解决老年人面临的这些现实问题。

四、医养结合的特征

马克思主义认为，形式与内容的辩证统一是事物运动的普遍特征，医养结合也不例外，它的存在和运动具有两重性。

一是“医”与“养”在形式上的结合，即医疗机构与养老机构彼此打破门户藩篱，在体制建构方面形成有机的整体。如医院开设养老院、养老院内设医疗机构，或者医院与养老院签约合作，通过“医养一盘棋功能统筹”而共同解决老年人方便就医、方便养老的问题。

二是“医”与“养”在内容上的结合，即医疗职能与养老职能彼此实现互促互助，在运行机制方面形成有机的整体，实现医中有养、养中有医，医养融合，由此即能高质量地化解医养难题。长期的实践已充分证明，这样的运行模式特别契合以中医药为特色的整体调理和自然医学保健康复的思想和方法，它特别有助于解决慢性疾病的防治和抗衰老问题。

因此，我们认为医养结合应该有统一的认识。徐卫华认为，医是医，养是养，医养是医养。并进一步延伸，医养结合为“一学科，三病房”结构模式。所谓“一学科”即老年医学科；而所谓“三病房”即老年综合病房、医养照护病房、安宁疗护病房。这一观点为进一步探索医养结合更深刻、更丰富的内涵提供了新的思路。

但是，用发展的眼光来看，形式上的医养结合就是医养机构的结合，体现的是“医是医，养是养”。这种结合必将催生以医养结合为特征的新型医养联合体，这种新型联合体有望逐步取代传统养老院，演变为更加先进的养老机构。而内容上的医养结合主要体现在医疗和养老服务的跨界整合，即“医是医，养是养”，这种整合可能催生出以医养融合为特色的新型慢病医院。然而，不论其形式和内容如何变化，医养结合和医养融合本质上都是以健康为中心，它围绕保障人体健康，实行医疗与养护的有机结合，为人们提供全方位的健康维护服务。因此，它对系统的健康管理具有着高度的依赖性。

所谓健康管理，主要就是建立在健康医疗大数据中心基础上，运用现代信息技术和医疗技术，立足于全体居民健康而在保健、医疗、生活照料等方面构建的一套系统、周密的个性化服务程序。其目的在于通过充分调动健康资源、运用科学的健康理念，通过建立有序的健康生活方式等方式帮助被管理对象维护健康、促进健康。当遇到健康受损的情况时，这套程序能够迅速启动周全的医疗照顾策略，帮助患者尽快地消除损害因素，恢复健康，并且实现节约经费开支，有效降低医疗支出的社会目标。医养结合概念元素及理解架构示意见图 2-1-1。

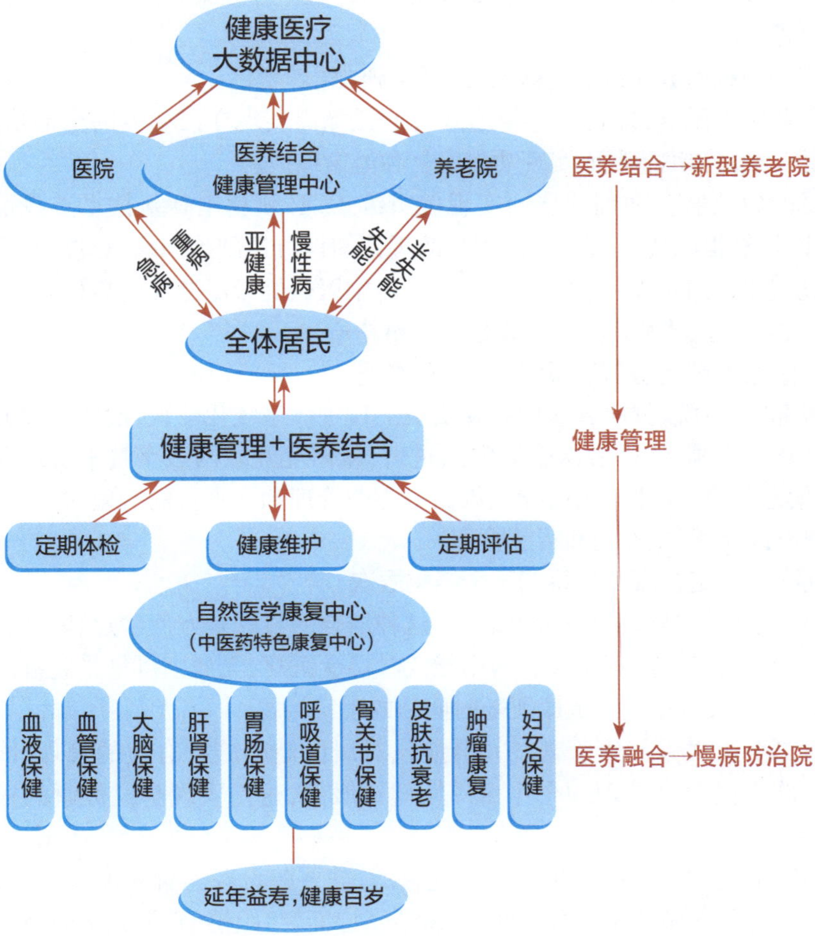

图 2-1-1　医养结合概念元素及理解架构示意图

通过图 2-1-1 可以看出，医养结合主要表现出如下特征。

（一）医养结合基本构架中，“医”“养”“康”是必要组成部分

完整的医养结合机构必须体现系统思维的理念，应该由医院、养老院和健康管理中心三大职能版块有机组合而成，能够依托健康医疗大数据中心的框架体系实行“医”“养”“康”一体化服务。这是实施医养结合服务必备的基础和前提。

（二）有效的医养结合服务，必须包括科学的健康管理

医养结合与健康管理是相互依存、相互促进的有机整体，是同一个完整

体系的两个重要方面，两者在共同的原则理念指导下通过定期体检、健康维护和定期评估而实现老年健康服务。没有健康管理，就不可能开展持续、系统、有效的医养结合服务；同样，没有医养结合服务，健康管理也就难以实现应有的意义。

（三）要确保健康维护的效果，必须实施“医养融合”

所谓医养融合，即在内容与形式方面无障碍实现亦医亦养的全部功能，特别要从器官和细胞层面实现功能康复和健康维护。

要做到从器官和细胞层面实现健康维护，必须利用高新技术查找潜在病因，而依靠祖国传统医学长期积淀的理论知识可达到治未病、疗慢病、促康复、抗衰老的目的。因此，需要设立专门的中医药健康服务保健机构，也可以将其称之为中医药特色自然医学康复保健中心。

（四）医养结合服务体系须依托“互联网+”

医院、养老院、健康管理中心要实现三位一体系统化建设，健康管理服务要实现居民全覆盖，医养融合要深入进行，就需要互联网数字技术实现互联互通、信息共享，需要健康医疗大数据中心的管理和云平台的有效应用，才能实现智慧医疗、智慧养老和智慧管理。

（五）医养结合服务体系的三个结构层次

第一个层次是医养机构的结合。这种结合的目的是方便医疗和养老，使有特定需求的老人能够实现有病则能及时接受医疗，无病则可享受完善的生活照护，所解决的是老人健康所随时面临的现实问题。

第二个层次是健康管理。社会应该对居民健康施行有效的管理，国家要求实施全民健康管理和全生命周期健康服务，这是实现全民健康的根本途径。

第三个层次是健康维护。为达此目的，需要建设医养融合的专门机构，利用中医药和高科技相结合的办法，从器官层面、组织层面、细胞层面乃至基因层面开展全息性的健康维护。所解决的既是个性化的也是社会群体性的未发生、正发生、已发生的慢性疾病以及重病的防治康复和保健等问题。

五、医养结合的形式与内容

医养结合的形式与内容主要表现在以下三个方面。

（一）医养机构的结合

医养机构的结合主要是指医疗机构与养老机构的结合。医疗机构与养老机构是两类不同性质的机构，前者以医疗为中心，主要任务是救治急病和重症；后者以老年人的日常生活照料为中心，主要任务是做好日常健康养护。

我国传统体制下，“医”与“养”是两股道上跑的车，即医疗机构不包括养老，养老机构不包括医疗。在国家和政府层面，卫健部门管医疗，民政部门管养老。自进入老龄化愈演愈烈的新时代以来，随着老年人健康需求的增加，尤其是健康安全意识的大大增强，众多高龄老人、高危老人迫切需要养老与医疗能够在物理空间实现“零”距离有机结合。目前国家已开始要求医院办养老院、养老院内设医疗机构，或者养老院与周边医院签约合作，以解决老年人住养老院期间对健康安全的担忧。这是目前最多见的医养结合形式。

（二）医养内容的结合

医养内容的结合是医养结合最本质的内涵，也即医养融合。其核心理念是从运行机制上将医疗与照护有机地融为一体，主要针对的是老年人慢性疾病的防控、防治以及对失能、失智老人的生活照料，这是我国以医疗保障为核心的老年健康服务体制中最为薄弱的环节，有的地方甚至还是一片空白。医养融合的主要任务是治未病、疗慢病、促康复、抗衰老，进而实现延年益寿，维护广大中老年人的健康，尤其是亚健康人群、慢性疾病人群的身心健康，同时加强对全社会重大慢性疾病如心脑血管病、高血压、糖尿病、肿瘤等的防控。

医疗与养老机构原本是功能与性质根本不同的社会机构，它们分别承担着不同的社会职能与任务，必然在服务理念与思路、运作方法与技术、社会产品与功能方面都表现出明显的差异。这种差异在中国特色的老年健康服务体系中，比较集中地表现为西医与中医各自具备的本质特征。

西医比较擅长于解决人体的急性病和重病，而中医药在解决防未病、治慢病方面更有其独特的优势。正如党中央、国务院在《“健康中国 2030”规划纲要》中强调的那样，要充分发挥中医药在慢性疾病防治中的独特作用，治未病中的主导作用，重大疾病治疗中的协调作用，疾病康复中的核心作用。我们认为，这才是医养结合的核心抓手，它精辟地体现了医养结合真正的目的、任务和方向，体现了“医”“养”内容结合最实质的内核和精准定位。只有充分发挥中医药特色的健康维护，才能使“医”“养”内容真正实现有机融合。对此，必须克服一个认识误区，即不能片面地认为对未病和慢性病的防治就不是“医”的范畴，也不能简单地认为对“养”的理解仅限于生活照料。医养融合，就是亦医亦养、医中有养、养中有医、既医既养，这是维护健康、防治疾病最科学、最理想的办法，也是以中医药特色为核心的自然医学最大的特点。同时，也是中医“天人合一”“阴阳平衡”“辨证论治”“因人施治”等思想和医养融合的依据。

“医疗”与“养老”内容的结合非常重要，但目前在全国范围内已经成功的案例并不多，虽然不少地方的中医院、中医科和康复中心多有探索性的开展，但是对医养融合研究的深度和应用的广度都还显得远远不够。尤其是养老服务，成为医养结合养老模式的成功案例如凤毛麟角。真正意义上的医养融合，必须能够深入到器官、细胞和基因层面，切切实实地做好细胞修复和功能康复，只有这样才能开创医养融合的科学局面。这是今后要高度重视，加大力度深入研究的重要方面。

(三) 医养机构与内容的结合

所谓医养机构与内容的结合，主要是指医院、养老院、健康管理中心三类机构或三个版块形成无体制壁垒、无机制障碍且功能齐全配套、运行高度顺畅的有机整体，这是第三种类型的医养结合模式，即医养康机构建设和服务一体化。近10多年来，医养结合领域出现的一大批风景区医养康一体化医养结合机构，主要就表现为医养机构与内容的结合，且大多数来自于房地产企业家的热心推动。

第二节 医养结合的外延

如果说老年健康服务是一个庞大的体系，那么以医养结合为核心，必然涉及一系列与之相关的学术概念，只有将这些概念的学术范畴和学术边界辨析清楚，才能准确地理解医养结合的内涵和外延，进而更好地推动医养结合为老年健康事业服务。下面即从医养结合与医养融合、医养结合与康养结合、医养结合与健康管理、医养结合与中医药学、医养结合与老年社会学、医养结合与养老建筑以及医养结合与基本养老服务体系七个方面进行一些简要的分析。

一、医养结合与医养融合

2013年9月，《国务院关于加快发展养老服务业的若干意见》(国发〔2013〕35号)，文件提到：推动医养融合发展。各地要促进医疗卫生资源进入养老机构、社区和居民家庭。卫生管理部门要支持有条件的养老机构设置医疗机构。

“医养结合”与“医养融合”虽然拥有共同的目标，都是以健康为中心，是围绕健康采取的医疗与养护相结合的健康维护行为，但是两者的内涵和外延还是有很大区别，这种区别至少表现在以下四个方面。

(一) 结合的形式不同

“医养结合”主要是指医疗机构与养老机构体制上的结合，其实质是“医”“养”机构互为配套，或“医”“养”机构形式上的联合；而“医养融合”则多指“医”“养”内容的结合，即“医”与“养”在运行机制上融为一体，从结合效果上表现为亦医亦养、医中有养、养中有医。

（二）结合的目的不同

“医养结合”着重于医疗与养老在机构设置方面的结合，要求“医”“养”机构设置可以解决医疗与养老功能衔接的方便快捷问题；而“医养融合”中的“医”则多指中医药对慢病的调理、康复和防治，目的是治未病、疗慢病、促康复、抗衰老。

（三）解决问题的方式和手段不同

医养结合中的“医”，多采取“精准医学”的思想和方法，来解决急病或重症的防治问题。医养融合中的“医”，多采取“整体医学”对机体功能进行调理，解决慢病康复问题。

（四）发展的趋势和方向不同

“医养结合”将逐步形成“无医不养”，最终将催生出医养联合体并进而发展成新型养老机构，而且随着医养结合与医养融合的深入发展，其演化趋势和方向将有可能是逐步取代传统的养老院。随着老龄化的进一步深入，没有“医”的养老院将难以获得生存和发展的机会。

“医养融合”理念将会指导“医”与“养”运行机制不断深度融合，可以催生以慢病防治为主要任务的慢病防治机构，这或许是对当前国家慢病防控体系的补充和完善。

二、医养结合与康养结合

在现代社会背景下，与医养结合概念联系比较密切的还有康养结合，目前，康养结合的提法越来越频繁出现在公众视野，许多康养活动在各地开展，康养结合所涉足的领域也越来越广泛，如康养社区、康养小镇、康养宾馆等。

康养结合与医养结合不仅理念相近，而且追求的目标也基本一致。医养结合着重强调以健康为中心，关注的是围绕健康采取的医疗与养护相结合的健康维护行为；而康养结合指的是以健康为中心，围绕健康采取的是以愉悦养生为主要内容的非医疗健康维护行为。

因此，医养结合与康养结合的唯一区别即在于是否强调“医”的元素，医养机构和服务人员必须要有医疗资质，而康养机构和服务人员则目前尚不强求必备医疗资质。社会上凡是有利于健康的项目和机构，包括旅游、文化、艺术、饮食、温泉、文体等，都可以列为康养结合的对象。

三、医养结合与健康管理

健康管理着重表现为对不同层面的健康风险因素进行综合管理的过程，即以现代大健康理念和新的医学模式为指导，通过采用现代医学和现代管理学的理念、技术和方法，对个体或群体的健康状况及其影响健康的危险因素进行全面检测、评估、干预并连续跟踪服务的行为和过程。

医养结合与健康管理是一种相互依存、相互促进、共同发展的关系。简言之，健康管理就是一种对个体或群体的健康进行全面掌控和干预的过程，它有时需要以医养结合作为自己的管理对象，有时又需要以医养结合作为实施健康管理的手段，健康管理作为维护健康和控制疾病的主要方法，则始终伴随着医养结合的全过程，这个过程对老年人而言也是“治未病、疗慢病、促康复、抗衰老”的过程，也是健康养老的核心内容。

在具体的社会实践过程中，健康管理通常对个体是个性化的健康维护，而对群体则是区域性的慢病防控。在实际执行过程中，医养结合可以针对不同群体，不同地域的老年人，依据老年人健康需求及疾病谱变化，参照健康管理或者慢病管理的模式，同时加入医养结合的评估技术，依据评估结果，制定不同层级的群体健康管理方案，更有利于健康管理的科学进行。比如，对糖尿病患者的健康管理，通过评估，可以将老年人的生活自理能力和预期寿命进行分类，对不同类别的老年人而言，血糖的控制标准就不一样，那么管理的方式、重点及目标也必然不一样，具体的实施方案也就具有明显的个性化特征。这样有一般性普遍措施，也有个性化特殊措施，更适合以人为中心的健康管理服务。

随着医养结合与健康管理在理念上的高度融合和在社会上的广泛应用，其体制机制、技术、方法也逐步融为一体。国家卫生健康委已委托中国老年医学学会研究制定《医养结合健康管理服务标准》。

四、医养结合与中医药学

中医药承载着中国古代人民同疾病作斗争的经验及理论知识，是在古代朴素的自然唯物论和自发的辩证法思想的指导下，通过长期医疗实践逐步形成并发展起来的医学理论体系。中医药以阴阳五行作为理论基础，通过望、闻、问、切四诊合参的方法，探求病因、病性和病位，分析病机及人体内五脏六腑、经络关节、气血津液的变化，判断人体与自然的关系及其内部邪正消长规律，进而得出对疾病的诊断，归纳出证型证候，再根据辨证论治原则，制定“汗、吐、下、和、温、清、补、消”等治疗原则和方法，使用中药、针灸、推拿、按摩、拔罐、气功、食疗等多种治疗手段，使人体达到阴阳调和而康复的目的。

《“健康中国2030”规划纲要》中强调，要充分发挥中医药的4个作用：①在治未病的主导作用；②慢性病防治中的独特作用；③在疾病康复中的核心作用；④在重大疾病治疗中的协同作用。我们对中医药的认识和运用，体现了从健康角度出发，遵循“天人合一”“阴阳平衡”，从而深刻理解人类健康，其中凝聚着深邃的哲学智慧和丰富的医疗保健经验。

2022 年 3 月 1 日，国家卫生健康委员会发布《关于印发“十四五”健康老龄化规划的通知》，提出“十四五”期间 65 岁及以上老年人中医药健康管理率达到 75% 以上，也彰显出中医药健康管理的重要性。

医养结合与中医药学之间存在着天然的内在关系，前者是实现“全民健康”的重要举措，后者则是维护“全民健康”的基本技术工具。医养结合与中医药学的深度融合，不仅可为老年健康服务提供明确的理论支持和实践指导，还将为我国健康养老事业的发展做出更大的贡献。

五、医养结合与老年社会学

老年社会学，即运用社会学的理论和方法对人的老龄化和老年社会群体进行研究的一门学科。它既是老年学的组成部分，又是社会学的一个分支学科。老年社会学是从社会学的角度探讨老年医学的方法和理论体系，它根据管理学、统计学、流行病学和社会学等学科的方法和成果来研究环境对老年健康的影响，同时也涉及对象为老年人的各种保健和福利事业。

老年社会学的研究内容和范围大体包括以下几方面。①人口老龄化的过程，如人口老龄化的程度及其发展的规律与特征等。②人口老龄化与社会发展规律的关系。如因老龄化对劳动就业、劳动生产率和劳动人口的关系及其对消费市场的影响；与社会人口负担及赡养负担的关系；对建设计划的影响等。③老龄化与家庭。如鳏寡老人增加、代际关系问题、赡养问题等。④老年人的社会保障和社会保险。如涉及老年社会保障及保险制度的建立、基金的筹集、享受的范围及条件，以及基金的管理等问题。⑤老年人就业与人才开发。如老年人就业或重新就业等问题。⑥老年人的教育问题。老年人的教育不仅有助于老年人自身生活的调整，还有助于社会的协调发展和发挥老年人在科学技术上的作用。⑦老年人的扶养与服务机构。如老年人的扶养与服务机构的建立及组织管理等。⑧老年人闲暇时间利用与文娱保健活动问题。同时还包括了老年社会伦理学等问题。

中国学者将上述问题归纳为“老有所养，老有所为，老有所学，老有所乐和老有所医”五个方面。

医养结合其最核心的本质是将医疗卫生服务与养老服务相结合，为居家、社区和机构养老的老年人，提供周全的日常生活照料和所需的医疗卫生相关服务。其内涵强调“医”与“养”的有机融合，即“老有所养”“老有所医”，同时医养结合中的八项功能之健康文化，提到有条件的各级医养机构均可开设老年大学，组织开展各种健康文化活动。这一功能与“老有所为，老有所学，老有所乐”的目标方向是一致的。医养结合是老年社会学在现实社会中的实践产物，同时老年社会学为提升和改善医养结合的发展质量提供科学的理论依据。在国家应对人口老龄化的战略背景下,医养结合可以进一步促进积极老龄化。

六、医养结合与养老建筑

养老建筑也称之为养老设施,是为老年人提供踏实安居、生活照料、医疗保健、文化娱乐等专项或综合服务场所的建筑通称。根据服务对象、服务内容和功能配置,养老建筑可分为"居家型养老建筑""机构型养老建筑""社区型养老建筑"三大类。其中居家型养老院建筑的重点,是内部的无障碍适老化、人性化设计。"机构型养老建筑"是指如养老院、老年护理院、老年养护院、风景区医养院、康养社区、康养小镇等可为不同年龄层段的老年人提供日常生活照料、基本医疗、长期照护和医养旅居的养老机构。医养结合型养老建筑有多种多样,"社区型养老建筑"就是"居家-社区-机构"一体化的社区养老建筑群。除了居民住宅外,主要包括社区老年活动中心、老年人日间照料中心、小型医疗机构和养老机构,逐步形成标准化健康社区医养综合体,能够为居家养老提供社区医养康服务的养老建筑。

通过国家政策的大力扶持和相关行业的不懈努力,养老建筑在探索中不断发展,在政策法规、项目定位、养老模式、养老观念、运营管理、规划设计等方面取得了长足的进步。在"居家-社区-机构"的养老服务体系基础之上,涌现出了医养结合、康养结合、旅居养老、温泉养老、学院养老、结伴养老、青老共居等一批全新的、多元化的养老模式,并产生了老年康养中心、老年度假酒店、养老公寓等一系列与之相适应的老年建筑类型。

老年人群由于其特殊的人体工学特征和医疗需求,对于养老设施的安全性、便捷性、可操作性及功能性方面的要求都相对较高,因此在建筑设计中,应以无障碍设计与人性化、适老化作为建筑设计的基本原则,从而为老年人群打造安全、舒适、便捷的活动居住空间。医养结合模式下的养老建筑区别于传统的养老设施,其不仅需要为老年人提供基本生活需求的养老服务,更重要的是要满足为老年人提供诊治康复护理的医疗服务,如健康咨询与定期检查、疾病诊治与护理服务、大病康复及临终关怀等。

老年建筑学在医养结合中发挥着重要的作用,它不仅可为老年人提供舒适、安全的居住环境,还可为医疗设施和养老服务提供合理的布局和设计,对医养结合硬件完善可起到有力的提升作用。同时,相较于面向健康老年人的养老设施,面向需要医疗护理老年人的养老建筑更符合社会的旺盛需求,它不仅可解决"老有所养、老有所医"的社会问题,而且能够引导优质医疗资源向养老领域倾斜,引导社会资源为养老机构提供积极的医疗支持,缓解医疗机构中"一床难求"和养老设施中的"高空置率"等困境,这些理念将成为未来养老建筑的主要发展方向。

在养老建筑的设计中，应坚持以满足医养结合需要为导向，切实注重细节的优化和完善，更好地提高设计的人性化水平，以最大程度维护老年人健康需求为目的，真正实现“老有所养，老有所医”对医养结合型适老建筑的需求。医养结合因养老建筑的完善而发展，进一步提升了医养机构为老年人服务的能力。医养结合为养老建筑未来的发展指明了方向，养老建筑以医养结合需求为导向，后续随着养老产业的不断发展，相关政策法规的完善，养老建筑的定位也将更加精准，从而可在实践中逐渐完善以医养结合为特征的建筑学内涵，以实现养老建筑与医养结合的深度发展，两者相辅相成，相互促进。

七、医养结合与基本养老服务体系

党中央、国务院非常重视老年健康服务工作，多年来颁发了一系列文件，多次提出要“建立覆盖城乡的养老服务体系”，中共中央办公厅、国务院办公厅在 2023 年 5 月印发了《关于推进基本养老服务体系建设的意见》。我们深入学习并实践了相关政策文件，通过十余年的研究与实践，总结出成功的经验和做法。我们深切体会到，构建覆盖城乡的养老服务体系应该以医养结合为前提。具体而言，这一体系应涵盖五个基础、八项功能、三个中心、四个平台以及四个目标。

（一）基本养老服务体系建设的五个基础

所谓五个基础，即指覆盖城乡的基本养老服务体系必须具备的五条建设标准，具体内容如下。

1. 以县-乡-村现有医疗机构为依托，在其近旁建立养老院，形成县-乡-村三级医养结合机构体系。通过这样的体系，覆盖城乡所有居民，并提供医疗、养老、慢病防治和康复服务。

2. 以上述县-乡-村医养结合机构为依托，增设健康管理系统，面向辖区所有居民提供健康管理服务。

3. 以上述县-乡-村医养结合机构为依托，建立各级中医药-自然医学康复服务机构，以提供治未病、疗慢病、促康复、抗衰老服务。

4. 以县中医医院作为全县医养结合的“龙头”，成立中医药健康服务中心和中医药健康服务培训中心，面向全县提供医养结合服务和人才培训，同时成为全县医养结合的质控中心和业务指导中心。

5. 引入“互联网+”医疗健康大数据技术，将上述医养结合机构体系所有医养结合机构和健康管理机构纳入互联互通体系和渠道，实现信息共享，形成覆盖全辖区的健康医疗大数据中心和云平台，通过人工智能，为辖区居民提供智慧医疗、智慧养老和智慧管理，实现精准医疗、精准预防、精准保健。

（二）基本养老服务体系的八项功能

覆盖城乡的养老服务体系各级医养机构都必须具有一些基本的功能设置，具体内容如下。

1. 医疗服务　由于老年人健康面临的意外情况较多，医疗服务应确保对他们常见的小病如头痛、感冒等能够及时救治，同时对于重病和急症，应提供便捷快速的转诊服务至县级或以上综合医院。

2. 养老服务　在县域内为居民提供自由选择的条件，根据个人意愿可以去县-乡-村任意一级医养机构养老。

3. 康复服务　确保县-乡-村各级医养机构都能提供以中医药为主要特色的慢病防治和康复服务。

4. 健康文化　有条件的各级医养机构均可开设老年大学，组织开展各种健康文化活动。包括精神生活、心理疏导。

5. 健康管理　功能完善的医养机构应能实施定期体检、健康评估和健康维护，实施全面的健康管理和全生命周期的医养结合服务。

6. 日间照料　县-乡-村各级医养机构均应提供日间照料，充分满足村（居）民的养老服务需求。其中乡镇村尤其应具备日间照料中心条件。

7. 上门服务　县-乡-村各级医养机构均应提供上门服务。如湖南医养结合示范县桂阳县发展出的“桂阳模式”中的乡（镇）村医，成都的“中国青城国际颐养中心”采用了智能手机“点菜下单”模式开展上门服务。

8. 生命通道　生命通道也称“绿色通道”，有条件的医养机构应当建立救护车网络，与县医院或更上级医疗机构建立生命快速通道，确保能够随时对有需求的老年人开展救护。

（三）基本养老服务体系的三个中心

1. 健康医疗大数据中心　指全县（市）居民的健康医疗大数据中心，通常由地方卫生健康委员会主管。

2. 中医药健康服务中心　指面向全县（市）亚健康和慢患者群开展中医药健康服务的机构，通常建在县（市）中医医院院内或院外附近。

3. 中医药健康服务培训中心　指面向全县（市）各级医养机构培训中医药健康服务人才的机构，通常由地方卫生健康委员会主管。

设立这三个中心的目的，是为了服务保障基本养老服务体系的正常运转，为基本养老服务体系可持续发展不断提供动力。

（四）基本养老服务体系的四个平台

1. 县级医院数字化平台　通常指基本养老服务体系中的龙头。县医院的数字化管理平台，包括医院信息系统、实验室检验系统、医学影像系统等，这是县级智慧医养的基础。没有这个基础平台作依托，其他信息化平台难以建立，也难以运营。

2. 远程医学会诊与远程移动查房平台　指县医院与上级大医院之间建立的远程医学服务平台，包括远程医学会诊与远程移动查房平台，主要用于帮助实现县（市）级医院及时解决疑难杂症和重大急重症的诊疗问题，以适时接受上级医院的指导和帮扶。

3. 慢病管理平台　慢病管理平台主要指用于面向全县（市）实行健康管理和慢性疾病防治的健康（慢病）管理系统，该系统能覆盖全县域所有居民，实行全民健康管理。

4. 上门服务智能平台　指智能手机“点菜下单”式服务平台，主要用于医务人员根据居民手机下单即主动上门服务。

这四个数字平台，以县级医院数字化平台为枢纽，共同构成对上连接上级大医院，对下覆盖全县域全体居民的医养结合智能服务网络，逐步实现智慧医疗、智慧养老和智慧管理。

（五）基本养老服务体系的四个目标

“四个目标”即是我们常说的治未病、疗慢病、促康复、抗衰老 4 个具体目标，最终实现延年益寿，这是医养结合健康养老的最终目标。

我们认为，如上所述的 5 个基础是建设覆盖城乡基本养老服务体系的基础工程，而 8 项功能也即是基本养老服务体系的 8 项任务，也可以说是基本养老服务体系建设的 8 条标准。3 个中心和 4 个平台则是保障这个覆盖城乡养老服务体系正常运转，不断提供动力的基本条件。只要这 8 项服务内容都能严格落实到位，4 个目标就一定能够实现。老年人的生活、健康和生命安全就有了充分的保障。

因此，我们认为，基本养老服务体系，既是医养结合落地的基本条件，也是发展养老事业和老龄产业的基本建设。上述“58344”是我们多年研究与实践总结出来的基本养老服务体系建设方案，可以成为政府推进医养结合发展养老事业的抓手。

如上文所述，医养结合归根结底就是以健康为中心，围绕老年健康、健康养老而采取的医疗与养老相结合的多维度健康维护模式，具备多外延的属性。

第三节　医养结合与老年医学各学科的关系和定位

老年健康服务主要就是以满足老年人多样化、多层次健康需求为目标，不断健全完善养老保障体系、养老服务体系和健康支撑体系，努力营造以老年人为中心的友好型环境，使老年人获得充分的幸福感、安全感。但是老年健康服务最核心、最重要的是医养结合的服务，是持续不断的健康维护。老年“医”“养”所涉及的一切措施，都必须以相应的科学理论为基础，都离不开相关学科的滋养和支持。因此，我们必须认清医养结合与各老年医学学科的关系，明确医养结合的定位。

一、医养结合与老年医学

老年医学既是老年学的一个分支，也是医学科学的一个组成部分。老年学由老年医学、老年生物学、老年心理学及老年社会学四大分支学科构成，

老年医学包括的范围很广，目前已有老年基础医学、老年临床医学、老年流行病学、老年预防医学（包括老年保健）及老年社会医学等。老年基础医学主要研究老年人体各器官系统的组织形态、生理功能和生化免疫等的增龄变化，探索衰老的机制及延缓衰老的方法。

老年人通常患有多种慢性疾病，还伴有多种老年综合征及功能障碍。在现代社会条件下，存在老年医学专业人才缺失，医和养之间管理链断裂，以及养老医疗服务的供需失衡等矛盾。2022 年 3 月，国家卫生健康委等 15 个部门联合印发了《“十四五”健康老龄化规划》，提出要高质量发展老年健康服务。目前医疗机构存在“重医轻养”，养老机构存在“重养轻医”现象。因此要加强老年医学学科建设，为医养结合提供专业人才；同时充分发挥老年医学的社会性，积极推进老年医学核心技术，主动牵头或与养老机构合作建设不同的医养结合模式，促进“医”与“养”的有机融合。医养结合可以为老年医学的发展提供更广阔的应用场景，同时老年医学的专业知识和经验也可以为医养结合的实施提供科学依据和指导。医养结合与老年医学相辅相成、互促互进，二者之间的紧密结合可以提高老年人的健康水平和生活质量。因此，医养结合与老年医学的密切合作将有助于提升老年人的医疗护理质量，推动养老事业的发展。

二、医养结合与老年预防保健医学

在中国老龄化的进程中，预防保健工作者结合老龄化社会的特点进行针对性的干预及研究，从而制定了一系列防止和杜绝疾病发生和流行的对策、措施。虽然我国中老年人对预防保健服务的刚性需求较大，但自主获取服务的意愿较低，且在城乡区域、经济条件、自我健康认知、预防保健服务的供需总量和内容等方面存在诸多矛盾。医养结合的主要任务之一即“治未病”，是预防保健服务中的重要内容之一，它提出要加强对全社会重大慢性疾病如心脑血管病、高血压、糖尿病、老年痴呆、慢阻肺、肿瘤等的防控，能够增强老年人身体素质，延长健康年龄，帮助老年人以健康的身体颐养天年。

同时，医养结合在地域上兼顾城乡、在一定程度上也弥补了预防保健服务的供给总量及内容。其次，医养结合针对不同阶段老年人开展适宜的老年健康综合评估，通过老年健康综合评估可以早期发现老年人潜在的疾病隐患，包括躯体的、心理的、社会适应等方面的老年综合征，进而实现对老年综合征进行及时的危险因素筛查与干预。从这个意义上来说，医养结合丰富了老年人群预防保健的内容。

三、医养结合与老年护理学

老年护理学主要研究如何诊断和处理老年人在接受护理过程中遇到的现存的或潜在的健康问题，这些问题包括老年人的心理健康以及各种疾病的护理等。老年护理涵盖多个方面，包括急性医疗护理、日常健康促进和疾病预防、生活照护、心理调适和社会支持、慢性病管理以及康复护理等，这些都能为医养结合服务提供有力的支持。

医养结合可以借鉴老年护理实践中的理念和方法，将护理服务融入医疗和养老服务过程之中。通过医养结合，老年人可以在医疗机构或养老机构中接受专业的护理服务，包括健康监测、日常生活护理、心理支持等，以提高老年人的生活质量和健康水平。同时，老年护理还可以通过配合老年医疗服务，为老年人的生活照护、健康管理和疾病治疗提供全面支持及服务。

国务院印发的《“十三五”国家老龄事业发展和养老体系建设规划》中明确指出，要完善医养结合机制，深入开展医养结合试点，建立健全医疗卫生机构与养老机构合作机制，为老年人提供治疗期住院、康复期护理、稳定期生活照料以及临终关怀一体化服务。2022 年 2 月 7 日，国家卫生健康委等 15 个部门联合发布《关于印发“十四五”健康老龄化规划的通知》，要求建立覆盖老年人群疾病急性期、慢性期、康复期、长期照护期、生命终末期的护理服务体系，完善以机构为支撑、社区为依托、居家为基础的老年护理服务网络，鼓励有条件的基层医疗卫生机构为老年患者提供居家护理、日间护理服务。

老年护理关注医养结合服务对象的老年人客观存在的医疗护理需求，能够更及时、更准确地发现老年人的病情变化，在老年患者出院后仍能给予延续性的临床护理，确保老年人得到良好的治疗和专业性的照护；同时还能促进老年人的早期康复，实现治疗、康复与护理的良好衔接，在此过程中及时满足老年人的情感需求，实现集医疗、护理、养老、康复、精神慰藉等为一体的全方位照护形式。

四、医养结合与老年康复医学

老年康复是老年医学与康复医学的交汇，针对增龄引致的衰老、机体功能衰退导致的多系统、多器官功能障碍，通过积极开展功能评定而进行早期临床康复干预。老年康复重在恢复和提高老年患者的日常生活能力，减少他人照护量、减少卧床废用综合征或因少动而引起的并发症。其目标并非仅仅关注伤病的治疗，更重要的是通过延续社区与居家的康复治疗，使老年人能够尽可能地独立生活，减少对他人的依赖，力争重返社会，最终减轻老年人带来的家庭和社会负担。

老年康复融合了多学科知识，其关注点已从单纯的防病、治病转扩展到对老年人健康和亚健康状态的全面关注。同时，老年康复的理念也在转变，从主要治疗为本逐渐转向以预防因伤因病致残为主，从主要治疗疾病转变为更注重呵护生命、提高老年人的生活质量。相应地，老年护理模式也在发生变化，由短期护理向持续护理模式转变，以满足老年人长期照护的需求。

老年康复的任务主要是预防致残性损伤和疾病，控制原发疾病和功能障碍的发展，预防并发症和继发的功能障碍，恢复功能性活动能力，训练患者使其适应周围环境，调整和改变周围环境条件，以利于患者全面康复，教育患者、家人和公众正确对待老龄残疾，等等。

康复医学是医养结合不可或缺的重要组成部分，它可延缓老年人的功能衰退、有助于实现健康老龄化和积极老龄化，提高老年人的生活质量。随着年龄的增长，人体各器官、系统的储备功能和组织再生修复能力减退，与老年相关的增龄性疾病如骨质疏松引起的骨折、卒中、冠心病、心衰、慢阻肺等呈高发状态，往往导致老年人病情严重、恢复较慢或不易恢复甚至预后不良，遗留不同程度的失能及残疾。面对这些，就需要进行正确及积极的康复。

对于部分老年疾病来说，康复尤为重要。国务院印发的《“十三五”国家老龄事业发展和养老体系建设规划》中明确指出，要加强老年康复医院、护理院、临终关怀机构和综合医院老年病科建设，有条件的地区可将部分公立医院转为康复、护理等机构。提高基层医疗卫生机构康复护理床位占比，积极开展家庭医生签约服务，为老年人提供连续的健康管理和医疗服务。该文件中还写明要加强康复医师、康复治疗师、康复辅助器具配置人才培养，广泛开展偏瘫肢体综合训练、认知知觉功能康复训练等老年康复护理服务。国家卫生健康委等 15 部门联合印发的《“十四五”健康老龄化规划》明确要求，推动地方积极开展老年健康与医养结合服务，增强中医药康复服务能力，到 2025 年，三级中医医院设置康复（医学）科的比例达到 85% 以上。推广康复医师、康复治疗师、康复辅具配置人员团队协作模式。医养结合的理念在于“医”与“养”的结合，它倡导在社区范围内或以县-乡-村各级医养机构的形式，为老年人提供各种医疗健康服务。这种模式覆盖面广，服务可及性强，更有利于老年疾病的康复。医养结合不仅为康复医学提供了更广阔的发展空间，同时，康复医学的专业知识和技术也能极大地提升医养结合服务的质量。因此，加强医养结合与康复医学之间的合作，对于提升老年人的健康水平和生活质量具有重要意义。

五、医养结合与老年心理学

老年人心理特点主要表现在以下几个方面。

1. 认知变化　随着年龄的增长，老年人的记忆力、注意力和思维速度可能会受到影响。例如，他们可能更容易遗忘，注意力持续时间较短，解决问题的速度较慢。这些认知变化可能会导致老年人对自己和周围环境的判断出现偏差。

2. 情绪变化　老年人可能会经历情绪波动，包括焦虑、抑郁、孤独和无助感，这些情绪变化可能与生活事件的改变、身体健康问题、社交圈子的缩小等因素有关。理解和关爱老年人的情绪需求是十分重要的。

3. 心理适应　老年人可能需要面对一系列的生活变化，如退休、子女离家、亲朋好友的离世等。这些变化可能导致心理压力和不安。帮助他们适应这些变化，并提供支持和安慰，对于维护老年人的心理健康至关重要。

4. 自尊和自信　随着年龄的增长，老年人可能会对自己的能力和价值产生怀疑。家人和社会的支持可以帮助老年人保持自尊和自信，这对他们的心理健康非常重要。

5. 人际关系　老年人通常会更加珍视与亲朋好友的关系，他们可能更愿意分享回忆和经历。保持与老年人的良好沟通，倾听他们的想法和感受，可以帮助他们建立和维护良好的人际关系。

6. 生活态度　老年人通常会更加珍惜当下，更注重生活的质量而非数量。培养老年人的兴趣爱好，促进他们参与社会活动，可以帮助他们保持积极的生活态度，了解和关注老年人的心理特点，有助于我们更好地关爱和支持他们。

在当前老年健康服务机制尚未完善，而老龄化问题却日益严重的时代背景下，我们的社会尚未营造出一种以精神富足为主要特征，能让老年人“老有所为”“老有所乐”的适老型社会氛围，尚不能充分满足老年人的精神文化需求。为此，国家卫生健康委办公厅、民政部办公厅和国家中医药管理局办公室于2019年12月发布的《医养结合机构服务指南（试行）》提出，各类医养结合机构应当提供心理精神支持服务项目，服务内容包括但不限于环境适应、情绪疏导、心理支持、危机干预、情志调节等。

在长期照护老年人的过程中，照护者在身体、心理和精神上承受着多方面的压力,并容易因此导致各种身心健康问题。老年心理作为心理学科中针对老年人行为和心理过程的研究,对于医养结合的实施和效果具有重要的影响,包括以下几点。

其一,老年心理学可以通过评估老年人的心理健康状况,提供个性化的心理咨询和干预,帮助他们应对生活中的挑战和压力。

其二,老年心理学还可以为医养结合机构提供员工培训,以提高照护质量和满意度。医养结合与老年心理学具有协同作用。医养结合可以为老年心理学研究提供实践场景和数据支持,促进心理学理论与实践的结合。

其三,老年心理学研究也可以为医养结合提供科学依据和指导,优化服务模式和效果评估。医养结合与老年心理学相互融合促进,可以更好地理解和应对老年人的身心健康需求,为老年人提供更加全面和个性化的照护服务。

六、医养结合与安宁疗护

安宁疗护(hospice care)最早起源于英国西塞莉·桑德斯(Cicely Saunders)1967 年创建的圣克里斯托弗临终关怀院,20 世纪 80 年代被引入中国。中国最早引入安宁疗护概念时将其翻译为“临终关怀”,随后出现过多种译名,包括安宁疗护、宁养服务、舒缓医疗、姑息治疗等。2017 年国家卫生和计划生育委员会提出,将临终关怀、舒缓医疗等统称为安宁疗护。

根据世界卫生组织(WHO)的定义,安宁疗护是指针对治愈性治疗无反应之末期患者提供积极而全人化的照顾,控制痛苦和不适症状,提高生命质量,帮助患者舒适、安详、有尊严地离世。同时处理患者及家属在心理、社会适应和心灵上的问题。目前国内真正意义上的安宁疗护专业机构主要包括以下三类:①安宁疗护专门机构,主要是一种家庭化的危重病房设置,提供医护服务及陪伴制度。②综合医院内附设安宁疗护病房,提供医疗护理和生活照料。③居家照料,医务人员根据终末期患者的病情进行探视及居家照料。

近年来,我国国家卫生健康委员会及相关部门积极推动,出台了一系列政策文件以推动发展安宁疗护事业。2015 年 11 月,国务院办公厅转发卫生计生委等部门《关于推进医疗卫生与养老服务相结合的指导意见》,明确提出建立健全医疗卫生机构与养老机构合作机制,整合医疗、康复、养老和护理资源,为老年人提供治疗期住院、康复期护理、稳定期生活照料以及临终关怀一体化的健康和养老服务。2016 年 12 月,国务院印发《“十三五”卫生与健康规划》,提出提高基层医疗卫生机构康复、护理床位占比,鼓励其根据服务需求增设老年养护、安宁疗护病床,完善“治疗-康复-长期护理”服务链。2017

年3月，国家卫生计生委首次就老年健康问题制定国家级专项规划，联合12个部门印发《"十三五"健康老龄化规划》，明确提出推动安宁疗护服务的发展，支持有条件的养老机构按相关规定申请开办康复医院、护理院、中医医院、安宁疗护机构或医务室、护理站等，重点为失能、失智老人提供所需的医疗护理和生活照护服务。2017年1月，国家卫生计生委印发《安宁疗护中心基本标准（试行）》《安宁疗护中心管理规范（试行）》及《安宁疗护实践指南（试行）》，明确了安宁疗护中心的准入标准、服务管理和操作规范，促进机构规范化建设；同年2月，《国家卫生计生委关于修改〈医疗机构管理条例实施细则〉的决定》明确提出在医疗机构类别中增加"安宁疗护中心"，并自2017年10月开始开展全国安宁疗护试点工作，从而进一步加强了安宁疗护机构管理，推动了安宁疗护的发展，对安宁疗护的实践具有里程碑意义。

在实施"健康中国"战略的推动下，医养结合被持续推进深入发展，安宁疗护作为一种针对特定人群的临床思维和方法被纳入医养结合理论和实践体系，促进了安宁疗护的发展。同时，受政府和社会的大力支持，学界加强了安宁疗护的顶层设计，完善了相关制度，加强了安宁疗护相关宣传教育工作、促进了安宁疗护机构规范化建设，加强了安宁疗护专业人才队伍建设与管理；建立了包含医生、护士、照护师、社工、志愿者、营养师、康复治疗师等专业人士在内的安宁疗护综合团队，从多个方面推动了安宁疗护事业的发展。医养结合将医疗、康复、养生、养老以及安宁疗护等有机结合，形成了包括临终关怀在内的医养结合完整链条，不仅减少了综合医院患者长期"压床"的压力，同时也解决了老年人医疗救治与身心关怀方面遭遇的社会难题，最终结果必然有利于提高老年人的生活质量。

七、医养结合的学科定位

医养结合是一种以健康为中心医疗与养护相结合的健康维护方式，它融合了医疗与养护两方面的服务，专门针对老年人的健康需求。因此，医养结合实际上是一种多学科、多专业协同合作的方式方法，其中以老年医学为主导，通过跨学科来实现医养的综合目标。

而老年医学学科在众多学科中无疑是与医养结合联系最密切的学科，也是在实践中与医养结合协同发展得最快的学科。无论是医养结合的内涵、外延，还是医养结合涉及的老年护理、老年康复、老年心理、安宁疗护，都是老年医学学科涉及的领域。

我们认为，老年医学学科的服务对象要明确，应该包含老龄全周期所有的老年人，服务范围必须包含老年健康服务的所有内容。2019年，国家卫生健康委等八部委根据《"健康中国2030"规划纲要》，经国务院同意，联合下发《关于建立完善老年健康服务体系的指导意见》，该文强调，完善的老年健康服务体系主要任务包括以下 6 个方面：加强健康教育、加强预防保健、加强疾病诊治、加强康复和护理服务、加强长期照护服务以及加强安宁疗护服务。

在老年医学学科建设中要想实现这 6 个方面主要任务的整合，有条件的机构可以考虑在老年医学学科建立“三病区”模式：①老年综合病区，承接老年人疾病诊治，尤其是老年疾病急性医疗、危急重症管理，同时提供短期康复和护理服务；②中长期照护病房或病区，收治失能、失智人群，提供老年慢性疾病管理、中长期康复与护理服务和长期照护服务；③安宁疗护病房或病区，提供安宁疗护服务。而老年健康教育和预防保健贯穿在综合病房与中长期病房中，老年生死教育则贯穿全周期。条件不具备时也可以 3 种模式集中于一个科室。

我们认为，医养结合是老年医学学科定位中的部分内容，不同级别医院老年医学科可以不同方式的部分或者全部介入或参与医养结合工作。医养结合服务中的所有适宜技术都可以在老年医学学科建设中得到应用与体现，而老年医学学科的医疗、护理、康复、心理支持等技术也同样可以使医养结合服务手段更丰富，更能提升医养结合服务质量与内涵，更有利于老年人生活质量的提升。

八、医养结合在老年医学学科中的应用实践

近年来，众多医院的老年医学科通过融入医养结合的理念，促进了科研、教学、临床等领域的全面提升。以中国人民解放军总医院、中南大学湘雅医院、四川大学华西医院等六个国家级老年疾病临床研究中心为例，他们近年来多项重大科研项目、学术成果、以及研究生和博士后的培养都与医养结合课题密切相关。本研究也是国家重点研发计划“主动健康和老龄化科技应对”中关于“医养结合支持解决方案研究”的成果之一。

各地方的三级医院、二级医院，西医或者中医方向的医院也有借助介入医养结合工作，促进老年医学学科的发展，同时主导或参与国家、地方医养结合相关政策、标准的制定。

国家卫生健康委 2022 年发布的《关于印发“十四五”健康老龄化规划的通知》提出，加强医疗卫生机构老年医学科建设，推动老年医学科临床专科能力建设，推动二级及以上综合性医院设立老年医学科，“十四五”期末，二级及以上综合性医院设立老年医学科的比例达到 60% 以上。加大老年健康专业人才培训力度，到 2025 年，培训老年医学科医师不低于 2 万人，培训老年护理专业护士不低于 1 万人，每名老年医学科医护人员、安宁疗护试点地区从事

安宁疗护服务的医护人员至少接受一次专业培训。我们相信伴随国家医养结合相关政策的进一步实施,老年医学科的规范化建设将不断加强,老年健康专业人才也会越来越多,对医养结合的研究与实践也会越来深入。未来,医养结合会常态化地作为医院老年医学学科建设的重要组成部分,推动医院的全面建设和发展。

第三章

医养结合机构建设与发展

第一节　医养结合机构概述

《中华人民共和国国民经济和社会发展第十四个五年规划和2035年远景目标纲要》中提出，要“构建居家社区机构相协调、医养康养相结合的养老服务体系”，对医养结合机构建设提出了明确要求。

医养结合是我国积极应对人口老龄化的重要措施之一，也是对传统养老方式的创新发展，更是未来健康养老的新方向，要做好医养结合工作，首要的工作即是加强医养结合机构的建设。

早在2015年，国务院办公厅在转发卫生计生委等部门《关于推进医疗卫生与养老服务相结合指导意见的通知》中就提出，要“建成一批兼具医疗卫生和养老服务资质和能力的医疗卫生机构或养老机构”。

一、医养结合机构的概念

医养结合是我国积极应对人口老龄化的重要措施之一，也是对传统养老方式的创新发展，更是未来健康养老的新方向，要做好医养结合工作，首要的前提即是加强医养结合机构的建设。

（一）医养结合机构的定义

早在2015年，国务院办公厅在转发卫生计生委等部门《关于推进医疗卫生与养老服务相结合指导意见的通知》中就提出，要“建成一批兼具医疗卫生和养老服务资质和能力的医疗卫生机构或养老机构（以下统称医养结合机构）”。在实践中发现，“医养结合”与“健康管理”是不可分离且相互依存的整体。因此，医养结合机构应指同时具有医疗、养老、健康管理三方面职能的执业资质和法定许可，并能提供医疗、养老和健康管理（包括健康体检、健康评估、健康维护）服务的机构。如此定义，使医养结合机构在学术体系上显得更为完善。

（二）医养结合机构与康养结合机构的区别

医养结合机构是指同时具有医疗、养老、健康管理服务职能的机构，而康养结合机构则是指同时具有养生、养老、文化旅游等多方面健康服务的机构。康养结合机构与医养结合机构的主要区别是前者没有医疗资质，也不能提供医疗服务。

二、医养结合机构的类别

根据目前的运行状态，医养结合机构主要有以下五种类别。

（一）医联体模式

医联体模式是指以大型医院领衔，通过建立医养联合体方式向周边社区、农村养老机构辐射而建立的医养结合服务模式，也可称之为院外院模式。其运行方式为医院定期向辐射区域内的养老机构派出专家巡诊、义诊或定时坐诊，定期组织培训、开展技术指导、学科建设帮扶、远程会诊、双向转诊或绿色通道等医疗服务活动。体系内的养老机构随时向医院转送急诊、重症患者，并随时接收医院需要接受康复、照料而转送来的患者。通过这样分工明确的组织形式，确保老年人方便医疗、养老，实现医疗、养老功能衔接的最优距离。

（二）联合体模式

联合体模式是指医院与养老院作为平等的民事主体，通过签约而建立的合作关系，包括签订合作协议，约定由医院承担养老机构的医疗保障服务，定期巡诊、义诊、坐诊、会诊、双向转诊以及提供远程医疗服务；养老机构依约随时向医院输送伤病员，并接收医院输送的康复对象和养老人员。这种模式与医联体模式比较类似，其主要区别表现在医联体模式是以大型医院为牵头单位，而联合体模式则属于双方签约的合作关系，两者的目的皆是方便老年人就医和养老，避免在医疗、养老功能转换过程中出现的距离障碍和程序障碍。

（三）院中院模式

院中院模式其实是一种包含与被包含的关系，多指在医院内设置养老院。院中院模式的医养结合机构通常建在大中城市的中心区域，而且医院规模比较大，水平比较高。这种模式很受老年居民的欢迎，尤其是高危老年人、高龄老年人或多种慢病缠身的老年人及其他们的家属，大都格外钟情于这种医院办养老院的模式。实践证明，院中院模式确实能够真正实现医疗、养老的“零”距离。因此，有的城市老干部管理部门也愿意把老干部的医疗保健和养老任务委托给这类机构承担。

（四）风景区模式

风景区模式通常是指房地产企业在风景区创建的由医院、养老院、健康管理中心（含健康体检、健康评估、健康服务）三个版块组成的医康养结合服务机构。这种机构通常既有医疗机构资质，又有养老机构资质，同时还有健康管理资质。三大功能互为依托、互为支撑，又互相促进、互为保障，进而形成功能和结构良好兼顾的有机整体。

此类医养结合机构，由于多数建在风景区，名胜古迹多，旅游景点多，往往成为最受全国活力型老年人青睐的老年健康服务机构；同时，它还能较好地兼顾上门服务和生命通道等八项任务，将周边社区养老与居家养老融为一体，科学地解决了周边社区 90% 以上老年人日常医养服务问题。所以风景区医养结合机构周边往往建有许多高端颐养社区。

（五）社区医养综合体模式

社区医养综合体模式主要是指以辖区政府为主导而建在社区的“居家-社区-机构”三位一体医养结合服务综合体，包括医院、养老院、健康管理、日间照料等版块及其相应配套的设施设备，它本质上是社区养老与居家养老的功能和体制融合。这种模式在结构上以社区为单元，功能上以社区医疗为依托，是构建城市养老服务体系最基本的组织机构，主要承担社区与居家养老服务工作，包括医疗、养老、康复、文化、健康管理、日间照料、上门服务和生命绿色通道 8 个方面的医养服务，很受广大居民的欢迎和地方政府的好评。

以上五种医养结合机构类别，按照国家关于医养机构的界定，只有院中院、风景区和医养综合体三种类型才算真正的医养结合机构，才能列入国家医养结合机构评审范围。医联体、联合体模式只是医疗和养老机构的合作，没有医养内容的结合，因此都不能列入国家医养结合示范机构。

三、医养结合机构的特征

上述五种医养结合模式，前两者比较注重“医疗”的主导地位，并进而兼顾“养老”，在本质上都是医疗机构与养老机构的组合，都是为了方便医疗和养老而突出在空间上进行“医”“养”功能转换的“近”距离；而第三、四、五种模式则比较注重“医”“养”“康”三者的有机融合，进而突出结构和功能的整体性。在运行过程中，不同的模式必然表现出不同的特征。

（一）功能构成不同

各种模式虽然都需要具有医疗机构与养老机构的资质，但第三、第四、第五种模式则嵌入了具有重要意义的健康管理功能。健康管理中心可实施健康体检、健康评估和健康服务，通过对医院与养老院的深入渗透而形成了医养融合，所体现的是亦医亦养的综合效应，而前两者则没有设置统一的健康管理中心。

（二）服务对象不同

风景区医养机构服务对象主要是消费水平较高、社会活跃的老年人群体，主要服务内容是医养旅居；而社区综合体模式服务对象主要是消费水平较低的普通老年群体或居家养老的老年人，服务的重点是构建居家化、专业化、人文化的适老环境，提高社区医养结合的服务供给和服务品质。

（三）任务要求不同

风景区医养机构的主要任务是治未病、疗慢病、促康复、抗衰老，帮助老年人延年益寿；社区综合体则主要是满足老年人常见病防治、康复、日间照料、上门服务等基本要求，营造“积极老龄观、健康老龄化、幸福老年人”的良好氛围，为老年人提供优质、高效、便捷、可及的健康养老服务。

（四）机构性质不同

第三、第四、第五三类机构通常须设置以中医药为特色的“自然医学保健康复中心”（或称“中医药健康服务中心”），开展中医调理、针灸推拿、穴位敷贴等中医药特色医养结合服务，以此承担治未病、疗慢病、促康复、抗衰老等任务；而前两类机构则多以基础性的西医药服务或单纯生活照料养老服务为主，通常不设中医药自然医学康复相关科室。

（五）品牌定位不同

医院的品牌通常侧重于展现其在特定疾病领域的专业救治能力；养老院则更强调其提供的环境舒适度、服务品质以及医疗与养老服务的融合特色；相较之下，风景区医养机构和社区综合体更偏向于展示其在慢性病预防与管理、抗衰老方面的专业能力。不论哪种机构，如果能从多种层面治未病、疗慢病、促康复、抗衰老，这种全方位的健康管理服务，正是医养结合发展的高级阶段，也展现了各类服务机构的专业水准和综合实力。

综上所述，五种不同类型的医养结合机构，最终的发展趋势和走向有可能演变为两类不同的形式：一是前三者，包括医联体、联合体、院中院医养结合机构，有可能发展成为以“医养结合”为特征的新型养老院，并逐步取代传统养老院。二是风景区和社区综合体医养结合机构，可能逐步发展成为以“医养融合”为特征的慢病医院，其中社区综合体包括以基层慢病医院为代表的基层医疗养老服务机构。这些机构通过提供专业的医疗服务和养老护理，将有助于改善人民群众的健康状况，推动健康中国目标的实现。

第二节　医养结合机构建设规范

为了进一步促进医养结合机构的健康发展，我们根据十余年来对各种医养结合机构连续不间断的研究、探索和实践，在充分总结经验的基础上研究制定了医养结合机构设置的规范，包括医养结合机构的职能范畴、各级医养结合机构建设的基本要求、医养结合机构等级评定标准与规范架构体系等，以便达到引领和推进医养结合机构深入发展的目的。

一、医养结合机构职能范畴

简明扼要地归纳概括，各种医养结合机构要着重体现以下职能：

1. 以老年慢性疾病为主的医疗、康复和救治。
2. 以中老年人为主体的健康管理和慢性病防治与防控。
3. 以健康为中心的老年照顾和健康维护。

二、各级医养结合机构建设基本要求

医养结合机构可与医疗机构一样，分为三个不同的建设等级，各个等级分别具有不同的建设要求和标准。

（一）一级医养结合机构（社区、乡镇级）

社区、乡镇级医养结合机构的建设要求主要包括以下几点。

1. 具有一级医疗机构资质及相配套的医疗设备和条件。
2. 具有至少100张或以上床位的养老院（含类似机构）和相应的健康养护服务能力。
3. 具有健康管理的基本体检设备，包括移动体检车或便携式智能体检箱、远程视频会诊查房车，并具有实施初步的健康管理和组织协调能力。
4. 具有中医药特色的自然医学康复科室和健康养护能力。
5. 具有面向辖区居民提供日间照料和上门服务的条件和能力。
6. 具有开展健康文化生活和健康教育规范课程的能力。

（二）二级医养结合机构（区、县级）

区、县级医养结合机构的建设要求主要包括以下几点。

1. 具有二级医疗机构资质及相配套的医疗设备和健康养护条件。
2. 具有300张及以上床位的养老院（含类似机构）和相应的服务能力。
3. 具有健康管理中心（含健康体检、健康评估、健康服务）专门机构或部门，并且有面向全区（县）域实施健康管理的能力。
4. 具有远程医学会诊条件以及可用于健康体检不得少于1 500万元的设备。
5. 设有中医药特色的“自然医学康复中心”（或称中医药健康服务中心）机构，专门面向院内外承担治未病、疗慢病、促康复、抗衰老的职能任务。
6. 具有接纳一级医养机构的患者或老年人入住和向三级医养机构运送患者或老年人的能力，包括移动体检车、远程查房车或接送救护车。
7. 全区（县）域医疗养老机构实现数据的互联互通、信息共享，并建有全区（县）域统一的健康医疗大数据中心和应用平台。能够实现智慧医疗，智能养老,线上管理,线下服务。

8. 二级医养结合机构应该是全区(县)域医养结合健康养老的中心,也是全区(县)域慢病防控中心。既能充分发挥慢病防治健康养老的龙头作用,也能充分发挥对所辖区域医养结合机构的人才培训、技术指导和远程医学会诊中心的作用。

(三) 三级医养结合机构(市、地级)

市、地级医养结合机构的建设要求主要包括以下几点。

1. 具有三级医院的资质和相配套的医疗设备和条件。

2. 具有 500 张及以上床位的养老院(含类似机构)和相应的健康维护服务能力。

3. 具有完备的健康管理中心专门机构,并具有面向全市(县)域城乡居民实施健康管理的能力。

4. 可用于健康体检的设备总值不得少于 3 000 万元。

5. 设有中医药特色的"自然医学康复中心"(或中医药健康服务中心)专门机构,能承担治未病、疗慢病、促康复、抗衰老的服务职能和任务。

6. 全市所有医疗、养老机构实现数据互联互通,信息共享,具有全市统一的医疗健康大数据中心和云平台。能较好地实现线上管理,线下服务,使各级各类机构中的老年人都能够享受优质并公平可及的健康养老生活。

7. 设有远程医学中心专门机构,负责全市域内下沉至乡镇的远程医学会诊、远程视频查房、远程医学教育和远程医学智能服务。

8. 设有质量控制部门,负责全市城乡医养结合健康养老工作质量监督,标准制定,绩效考评等工作。

9. 需具有科学研究能力,尤其在利用中医药特色的自然医学保健康复方面,在治未病、疗慢病、促康复、抗衰老等领域,要不断推出成果、推出人才,成为本区域防治慢病方面的最高学术殿堂。

10. 三级医养结合机构,不仅要成为该地区水平最高,规模最大的医养结合健康养老中心,还要成为该地区慢病防治防控中心、人才培训中心、技术指导中心、健康评估中心和健康医疗大数据研究中心。

三、医养结合机构等级评定标准与规范架构体系

(一) 评定范围与等级设定

医养结合机构等级评定范围,应当限于由医院、养老院和健康管理中心共同组成的以医养融合为特征的医养结合综合体或独立机构,并同时具有医疗资质、养老资质和健康管理资质,能够提供医、养、康一体化服务的独立单位。医联体和联合体机构一般不应列入评审范围。

评定的目的,是为了能够在本行业发挥引领和推动作用,能够规范和指导医养结合机构的建设和管理,能够解决本行业发展中遇到的困难和问题。

评定等级拟设三个层次,与医院等级评定制度保持一致。逐步培育形成以急病重症救治为主要任务的综合医院体系,以医养融合为特征的慢病防治医院体系,以医养结合为特征的健康养老院体系,达到完善国家医疗保健和健康养老的组织体制和管理机制的目的。

(二) 评审要点与考核指标

1. 组织机构　接受评审的机构内必须设有如下四个部门:医疗部(医院)、养老部(院)、健康管理中心(体检部)和中医药自然医学康复中心。这四个部门可依其规模和质量制定等级标准,为实施医养康一体化服务奠定组织基础。

2. 建设规模　主要包括医疗床位数和养老床位数,医疗康复设备和体检设备总值,以及总建筑规模等作为主要标准指标。

3. 员工数量与质量结构　包括年龄结构、学历结构、技术职务结构及员工床位比(医疗床位比,养老床位比),针对这些关键指标制定等级标准。

4. 适老设施设备　包括环境、病房楼、病房、洗浴设施、行廊等适老设施设备建设、配置和适老智能配套,制定等级标准。

5. 信息化建设　包括医疗健康养老机构数据的互联互通,信息共享;健康医疗大数据中心和应用平台;智慧医疗、智慧养老和智慧管理应用的程度。从这三个方面制定评分标准。

6. 规章制度　主要检查发展规划、年度计划、会议制度、应急预案、安全制度、管理制度等。

7. 质量控制和业务能力评估　主要包括质量控制指标,交叉感染,安全事故等,以及专利成果、发表论文、解决问题的能力评估。

8. 生态环境　包括院内环境、周边环境、污水处理能力、防地下污染等情况。

9. 生活服务质量　包括生活照料、医学护理、长期照护,以及生活质量、卫生质量、是否有食物中毒等发生。

10. 精神文化生活　包括老年大学、文化活动中心、体能锻炼中心、心理疏导、精神慰藉等方面以及组织老年人发挥余热开展社会文化活动。

我们认为,从上述10个方面,按照三个等级的要求制定考核标准,既简单明了,又易于操作。

(三) 评审规范和制度

评审规范和制度包括以下三方面内容。

其一,应当由国家卫生健康委进一步研究制定国家标准,并考核实施。

其二，评审标准和规范颁发之后，先由各单位自检自查，在此基础上自愿申请，再按照机构等级由相应级别的卫生健康委根据情况确定组织验收的程序。

其三，一级机构评审由地市级卫生健康委组织检查验收；二级机构评审由省级卫生健康委组织检查验收；三级机构评审由国家卫生健康委组织专家团队参照医院等级评审方式组织检查验收。

医养结合和医养结合机构，是近十余年提出的新概念。虽然习近平总书记在中国共产党第十九次全国代表大会上的报告中明确提出了“推进医养结合”的要求，全国上下广泛开展了医养结合的研究和实践，但纵观全国医养结合推进的形势，其现实状况并不乐观。许多基本概念仍然没有形成共识，医养结合的形式、内容、应用模式及发展方向仍然不甚明了。虽然中国老年医学学会等行业学会颁布了若干行业标准，但仍然没有形成一致的理解。在政策制定和实践探索方面，都还存在着“医养结合是个筐，各种内容都能装”的不良现象，对此还需要国家有关部门进一步研究总结全国各地的经验和做法，研究制定国家标准和等级评定规范，不断将医养结合机构建设和发展引向深入。

第三节　医养结合养老机构的核心竞争力建设

医养结合养老机构的核心竞争力涉及诸多方面，如人才队伍、软硬件实力、经营理念、运行机制、所提供服务内容的社会契合度，以及在运行过程中形成的机构特色等，这些内容都需要每一个从事医养结合养老服务的机构去认真研究。下面我们仅从老年人在养老需求方面的多元特征、国家养老服务的基本结构、各类医养结合机构的比较优势等方面进行简要阐述，以期能够作为医养结合养老机构建设的参考和借鉴。

一、老年人在养老需求方面的多元特征

老年人在养老需求上展现出多元化、个性化的特点，这些特点主要体现在养老地域、医养服务需求、机构档次以及政策期待等多个方面。以下是对这些特征的详细分析。

（一）养老地域选择

对家乡故土的依恋是老年人普遍拥有的心理特征。据调查，90% 的老年人特别是普通居民和村民，愿意热乡热土就“家”养老，不愿背井离乡，不愿选择环境生疏的养老院，这也是大型集中式养老机构大多空床的原因之一。

与上述 90% 处于社会基本层面的老年人不同，大城市居民中约 7% 的高

龄老年人、高危老年人比较倾向于选择由大型医院承办的养老院。

社会活力型老年人大多身体相对比较健康，观念相对比较开放，他们比较喜欢医养旅居，喜欢一边康复身体，一边游山玩水，然而这部分老年人仅占老年人群体的约 3%。

（二）医养结合服务的需求

大部分老年人都比较青睐医养结合类型的养老服务。在这样的机构可以实现一边治未病、疗慢病、促康复、抗衰老，一边养生养老、延年益寿而提高生活质量和生命质量。这也是单纯的生活照料式养老机构入住率不高，普遍亏损的重要原因，“无医不养”已逐步成为老年人的普遍观念。

（三）养老机构档次的选择

老年人对养老机构档次的选择标准，主要取决于经济条件、服务质量和性价比，以及机构成员的群体素质。社会上 90% 的老年人选择居家养老，除了因为对家的依恋外，相当一部分是因为老年人及其家庭不具备入住养老院的经济能力。通过长期的调查研究，我们发现许多具有医疗保障的社区、乡村小型养老机构，条件简陋却反而人满为患，而且这些养老机构通过“薄利多销”而多有盈利；相反，一些中高端养老机构甚至中端医养结合养老院，虽然条件较好，但却因收费偏高而致门可罗雀，无人问津。

二、国家养老服务的基本结构

受老龄化社会发展趋势的强劲推动，党和国家对医养结合和养老服务越来越呈现出充分关注老年健康的明确态势，主要表现在以下几方面。

（一）国家养老策略的基本布局

对于老年健康服务“9073”模式，即 90% 为居家养老，7% 为社区养老，3% 为机构养老。在这样的结构体系中，强调“以居家养老为基础，社区养老为依托，机构养老为补充”等。但目前，这种理念正在发生改变，越来越强调“居家养老”与“社区养老”相融合。

（二）党的二十大提出的基本要求

党的二十大报告从“增进民生福祉，提高人民生活品质”的角度阐述了养老事业和养老产业的发展方向，提出要“实施积极应对人口老龄化国家战略，发展养老事业和养老产业，优化孤寡老人服务，推动实现全体老年人享有基本养老服务”的要求，进而为实现老有所养、老有所依、老有所乐、老有所安的目标指明了努力的方向。

（三）国务院政府部门的相关政策

国务院有关部委多次发文，强调建设和完善养老服务体系，要求突出中医药特色健康服务，加强医养结合养老机构能力建设。特别是 2022 年 4 月国家卫生健康委下发《关于开展第一批全国医养结合示范县(市、区)和示范机构创建工作的通知》,实际上是以创建“全国医养结合示范县(市、区)”的方式,促进居家养老与社区养老相融合,有效地解决老年人医养问题。可以预见,我国在不久的将来将从根本上改变中国养老事业的局面。

以上这三个方面,基本反映了国家关于养老事业的基本战略部署和逐步发展的要求,这是我们加快养老事业和老龄产业发展的指导思想和基本依据。

三、各类医养结合机构的比较优势

我们进行医养结合的研究和探索已有十多年,在全国范围内指导建立并持续运行的医养结合机构也有 20 多家,在此过程中曾经遭遇过许多教训,也由此积累有一些独到的经验。在比较广泛的社会实践过程中,全国养老事业有一个挥之不去的普遍矛盾总是使我们感到困惑,即一边从理论上推测养老床位远远不足,另一边却是现实中大量养老床位闲置,入住率很低。我们对各类养老机构进行了认真的分析,结果显示根本问题是一些机构的核心能力建设不足,确切地表现为品牌缺陷问题。

在前面探讨“医养结合机构的类别”时,曾简要地介绍了医联体模式、联合体模式、院中院模式、风景区模式和社区综合体模式等五种类型的医养结合机构。可以肯定,这些不同类型的医养结合机构,既各有各的优势,也各有各的缺陷。对其存在的优势,我们认为可以归纳为四种情况,亦即可从四个方面发掘其核心竞争力。

(一) 区位优势

医养结合机构的区位优势主要见于受政府主导且区域化特征比较明显的医养结合模式,如医养结合示范县(市、区)。其最大特点即在于:①投资风险小。②服务对象主要针对辖区内普通居民,为家庭排忧解难,因此而具备比较坚实的社会基础。③基本医疗有保障,依托的是现有县(市、乡镇)或村医疗机构。④具有相对的价格优势。⑤离家近而可满足老年人恋家的最大心愿。这五个方面是对区域化医养结合机构最具优势的核心竞争力。所以,我们据此指导建立的农村和社区养老机构普遍受欢迎,经济效益都比较良好。

(二) 技术优势

医养结合机构的技术优势集中表现于院中院模式,这是医院办养老院的突出优势。院中院模式不仅医疗水平高,而且老年照护的标准也高,更因实现了医疗和养老一体化而极为方便,所以深受高龄老年人、高危老年人及其家属的喜爱。医养康一体化对于失能失智的高龄老年人是刚性需求。由于客户定位精准,学科建设重点明确,虽然投资巨大,收费价格较高,但相对没有风险或风险较小，所以院中院医养结合养老模式的核心竞争力就是高水平的老年病诊疗水平和高质量的养老照护服务。

（三）品牌优势

虽然品牌优势对于风景区医养结合模式尤为重要。一般情况，风景区位置大多偏远，并非适宜看病之处，而且投资巨大，各项成本高昂。如何吸引老年人来进行医养旅居？这成为需要经营者们去潜心破解的首要问题。另外，风景区医养机构的服务对象必须锁定活力型老年人，其核心竞争力取决于治未病、疗慢病、促康复、抗衰老的水平。

（四）政治优势

由政府主导的市（县）域医养结合模式和城市公立养老院，具有强大的政治优势，不仅因其政府资源、社会资源和专业资源的综合利用而能够实现效益最大化，而且也是一系列有关人民健康的方针、政策的最终落实。这类机构实施的是全民医保、全民医养、全民健康管理和全民健康服务，最终目标是实现全民健康，通过市（县）域医养结合模式的成功推广，将使医改的许多难点有希望得到解决。养老产业的民营化、社会化也将有效推动健康产业快速发展。我们认为，在这种医养结合理念的驱动下，以“全民健康”为目标的模式为主体，并兼顾其他模式的做法，将成为解决中国健康老龄化的最佳方案。

四、核心竞争力建设的主要意义

要实现医养结合机构建设的良性发展，就必须把核心竞争力建设放在医养结合机构发展的战略高度，它的重要意义主要在于以下几点。

（一）核心竞争力将带动机构整体建设

近年来，人民健康事业越来越受到国家的高度重视，不断有重大的利民、惠民政策出台。但是社会现实所呈现的状态却仍然是绝大多数养老机构面临亏损，不少康养小镇运营举步维艰。为什么会出现如此现象？我们研究后认为，养老产业中的不少机构并不是缺市场，而是缺乏核心竞争力。任何一个没有核心竞争力的企业都难以发展起来。对于健康产业来说，哪怕只有一个具核心竞争力的产品，也可能带动、盘活整个企业。

（二）精准定位是形成核心竞争力的前提

认真分析全国健康养老产业面临的困局之后，其实不难发现，各类养老院、医养院普遍面临的经营难题是没有能够有效地解决好功能定位问题。这些机构首先是对潜在的客户研判不准，缺乏对主要服务对象需求内涵的研究；其次是建设目标定位模糊，没有根据主要的服务对象来研究机构建设的规模和档次；最后是对业务内涵或品牌打造定位不清晰，对不同地区、不同机构、不同服务对象的需求缺乏品牌研究，因此精确定位是发掘和建设核心竞争力的前提。

（三）核心竞争力建设须突出中医药自然医学特色

医养结合养老机构的核心竞争力不同于医院，医养结合的目的主要是治未病、疗慢病、促康复、抗衰老，解决的是人类慢病的防治和亚健康人群的康复问题，而解决办法主要依靠以具有五千年历史的中医药特色的自然医学。党中央、国务院历来反复强调，要发挥中医药在健康中国建设中的独特优势，强调慢病防治中的独特作用，治未病的主导作用，对重大疾病治疗中的协同作用，在疾病康复中的核心作用。据此四方面的努力发掘，一定能从中医药资源中发掘出更多的精品，铸造出更多的品牌，使之更好地为人民健康服务。

第四章

医养结合的重要地位与作用

医养结合是时代催生的新生事物，在其产生、形成并发展的过程中，必然表现出一系列与时代共契的难点，我们在十多年的实践探索中，加强了对这些时代共契元素的思考和研究。所谓“共契”，简单地理解就是“相契合”或“一同”的含义，刘勰在其《文心雕龙·明诗》中即有“神理共契，政序相参”的用法。据此基本义推而演之，所谓“时代共契”，那便是“与时代相契合”或者“与时代一同”的意思。本章讨论所及与医养结合相关的时代共契元素，其实就是重点讨论“医养结合”这样一个事关老年健康服务的重大民生问题所面临的一些带有时代特征的元素，这些元素包括医养结合与全民健康建设、医养结合与健康中国建设、医养结合与医疗健康体制机制创新、医养结合与大健康产业发展、主动健康与老龄化科技应对，等等。

第一节　医养结合与全民健康建设

国家一直非常重视人民的健康问题。2015 年 3 月，“健康中国”的提法首次被写入政府工作报告；同年 10 月，党的十八届五中全会提出推进健康中国建设，“健康中国”的理念自此上升为国家战略。2016 年 10 月，中共中央、国务院发布《“健康中国 2030”规划纲要》，明确强调“共建共享、全民健康”是建设“健康中国”的战略主题和根本目的。2022 年 10 月，中国共产党第二十次全国代表大会报告指出，推进健康中国建设，把保障人民健康放在优先发展的战略位置，建立生育支持政策体系，实施积极应对人口老龄化国家战略，促进中医药传承创新发展，健全公共卫生体系，加强重大疫情防控救治体系和应急能力建设，有效遏制重大传染性疾病传播。由此可见，健康中国建设确实已经成为非常鲜明的时代主题。

一、医养结合在全民健康建设中的重要地位

习近平总书记提出要把人民健康放在优先发展的战略地位，并指出“没有全民健康，就没有全面小康”，这一思想实际上是强调把“全民健康”作为社会主义各项事业发展的总体目标。

如何才能实现“全民健康”？我们在研究实践中发现，医养结合与全民健康建设关系非常密切。1949年以来，我国已经建成坚实而全面的医疗保健服务体系，甚至儿童妇女保健、残疾人保健等体系都已进入世界前列。然而，由于自1999年进入到老龄化社会，突如其来的“银发浪潮”使老年健康服务事业受到严重冲击，“未备先老”而暴露出的养老矛盾凸显为严重的社会问题。因此，只有圆满解决老年健康问题，才能圆满实现“全民健康”，其中最为关键的就是要建好覆盖城乡的医养结合养老服务体系，这是时代所赋予的实现“全民健康”基础工程，也是开展“全民健康”建设的快捷路径。

二、全民健康建设的基本思路和策略

十多年的实践探索使我们认识到，要想早日实现“全民健康”的目标，加快开展全民健康建设，最基本的思想和方法就是坚持“立足辖区，优化体系，创新机制，覆盖全域”的原则和思路，既可以县域为单位，实行县（市）-乡-村一体化，也可以以市域为单位，实行市-县-乡-村一体化，布局并实施覆盖城乡的医养结合基本养老服务体系建设。

“立足辖区”指要按照行政管辖权划分的市（县-乡-村）范围强化地域责任；“优化体系”则是指主管医疗卫生的卫健体系和主管养老问题的民政体系，要加强统筹协调而形成一盘棋战略；“创新机制”主要是指在政府主导下，各相关部门围绕医养结合有效运营而创立新政策新机制；“覆盖全域”即是指医养结合服务的网络体系要覆盖到辖区所有居民，确保全体老年人都能得到应有的服务，不能漏掉任何一个老年人。

三、覆盖城乡医养结合养老服务体系的主要内容

建立覆盖城乡的医养结合养老服务体系，这是实现“全民健康”必须具备的基础前提，主要内容包括以下几点。

（一）完善基层医养结合养老服务体系

以市-县-乡-村现有医疗机构为基础，在其近旁修建养老院，并通过“互联网+”技术使所有医疗、养老机构的数据互联互通，以实现信息共享，形成覆盖城乡的市（县）-乡-村一体化医养结合服务体系，作为实现“全民健康”的基础工程。

由于社会公众普遍倾向于寻求更为专业和全面的医疗服务，大型综合医

院因其丰富的医疗资源和专业的服务能力而受到广泛青睐，从而使得这些医院的人流量过大，医疗资源相对集中。然而，与此同时，基层医疗卫生服务却面临着资源利用不充分的挑战。具体来说，许多乡镇卫生院、村卫生室以及部分县级中医院的业务量并未达到其潜在的处理能力，这种状况进一步导致了效益低下和人员稳定性问题。在我们调查所及的范围，乡镇卫生院通常都建有 10 张以上床位的治疗或观察病房，然而由于收不进患者而大都处于闲置状态。我们认为，将这些业务量难以饱和的医疗卫生机构改造扩建成为乡镇养老院十分合适，这样不仅可使乡镇卫生院承担养老院医疗工作而增加效益，提高医养结合养老服务能力，还可圆满解决广大农村老年人的慢病防治问题，进而有效地提高老年健康服务水平。

按照这样的思路，县医院办 300 张床位的养老院，乡镇卫生院办 100 张左右床位的养老院，村医务室改造自家民房办 30~50 张床位的养老院并兼日常照料服务站。这种模式总体上花不了多少经费，却可以从根本上解决广大农村医养结合健康养老问题，我们在湖南桂阳县的实践已经充分证明这种模式十分有效。因此，建设完善而覆盖城乡的医养结合养老服务体系，对实现"全民健康" 养老有重要的战略意义。

（二）完善健康管理服务体系和运行机制

依托上述市（县）-乡镇-村一体化医养结合养老服务体系，增设健康管理系统，实施全民健康管理。包括成立健康管理中心，配备健康管理信息系统和相关设备，开展健康体检、健康评估和健康服务工作，对所有居民实施健康管理。实施全民健康管理是《"健康中国 2030" 规划纲要》提出的要求，是实现"全民健康" 的关键环节。如果没有惠及全民的健康管理，就不可能真正实现"全民的健康"。

（三）完善中医药特色的康复功能

依托上述市（县）-乡镇-村一体化医养结合服务机构和健康管理系统，增设中医药特色健康服务机构，积极拓展以自然医学为主要特征的保健康复功能。中医药特色健康服务机构主要承担治未病、疗慢病、促康复、抗衰老任务，通过其有效运行而切实将线上管理、线下服务理念落到实处。

《"健康中国 2030" 规划纲要》和国务院有关部委系列文件，都明确要求大力加强中医药健康服务，要求中医药健康服务进医院、进养老院、进社区、进家庭。中医药是中华民族繁衍生息五千年积累的宝贵经验，在新的时代背景下，我们仍然需要发掘中医药伟大宝库的巨大潜力，让中医药在健康中国建设中发挥特殊作用。

（四）完善健康医疗大数据管理水平

各个市（县）要成立健康医疗大数据中心，建立老年健康管理和服务的云平台，使辖区所有医疗、养老机构和健康管理中心的健康数据实现互联互通、信息共享，通过人工智能为全市（县）人民提供智慧医疗和智能服务，实现智慧管理。

上述几个方面共同组成了县-乡-村一体化的医养结合养老服务体系，通过完善这些措施即可实现医养措施对辖区居民的全覆盖。这一目标的建成，不仅能提供随处可及的医疗和养老服务，还能提供持续全生命周期的健康管理和健康维护服务，更可有效提高区域内重大慢病的防控能力。

（五）完善覆盖面周全的养老服务体系

若将县域养老服务体系扩展至地级市域养老服务体系，只需将社区医养综合体（康养社区）模式引入城市社区，即可解决90%以上普通居民养老问题。在此基础上，根据实际情况配以大医院的“院中院”模式和面向特定人群的风景区模式，即可建成覆盖面广阔且功能完善的市域养老服务体系。

四、优化医养结合养老服务体系的重要意义

做好医养结合养老服务是实现全民健康建设的题中应有之义，其主要思路之一包括创新现有医疗、养老政策环境，促进医养结合服务体系顺利运营。做好这些工作对促进全民健康建设具有突出的现实意义。

首先，覆盖城乡的市（县-乡-村）一体化医养结合养老服务体系的建立，将有效地提高乡村医生的工作饱和度，提高其医疗技术水平，增加经济效益，进而稳定乡村卫生队伍。

其次，覆盖城乡的市（县-乡-村）一体化医养结合养老服务体系，有利于完善我国广大农村慢病防控体系，促进从根本上结束我国农村慢病防控工作无专门机构、无专门队伍的局面。这将成为对我国医疗保健体系缺陷的重大补充。

在新时期，乡村医生在部分农村地区承担老年人的医疗保健和健康养老工作，这一举措对于提升老年健康服务业的质量和覆盖范围具有重要意义，同时也体现了对农村基层医疗能力的提升和改革。

最后，公立养老院的民营化、社会化被视为新时期养老服务业中的一项值得关注的改革。据我们调查，在许多乡镇，存在由民政部门设立的公立养老院，这些机构通常旨在为“三无”老年人（即无劳动能力、无稳定生活来源及无法定义务赡养人的老年人）提供保障，这在一定程度上展示了社会主义制度的优越感。然而，部分乡镇养老院的运营状况有待提高也是事实。为了改善这种情况，一些改革措施正在逐步推行，包括引入社会资本和管理创新等。这些努力将有助于提升乡镇养老院的运营效率和和服务质量，从而更好地满足老年人的需求。

总之,铸造坚实的覆盖城乡市(县-乡-村)一体化的医养结合养老服务体系,是我国社会经济文化生活发展新时期的需要,是实现“全民健康”战略的需要,是落实健康中国建设的基础工程。在市委、县委及市、县政府的统一领导和规划下,我们正在积极推进县-乡-村一体化的医养结合养老服务体系的建设。通过统一培训、统一指导,我们将努力夯实这一覆盖城乡的服务网络,并不断创新和完善其运营机制。我们坚信,这样的做法将有助于构建实现全民健康的体制,是实现全民健康的有效途径。

第二节 医养结合与健康中国建设

“摸着石头过河”“实践出真知”体现了中国人在探索中的实用主义与勇气。医养结合助力健康中国建设作为新时代的重要议题,其实现路径值得我们深入探索。

一、健康中国建设的内涵和总体目标

2016年10月,党中央国务院印发了《“健康中国2030”规划纲要》,明确了实现健康中国的总体战略,提出以人民健康为核心的指导思想,强调健康中国建设的总体目标是“实现全民健康”,健康中国建设的基本路径是“共建共享”。这份文件还列出了健康中国建设的五大任务,即普及健康生活,优化健康服务,完善健康保障,建设健康环境,发展健康产业。同时,该文还要求把健康融入所有政策,加快转变健康领域发展方式,全方位、全周期维护和保障人民健康。

2019年6月,国务院印发了《国务院关于实施健康中国行动的意见》,这是为加快推动从以治病为中心向以人民健康为中心转变,动员全社会落实预防为主方针,实施健康中国行动,提高全民健康水平而制定的法规性文件。文件依托全国爱国卫生运动委员会成立了健康中国行动推进委员会,并制定印发了《健康中国行动(2019—2030年)》和《健康中国行动组织实施和考核方案》,提出了3个方面、15个行动和124项考核指标。文件内容完整、系统而全面,具有很强的可操作性。

二、健康中国建设的基本方案和快捷路径

在健康中国建设实践的进程中,我们也注意到了实践层面存在的一些挑战。为此,我们团队在过去的十余年里,持续在全国范围内进行了广泛的实践研究,覆盖了20多个医养结合试点示范单位。在这个过程中,我们对医养结合与全民健康的相互关系,以及全民健康与健康中国建设的内在联系等课

题，进行了深入而系统的研究。通过这些努力，我们得到了一些有价值的结论，并提出了一些可能的解决方案，希望能为健康中国建设提供一条有益的参考路径。

（一）抓好支撑健康中国建设的“三项基础”工程

1. 建设覆盖城乡的医养结合养老服务体系，着重包括以下四个方面的内容。

一是以现有县-乡-村医疗机构为依托，辅之以与医疗机构相邻的各级养老机构，形成县-乡-村一体化的医养结合机构体系。在这个体系中，地级及以上城市将以老年病综合医院作为核心力量，联合其他医疗机构、养老服务机构以及健康管理机构，共同构建一个多层次、协同高效的医养服务网络。这个网络不仅覆盖城乡，还将为居民提供包括医疗、养老、慢病防治和康复在内的综合服务。在构建这一体系的过程中，我们将注重资源的合理配置和优化，确保服务的质量和效率，以满足居民的养老需求。

二是依托上述医养结合机构体系，增设健康管理系统。成立健康管理中心，面向辖区全体居民实施全民健康管理，包括健康体检、健康评估和健康服务。

三是依托上述医养结合机构体系，建立市（县）-乡-村各级中医药特色自然医学保健康复机构，为辖区居民提供中医药特色的健康维护和康养服务，为居民提供家门口的慢性疾病治疗和康复服务。

四是利用“互联网+”技术实现信息共享。将医疗、养老、健康管理机构数据互联，构建健康医疗大数据中心和云平台，为辖区全体居民提供智慧医养和智能服务，使健康管理能够实现线上管理、线下服务，落实全生命周期的健康服务。

2. 健全健康环境治理体系　1949年以来，我国逐步建立了一套健康环境治理体系，并已形成爱国卫生运动委员会这一组织形式和环境保护监控体系，通过非常成熟的运行机制而取得了巨大的成绩，尤其是在儿童保健、妇女保健、学生保健、传染病防控等方面都已经走在世界前列。然而，新时代表现出的新问题依然不少，诸如空气污染、水质污染、土壤污染、食品污染等对人们健康造成严重威胁，老年医学和老年健康问题形势十分严峻，任务极为艰巨。因此还需继续大力加强爱国卫生运动和环境治理工作，发动全体人民积极参与，进一步加强环境治理标准化和制度化建设，对空气、水质、土壤、食品以及整个生态环境实行严格监控，共同构建良好的健康生态环境。

3. 完善健康法规保障体系　习近平总书记曾反复强调，要把人民健康放在优先发展的战略地位；《“健康中国2030”规划纲要》确定，要把健康融入所有政策，这些指示和要求实际上是给健康中国建设保驾护航。因此，健全完善健康法规政策体系对于落实健康中国建设有着十分重要的基础意义。要把《"健康中国 2030"规划纲要》规定的 5 大任务、15 个健康行动、124 项指标以及有关要求，纳入各级政府各职能部门和有关单位的发展规划、工作计划和规章制度之中，列入绩效考核，而且使之常态化、标准化。有了系统完善且强有力的健康法规政策保障体系，健康中国建设就能持续、稳定地朝着正确方向深入发展。

（二）用"互联网+"数字技术构建"主动健康"的大健康理念作引领

要切实落实《"健康中国 2030"规划纲要》提出的 5 大任务、15 个健康行动和 124 项考核指标，首先要解决的即是思想认识问题。不仅要继续运用加强健康教育、提高健康素养等传统方法，更要适应数字化时代的发展要求，利用"互联网+"技术来推广"主动健康"的理念，这才是健康中国建设的可持续发展之道。具体来说，我们要做到三点：

一是建立"智慧医疗"和"智能养老"的数字化基础，如互联网、物联网、大数据、云平台、智能设备、智能技术等技术的应用。

二是将这些数字技术与医养结合服务体系、健康管理体系、健康服务体系、健康环境治理体系有机结合，使之成为推动人们主动追求健康的动力。

三是推动医养结合服务的标准化和规范化，以赢得公众的的信任，引导他们养成健康的生活习惯，并主动参与到健康管理和服务中来，共同营造一个独特的健康社会环境。

（三）从"乡村振兴"战略入手，快速开创健康中国建设新局面

"乡村振兴"是党中央国务院制定的一项重大战略决策，全国各地正在积极贯彻落实。"乡村振兴"战略与健康中国建设在目标和内容上具有高度的一致性，两者之间存在多方面的内在联系。因此，从"乡村振兴"的角度入手，能更有效地推进医养结合工作，加强"三个体系"建设。实际上，一些地区已经通过实践探索给出了很好的示范。例如，河北省沧州市南皮县结合乡村文化建设，成功将全县乡镇养老院转型升级成为 7 个幸福院。湖南省郴州市桂阳县则以乡镇卫生院和村卫生室为中心，在其周边建立了乡村养老院、村老年日间照料中心、文化活动中心和乡村政务服务机构。这种一体化的改造方式，使得农村地区能够享受到集医疗、养老、康复、健康管理、日间照料、上门服务以及文化生活于一体的老年健康综合服务。这些实践不仅丰富了农村生活，提升了老年人的幸福感，而且为乡村的综合治理增添了一道亮丽的风景线。

三、健康中国建设中须厘清的认识与行动要点

（一）切实从思想上与党中央保持一致，充分发挥政府的主导作用

习近平总书记反复强调，要把人民健康放在首位，"把人民健康放在优先

发展的战略地位”,“将健康融入所有政策”,但各地的实际运行情况与党中央的要求相距甚远。比如,国家倡导的“9073”养老模式,有些同志仅仅是从表面结构上进行简单的分割,即对90%的老年人实行居家养老,7%的老年人实行社区养老,3%的老年人实行机构养老,其执行情况就与党和国家的要求不尽符合。

我们认为,应当从深刻的内涵方面准确解读“9073”,即90%为以居家养老为主体的基层普通老年人,“7%”为特别需要专业照护的高龄、高危老年人,“3%”为追求高品质养老生活的活力型老年人。按照这样的理解,90%的老年人须由政府主导的市(县)-乡-村一体化的“区域化养老机构”承担;7%的高龄、高危老年人应由大型医院办的养老院即“院中院”模式承担;3%的活力型老年人须由企业家建立的“风景区医养院”承担。这样的理解和结构可称之为“新9073”模式。值得欣慰的是,2022年4月份,国家卫生健康委下发了《关于开展第一批全国医养结合示范县(市、区)和示范机构创建工作的通知》,终于为“新9073”理念提供了国家政策依据。因为医养结合示范县(市、区)的要求和推广,实际上打破了社区养老和居家养老之间的壁垒,使二者融为一体,从根本上破解了90%居家养老者面临的困境。我们认为,“新9073”结构可以作为国家养老模式,在此前提下推行的健康养老,其总的原则应当是政府主导、专家指导、企业投资运营。

(二)消除对农村健康养老认知误区,筑牢健康中国建设基石

首先,民企和央企须对农村养老投资持科学态度,不能盲目否定农村广阔的养老市场和巨大的发展空间。湖南省郴州市桂阳县所打造的“全国医养结合示范县·桂阳模式”取得了显著成效,其成功经验值得更多地方学习和借鉴。其他地方在规划和建设医养结合养老服务体系时,可以考虑参考桂阳模式的优秀实践,积极探索体制机制的创新,推动城乡医养结合养老服务体系的深入发展。这样的努力不仅能够为健康中国建设打下坚实的基础,还能更好地满足农村老年人的养老需求,共同促进社会的和谐发展。

(三)央企要精准定位,选好进入大健康产业的突破口

当前,许多央企国企积极投身大健康产业,尤其是养老服务领域。然而,纵观全国,目前成功的案例尚不多。这或许与部分企业对国内健康养老产业的深层次规律还在逐步摸索中有关。因此,这些企业在投资决策时可能更倾向于选择看似高端、显眼的项目,如高端养老院或康养小镇,而相对忽略了农村及基层地区的养老和健康需求。农村广阔的老年健康服务市场及其潜在机遇可能还未被完全发掘和认识,实际上农村养老市场同样蕴藏着可观的潜力和发展空间。

(四)重视对健康中国建设的学术研究

老年医学与老年健康机构及其科研单位应当加强对养老事业的深入研

究，进一步加大科研投入，以深入探索医养结合、全民健康与健康中国建设之间的内在联系，从而为行业提供合乎客观规律的发展指引。近年来，全国的相关行业都在积极响应党中央号召，大力推进医养结合实践。然而，目前各方对于医养结合的理解和实践方式仍存在差异，业内甚至戏言“医养结合是个筐，各种内容往里装”。为改善此现状并推动行业高效发展，相关机构和科研单位应加强协作，共同开展研究以明确概念间的联系，并分享最佳实践和制定统一标准，从而更好地服务于老年人健康福祉，推进健康中国建设。

第三节 医养结合与大健康产业发展

“大健康”是在“健康中国”理念上升为国家战略的时代背景下得到进一步强调和拓展的理念，是一种与新时代高度契合的健康观。2016 年 8 月 19 日至 20 日召开的全国卫生与健康大会，提出要树立“大健康”理念，为人民群众提供全方位、全生命周期的健康服务，推动卫生工作由“以治病为中心”向“以健康为中心”转变，这是根据时代发展、社会需求而提出的一种全局性的理念。与“大健康”理念相伴随，随之而来的是“大健康产业”的概念。

一、大健康产业的定义

所谓大健康产业，是指围绕健康生活，以健康建设为中心，旨在消除健康有害因素，防治疾病，维护和促进人体健康，包括旨在促进人的健康的技术、方法、产品，以及与健康直接或间接相关的所有产业和部门的集合。

二、大健康产业的范围与规模

大健康产业的范围，主要包括医疗产业、养老产业、医药器械业、营养保健业、健康管理行业、高新技术健康产业等方面。这些领域各自构成了规模庞大的产业链，并且都与医养结合服务有关。

（一）医疗产业

2023 年 10 月 12 日，国家卫生健康委发布了《2022 年我国卫生健康事业发展统计公报》，2022 年全国医疗卫生机构总诊疗人次 84.2 亿，全国中医类医疗卫生机构总数已达到 80 319 个。《公报》指出，医疗卫生资源总量继续增加，2022 年末，全国医疗卫生机构床位数已达到 975 万张，与上年比较，床位数增加了 30 万张。

（二）养老产业

全国养老机构发展很快，尤其近年来医养结合的养老机构发展飙升。根据 2023 年 2 月 28 日国家统计局发布的《中华人民共和国 2022 年国民经济和社会发展统计公报》提供的资料，显示我国老龄人口数量、养老机构、养老床位数等统计数据快速上升。截至 2022 年底，全国共有各类提供住宿的民政服务机构 4.3 万个，其中养老机构 4.0 万个，民政服务床位 849.1 万张，其中养老服务床位 822.3 万张。随着老龄人口的不断攀升，养老专业化服务、智慧养老、适老化改造、老年辅具等领域获得了越来越多的关注，市场机遇也愈加广阔，并处于快速发展之中。

（三）医药器械业

根据国家药监局指导编发的《2023 医疗器械蓝皮书》，截至 2022 年底，我国医疗器械生产企业总数已达到 32 632 家；另据相关统计资料，2023 年上半年全国医疗器械生产企业数量持续增长，截至 2023 年 6 月底，全国医疗器械生产企业已达 34 635 家，与上年同期相比增长 18.45%。不难预测，今后一个时期我国医疗器械行业将继续保持较快的发展速度，医疗器械未来产品的总体质量将稳步提高，创新医疗器械的加速涌现和高端医疗器械的关键核心技术与关键零配件研发的新突破，都将是行业发展的亮点。

（四）营养保健品行业

全国营养保健品经营生产的厂家众多，然而，市场存在一定的混乱，产品质量参差不齐。目前，国家对保健品行业的审批监督管理日益严格，有望逐步改善市场秩序，提升产品质量，进而促进行业的健康发展。

（五）健康管理行业

健康管理包括健康体检、健康评估和健康服务三个部分。在早期，民营体检中心主要提供针对特定消费能力的市场细分群体的健康体检服务。随着时间的推移，公立和民营医院的体检中心开始为更广泛的居民群体提供服务，特别是城市居民，使得健康体检和评估逐渐成为人们的日常生活方式之一。目前，随着我国健康事业的发展，农村地区也逐渐享受到更多的健康管理服务，尽管这些服务在不同地区的普及程度可能存在差异。尽管健康体检和评估已经得到较广泛的推广，但健康管理行业仍面临如何有效提供全面、连续的健康服务的挑战。

（六）高新技术健康产业

高新技术健康产业是一个快速发展的领域，它主要涵盖了服务于健康的生物技术和数字技术两大领域。生物技术方面，包括细胞生物技术、免疫技术和基因技术等，它们在健康产业中的应用已经从基因检测和诊断发展到包括基因治疗、细胞治疗、免疫治疗和靶向治疗等前沿领域。这些技术是推动生物技术发展的关键方向和环节。

同时，数字技术在健康产业中的应用也在不断扩展。从“互联网+”的初步应用，到健康医疗大数据、云平台的建设，再到人工智能技术的融合，数字技术正在逐步推动医疗、养老和管理的智能化。这不仅包括智慧医疗、智慧养老和智慧管理，还涉及到更广泛的应用，如通过数据分析来优化治疗方案、提高医疗效率和质量，以及通过远程监测和在线咨询来改善患者体验。

三、大健康产业的发展前景

大健康产业发展前景十分广阔。在发达国家，健康产业增加值占 GDP 比重超过 15%，而我国前些年占比尚不超过 5%，低于许多发展中国家。近年在党中央国务院一系列文件的指引和推动下，我国的大健康产业正在快速发展。2018 年全国大健康产业总规模为 6.42 万亿元，比 2017 年增长 12.43%，占 GDP 比重的 7.08%。2021 年全国大健康产业总规模为 7.25 万亿元，比 2018 年增长 12.93%。据有关机构预测，2023 年我国大健康产业规模将达 14.48 万亿元，到 2030 年将超过 16 万亿元，是目前市场规模的 30 倍。

四、未来大健康产业发展特征

随着健康中国战略的贯彻实施，未来十年将是大健康产业的黄金十年，在发展过程中将表现出五大发展趋势：一是高科技化，二是精准化、标准化和专业化，三是智能化，四是融合化，五是国际化。作为国家战略，将通过“一带一路”健康服务驿站建设，为中国与世界医疗健康产业合作搭建平台，大健康产业逐步表现出以下发展特征。

（一）中医药大健康产业比重将大幅度上升

大数据显示，在过去七八年间，我国中医药大健康产业的市场规模持续上升，并保持两位数的高速增长。2017 年已经达到了 1.75 万亿元，同比增长达 21%。《中国的中医药》白皮书指出，至 2020 年，我国中医药大健康产业突破 3 万亿，年均增长率保持在 20%。随着医养结合的深入和中医药健康服务大量进入医院、养老院、社区、农村，中医药的应用产值将更加大幅度上升。

（二）医养康旅产业发展将进入快速轨道

据统计，全球医疗旅游产业已从 2000 年不到 100 亿美元，飙升到 2017 年的 7 000 亿美元，并且正以每年 20% 的速度持续增长。回顾既往历史，中国的医疗旅游产业发展速度虽然比较滞后，但近年来发展相当快，各级政府都在挖掘各类资源，许多民营企业抢抓机遇而加大投资力度，兴建了大量各色各样的医养院、康养基地、民俗村等。有红色纪念资源和名人故里的地方，政府和企业积极性更高。总体来看，以“医养-康养-旅居”为一体的产业市场方兴未艾。

（三）高新技术健康产业已成新业态

为保障健康需求，健康服务多专业跨学科的现代高新技术产品越来越多，社会上将其称之为高新技术健康产业。主要有如下两个方面：一是生物技术，二是数字技术。如智能穿戴设备应用，对人类生理和病理指标的自动监测、自动分析、自动控制、自动报警，使医疗救治和健康维护的效率和质量大大提高；数字影像使远程会诊、远程查房、远程手术、远程诊疗、远程教育成为常态，使城市大医院、大专家的服务范围无限扩展，医院功能有效延伸至广大农村、山区、牧区及周边社区甚至家庭，由此带来一系列巨大的社会效益和经济效益。

（四）医养结合养老模式已成为大健康产业最佳入口

自2017年习近平总书记在党的十九大报告中提出“推进医养结合，加快老龄事业和产业发展”的要求以来，医养结合健康养老模式和医养结合机构建设在全国广泛开展起来，国家已提出或完成一系列战略部署，各级政府正在努力探索如何解决90%普通老百姓的养老问题，如何解决约7%的高危老年人、高龄老年人的刚性养老问题，如何满足3%活力型老年人医养旅居的健康需求问题等。这些亟待解决的问题，就是大健康产业的最佳入口。根据我们十多年研究探索的经验，医养结合是大健康产业发展的根本主线，抓住这条主线就是抓住了大健康产业的最佳入口。包括投资多少？选择什么项目、选择什么模式？建设多大规模？锁定什么服务对象？服务什么内容？提供什么产品？铸造什么品牌？等等。这些问题解决好了，就选准了通向成功的大健康产业发展之路。

（五）“医养融合”康复模式将有效催生和完善我国慢病防控体系

随着我国社会经济快速发展，人口老龄化以及导致慢性疾病的危险因素不断增强，使慢性疾病发生发展频率越来越高。据统计，我国居民慢病死亡率占总死亡人数的86.6%，造成的疾病负担已占总疾病负担的70%以上；我国亚健康人群占70%以上，60岁以上老年人患慢性疾病发生率高达78%以上。因此，慢性疾病及其防治已经成为影响我国社会经济发展的重大公共卫生问题。

近年来，党中央国务院采取了一系列措施，加强了对慢病的防治和管理工作，许多企业家也将目光投向了慢病的防治和康复。不少地方建立了专门的慢病医院或中医康复医院，成都、株洲、临沂等地还依托慢病医院、中医康复医院，向社区开办了许多健康管理机构或社区康复站，采取中医传统办法，为亚健康人群服务，社区或上门服务解决不了的就后送慢病医院或中医康复医院。

（六）健康管理和健康托管将成为大健康产业新风尚

《“健康中国2030”规划纲要》提出要实施全民健康管理和全生命周期的健康服务，目的是为了实现全民健康。可见，实施全民健康管理是实现全民健康的关键环节。如前文所述，健康管理需要依托医养结合的服务体系，依托"互联网+"的支撑平台；缺少医养结合的健康管理没有意义；健康管理的升华，又会使医养结合深化为医养融合，医养融合将会大大提高健康管理的质量和水平，使健康管理和康复机构成为慢病防治的最高学术殿堂。

根据这样的发展路径，健康管理机构的三个组成部分，包括健康体检、健康评估、健康服务（慢病康复机构）必然走向一体化建设。全生命周期的服务，社会信誉度的不断提高，不仅会使健康管理社会化，健康托管制也将随着社会的强劲需求应运而生。人们将主动健康、自觉健康，把健康托管理念和机制推向新业态，并进而成为未来大健康产业的新风尚。

第四节　医养结合与主动健康和老龄化科技应对

"主动健康与老龄化科技应对"也是老年健康服务特征强烈的时代话题，国家科技部曾专门以"国家重点研发计划"设立研究课题以破解这一时代难题。在"没有全民健康就没有全面小康"理念的指导下，党和国家始终坚持"以人民健康为中心，关注生命全周期、健康全过程"的健康中国建设战略，以积极推动健康老龄化为内涵的主动健康为导向，加强对"健康失衡状态的动态辨识""健康风险评估与健康自主管理"等问题的学术研究，发展适合我国国情的科技养老服务标准及评价体系建设，为促进健康保障转型升级，构建养老、康复、护理、医疗一体化的老年健康服务体系，加快培育新型健康产业提供积极的科技支撑。

一、数字时代人类主动健康的基本条件

所谓数字时代，比较通俗地说就是指电子信息时代，因为电子信息的所有机器语言都是通过数字来表现的，所以人们将电子信息充分运用的时代称之为数字时代。在信息技术迅猛发展的时代背景下，数字化和网络化已经深入到人们生活的各个领域和各个方面，并已成为社会生活、经济发展、人们的生产、消费、交流乃至于健康事业的基本条件。具体而言，数字时代人类主动健康的基本条件包括：

1. 互联网和物联网已彰显为数字化时代的基本特征。没有互联网和物联网就不可能产生数字、大数据中心、云平台和一系列数字技术。因此互联网的发明使人类进步产生了质的飞跃，使人类社会一跃而跨入了数字化时代。

2. "大数据+云平台"是人类对互联网和物联网最特征性的运用工具，人们通过此工具对海量数据进行管理和应用，由此产生人工智能和高智慧服

务，为人类主动健康提供了条件。

3. 智能设备在老年健康服务领域的广泛应用，是互联网和物联网技术必然产生的结果。与老年健康相关的智能设备如各类穿戴式体检监测设备，使人机互动，质量和效率大大提高。

4. 智慧技术是各种数字技术按照社会实践要求的综合应用，集中体现为人的智慧功能，又称人工智能。智慧技术在医学领域的应用催生了"智慧医疗"和"智慧医院"等新的业态模式，这是人类主动健康的巨大吸力和推力。

二、数字时代支撑主动健康的核心理念

数字时代的人们要实现主动健康，必然需要与时代相适应的高新技术作支撑，因此构建"互联网+医养结合+健康管理"服务体系，即成为铸造数字化时代主动健康的新理念。

（一）支撑数字化时代大健康新理念的基石

支撑数字化时代大健康新理念的基石即"互联网+医养结合+健康管理"。

我们在研究实践中发现，把"互联网+医养结合+健康管理"紧密联系起来，建成有机的服务体系，不论对政府、企业、个体或群体，都是科学的健康服务体系。因此我们认为，"互联网+医养结合+健康管理"构成的服务体系，应该成为新时代全社会所秉持的大健康理念。换言之，依托互联网、大数据、云平台开展的以医养结合为特征，以健康管理为手段的健康维护模式，可称为数字化时代的大健康服务模式，也可称为数字化时代大健康新理念。

（二）维护社会健康生态的服务保障系统

"互联网+医养结合+健康管理"，是维护社会健康生态的服务保障系统。

如前文所述，"维护社会健康生态的服务保障系统"由四个部分构成：一是以县-乡-村现有医疗机构为依托，在其近旁建立养老机构，形成覆盖城乡的医养结合机构体系。二是依托上述医养结合机构体系，增设覆盖城乡的健康管理体系，实施全民健康管理。三是依托上述医养结合机构和健康管理体系，增加中医药特色自然医学康复机构，提供治未病、疗慢病、促康复、抗衰老服务。四是运用互联网技术，使所有的医疗养老和健康服务机构数据实现互联互通、信息共享，形成大数据中心和云平台，提供智慧医养，智能服务。这样的模式须实现市（县）域全覆盖和居民全覆盖，由此形成全社会的医养结合服务保障系统，构成全社会的健康生态环境。

（三）大健康产业链不断发展的动力

在科学技术高度发达的现代社会，"互联网+医养结合+健康管理"理念已成为大健康产业链不断发展的动力。

互联网、医养结合、健康管理，分别都是现代社会不同性质的经济产业，然而专业前景虽然宽广，其运营结构却比较松散，只有形成一个有机的整体，才能成为坚实的大健康产业。以高新技术为主要内涵的大健康产业，包括互联网数字技术产业、智能传感系列产业、大数据平台和人工智能产业、中西医药尤其中医药产业等等。“互联网+医养结合+健康管理”的理念和体系建设应用，将有力地推动其作为大健康产业的发展，进一步为人类主动健康创造条件。

三、增强主动健康吸引力和推动力

进入21世纪以来，增强主动健康吸引力和推动力成为日益彰显的社会时代特征，其主要表现就是强化智慧医养和智慧管理功能。

（一）线上管理，线下服务

线上管理，线下服务是数字化时代健康管理和医养结合的主要形态。由大数据、云平台和人工智能支撑的线上管理，实际上彰显的是智慧医养和智慧管理，而线下服务又是因地制宜的医养结合服务。线上管理，线下服务质量和效率均可以达到令人满意的程度，能给客户带来极大吸引力。

（二）基因检测和细胞生物治疗

基因检测和细胞生物治疗是现代医学的重要发展，也是当代精准诊断、精准治疗、早期发现、精准预防的主要手段。这一领域目前发展很快，许多重大课题都是一些院士在领衔研究，其研究动态和成果代表了国内外先进水平，对广大人民群众追求主动健康有巨大的推动力和牵引力。

（三）远程监控，视频诊疗

主动健康服务的客户主要是亚健康人群或慢性患者群体，而这些人群往往处于事业发展的巅峰时期，一般不愿因为身体方面似乎不太严重的健康问题而“浪费时间”光顾医院。恰好远程监控、视频诊疗满足了他们应对工作并关注健康的时空冲突，因此成为他们非常喜欢的接受方式。把“远程监控，视频诊疗”做好了，对广大社会成员追求主动健康都有巨大的吸引力和推动力。

四、不断提高社会健康托管信誉度

随着主动健康理念不断深入人心，健康中国建设大环境不断改善，健康管理机构、医养结合机构、健康服务机构对建设水平和专业水平的要求将越来越高，管理流程越来越法制化，服务标准越来越人性化，健康托管机构将应运而生。人们将自觉主动地把自己的健康托管给专业水平高、社会信誉好的健康管理机构。各类健康管理机构也将争先恐后面向社会招收健康管理委托人、健康管理团体、健康管理机构或单位。这种风尚一旦形成，将有力地推动各类健康管理机构、各类医养结合机构和健康服务机构的快速发展，整个社会又将出现新的健康生态环境。

第五节　中心地区医养结合服务与边远农牧区协同发展机制探索

长期以来，我国在医养结合领域的研究和实践已经覆盖全国各地，涉及的医养结合机构多样，包括不同类型和层次。在实践过程中，如何促进不同地区、不同层次医养结合服务的协同发展，是一个现实且迫切的问题。为了探索解决这一问题，我们选取了成都的“中国青城国际颐养中心”和四川阿坝马尔康市的农村牧区作为样本，进行了医养结合服务机构协同发展的试点研究。

一、研究背景

成都“中国青城国际颐养中心”，是在四川成都崇州市政府支持下，由成都圣沅乐康集团投资建设，中国老年医学学会和四川省人民医院重力打造的西南地区大型高端医养结合示范基地。这家颐养中心地处五 A 级风景区，占地面积 1 000 余亩，建有含 500 张床位的一所三级乙等医疗机构，配置有可运营 1 000 张床位的养老院，居住模式为高端组团式套房和别墅套房，周围还建有含 6 000 套养老住宅的高端社区。在医院与养老院之间建有高端健康管理中心，拥有价值逾亿元的体检设备。此项目已列入成都市政府的重点项目。

四川阿坝州马尔康市农村牧区是国家扶贫攻坚的重点贫困地区，这里远离中心城市，属于条件比较落后的偏远山区和农牧区，不仅物质条件落后，医疗健康资源更显得非常匮乏。我们认为要尽快解决偏远农村牧区的医疗健康问题，唯有按照“互联网+医疗健康”的要求，大力推广“互联网+”数字技术和方法，按照“互联网+健康管理+医养结合”的理念，在乡医、村医、牧医等机构配备移动智能体检会诊箱，将大型中高端医养结合机构与偏远农村牧区的基层医疗养老机构实现数据互联互通，把远程医学会诊、远程医学查房、远程医学指导和健康体检、健康管理直接延伸到农村牧区的基层医疗养老机构，把健康管理和健康服务直接配送到农村或牧区民众的家里。成都“中国青城国际颐养中心”作为中国老年医学学会和四川省人民医院合力打造的西南地区大型医养结合示范基地，可以成为解决西南偏远农村牧区医养结合服务问题的中心。

二、破解难题的主要举措

本研究主要以成都“中国青城国际颐养中心”为依托，将其先进的医养结合理念和强大的医养结合服务能力辐射到农村或牧区，由此完善基层的医养结合服务体系架构设计。主要措施包括以下几点。

（一）“五个中心”运行平台

成都“中国青城国际颐养中心”作为辐射农村牧区医养服务的龙头和主要依托，重点发挥“五个中心”作用。“五个中心”即大病专病医疗中心，中高端养老中心，区域健康管理中心，医养结合健康维护研究中心，业务指导与人才培训中心。

（二）“互联网+”服务理念

成都“中国青城国际颐养中心”将远程医学查房车配置到马尔康市医院，移动智能体检会诊箱配置到乡村牧区医疗养老机构，实现成都“中国青城国际颐养中心”-阿坝州马尔康市医院-牧区农村乡镇级医养机构。使健康医疗数据互联互通，信息共享，建成覆盖牧区或农村居民的医养结合服务互联网体系。

（三）“三位一体”服务机制

首先，把“互联网+健康管理+医养结合”的主动健康理念，融入以成都“中国青城国际颐养中心”为中心辐射周边农村牧区的服务体系之中，通过确保体系切实运转而在广大人民群众中形成共识，进而推动主动健康行动。

其次，建设并优化医养结合服务机构分级体系，特别是配合健康管理开展健康维护专业工作。成都“中国青城国际颐养中心”为大区域中心（三级）；阿坝州马尔康市为二级医养结合服务基地（县级医养中心），其下辖的乡（镇或村）可建立最基层医养服务老年服务站（一级）。通过分级体系的建构和运行，形成三级医养结合服务体制和线上管理、线下服务的运营模式。

最后，把以成都“中国青城国际颐养中心”为依托的区域健康医疗大数据中心和应用平台建设好，在大数据平台指导下实施全区域健康管理，包括定期健康体检、健康评估和健康维护，使之逐步形成健全的工作体制和运营机制。

三、各级医养结合协同的状态设计

各级医养结合服务机构在协同过程中主要承担的内容如下。

（一）三级医养机构

成都“中国青城国际颐养中心”属于三级医养机构，在协同过程中主要承担以下五项内容：①具有三级医院的医疗和养老资质。②具有接收二级医养机构后送患者的能力，包括直升机、救护车、远程查房车和便携式体检箱等。③具有进行健康管理（包括健康体检、健康评估、健康维护）的能力。④具有远程医学会诊、查房和远程医学教育的条件和能力。⑤具有在特定专科领域内提供技术指导、人才培训、专家支持和大数据研究与应用的能力。

（二）二级医养机构

二级医养机构主要是指由县级医院建立的医养中心，在协同过程中主要承担以下四项内容：①具有二级医院和养老院的资质和相应的服务能力。②具有接纳一级机构患者和向三级机构运送患者的能力，包括远程移动体检车和后送救护车。③具有健康管理的能力。④具有提供中医药健康服务的康复机构。

（三）一级医养机构

乡镇级医养基地属于一级医养机构，在协同过程中主要承担以下三项内容：①具有一级医疗与养老机构资质和相应的服务能力。②具有实施健康管理所需要的移动智能体检箱等基本体检设备和顺利开展工作的组织协调能力。③具有医养结合服务的条件和向村医派驻指导专业人才的能力。

四、不同层级医养服务协同发展的效果评估

以成都“中国青城国际颐养中心”为依托，对其与周边农村牧区医养服务协同发展模式运行状态进行跟踪探索，可以看出这一协同模式已经取得了较好的成效，对其运行效果可以进行以下简要的评估。

（一）覆盖范围广泛

以成都“中国青城国际颐养中心”为主体，作为区域医养中心向阿坝和成都地区的60多个县-乡-村医养结合养老服务点辐射，有效地促进了周边农村和牧区医养结合服务体系的建设，为实现健康脱贫乃至“全民健康”的目标奠定了基础。

（二）服务面向基层

成都“中国青城国际颐养中心”“互联网+医疗健康”的落实，使阿坝州马尔康市医院-乡镇医院-村医和成都周边地区、乡镇形成医养服务网络、配套了远程查房会诊移动车，乡镇配备了便携式智能查体箱，使人们逐步接受了“互联网+健康管理+医养结合”数字时代人类健康新观念，促进了人民群众主动健康管理素养的形成（图4-5-1）。

（三）健康服务需要常态机制

通过成都“中国青城国际颐养中心”的运营，有效地促进健康管理逐步走向覆盖并服务全民的轨道，使健康体检、健康评估和健康维护成为常态。

图 4-5-1 国家重点研发计划课题向四川阿坝州农村牧区赠送远程医学设备

（四）健康维护突出中医药学

健康维护是健康管理和医养结合服务的核心，其主要流程和内容包括了中医药特色的健康服务，以及自然医学康复机构的专业技能及产品。成都“中国青城国际颐养中心”引进了多种中医药和传统医学技术，并聚集了包括国医大师刘敏如在内的特殊中医人才。这些举措不仅将医养服务推广至基层，还因其广泛的应用而推动了中医药的进一步发展。

（五）服务手段突出远程技术

远程医学会诊和远程医学查房的常态化，不仅能及时解决基层老百姓的疑难杂症和急危重症的救治，还能有效提高基层医养机构的专业水平。

如上所述，成都“中国青城国际颐养中心”“互联网+医疗健康”体系建设的成功，不仅有效推动了西南区域健康医疗大数据中心平台建设和发展，而且对于推动自身健康医疗大数据的研究与应用，不断提升精准医疗、精准预防、精准保健水平发挥着重大作用。

第六节 医养结合理念与机制重塑

不论是在国家政策层面，还是在社会实践层面，医养结合都属于应对社会老龄化趋势而出现的。作为全社会高度关注的难题，人们在探索的初始阶段对医养结合以及相关的理念、机制等认识、理解并不清晰，只是在实践过程中才逐渐表现出一些基本共识。我国政府高度重视并积极应对社会人口老龄化带来的养老问题，自 2013 年以后频繁地推出了一系列政策文件，鼓励并推动以医养结合为主要内容的健康服务业深入发展。中国老年医学学会积极响应国家号召，大力推动医养结合的理论研究与实践总结，在全国各地比较广泛地开展了医养结合的探索，形成了比较系统的经验，同时也逐渐形成了对医养结合相关问题的深刻理解。我们认为，就医养结合理论与实践而言，一些关键问题正在经历理念与机制的重构或重塑，这些关键问题代表性地表现在以下四个方面。

一、日渐成熟的“全民健康”模式

在党和国家越来越高度重视的时代背景下，以医养结合为特色的“全民健康”模式必然成为今后健康中国建设需要持续深入研究、实践和探索的重大课题。

2016 年 8 月，习近平总书记在全国卫生与健康大会上指出：“没有全民健康，就没有全面小康”。究竟应该如何加强“全民健康”建设呢？湖南郴州桂阳县等地区探索了以县为单位的全民健康模式试点，其基本特征包括：

（一）以“互联网+”为核心构建健康服务体系

建立以医养结合为特色且覆盖全县城乡的老年健康服务体系，即以现有县-乡-村医疗机构为依托，建立县-乡-村养老机构，共同构成医养结合服务体系，并通过“互联网+”技术使全县各级医养机构健康数据实现互联互通，信息共享，这是最基本、最牢固的健康服务体系和支撑平台。

（二）以健康服务机构为支撑构建健康管理体系

依托三级医养结合服务机构，建立覆盖全县城乡的全民健康管理服务体系。为县域内全体居民定期进行包括中医药健康服务在内的健康体检、健康评估和健康维护，并通过“互联网+医疗健康”理念而形成健康医疗大数据中心和应用平台，实现高效快捷的线上管理，线下服务。

（三）以中医药为特色构建自然医学康复机构

依托县-乡-村医养结合机构，建立各级以中医药为特色的自然医学康复机构，以治未病、疗慢病、促康复、抗衰老为主要任务，使辖区内所有居民的常见病、慢性病得到有效防治，进而提高广大人民群众的健康水平。

（四）系统构建多位一体的中心职能

以县中医院为龙头，建设成为全县医养结合的服务中心、业务指导中心、人才培训中心、远程医学中心和质控中心。

（五）以风景区为依托构建高端旅居颐养中心

具备条件的市或县，还可以在辖区内选择适宜的风景区建立高端医养旅居一体化的颐养中心，为全国活力型老年人和亚健康人群服务。在城市中心区域也可以建立医养结合的“院中院”模式，以满足高龄、高危和失能半失能老年人的医养需求。

郴州桂阳县形成的医养结合服务模式为打通实践中的“堵点”，消除机制不畅的“痛点”，进而健全医养结合运行机制提供了较好的示范效应。以政府资源和社会资源的整合为特色，是卫生健康委和民政部门监督职能的创新，体现了以居家为基础、社区为依托、机构为补充、医养相结合的养老服务理念，实现了县域内所有居民的全覆盖和效益的最大化，也是医养结合服务的特色模式之一，这种模式应该成为遍及全国以充分体现“全民健康”理念的基本模式。

二、医养结合机构建设重在体制机制创新

按照2019年3月5日第十三届全国人大二次会议政府工作报告提出的要求，各级政府要大力发展养老服务特别是社区养老服务业，配套建设社区养老服务设施，改革完善医养结合政策，建立健全高龄、失能老年人长期照护服务体系，大力推动养老服务供给结构不断优化、社会有效投资明显扩大、养老服务质量持续改善、养老服务消费潜力充分释放，进而有效满足老年人多样化、多层次养老服务需求。我们理解，为了实现这一目标，最关键的战略性举措就是要实现医养机构在体制上、机制上的有机融合，通过有机融合而建立的新型医养结合机构，将逐步取代传统养老院，成为未来社会养老保健主要机构之一。

我国长期运行的养老机构有以下两个特征：一是市-县-乡各级政府通常都建有公立的养老院，由民政部门主管，通过政府拨款支撑运行，主要收容孤寡老年人。二是民营养老机构大多分布在大城市社区，主要收住失能半失能及家庭无人照护的老年人。这些机构由于医疗条件的缺失，大多不受老年人欢迎，家属也不放心，所以入住率也不高。

据调查，全国60%以上的民营养老机构都面临亏损，而县-乡-村养老机构普遍都缺少医疗服务，社区和广大农村居民的老年慢性疾病防治和调理面临实际困难。研究证明，广大农村居民有广泛的医养需求，如依托县-乡-村医疗机构建立养老院，就可以圆满解决养老院医疗缺失的问题；三级医院内部或近旁建立养老院，就可圆满解决“高龄高危”“失能半失能”老年人的医疗问题；风景区建“医院、养老院、健康管理”三位一体化的颐养中心，就能为活力型老年人和亚健康人群提供十分理想的医养服务。

医疗机构以医疗为中心，养老机构以健康为中心，以老年人尤其是失能半失能老年人的养护康疗为主要任务，两者的有机结合即为医养结合服务机构。在医疗机构的医疗安全支撑与保障下，原部分公立养老院或敬老院，依法托管给民营养老企业，与医疗机构合作形成医养结合服务体系，可实现对居民的全覆盖。养老机构建立完善的健康管理系统，主要任务是治未病、疗慢病、促康复、抗衰老，而不仅仅是生活照料。可以设想，基层的医

养结合机构和风景区的医养结合机构可按标准建设成“医”和“养”融为一体的“医养院”，也可如医院或养老院一样，通过等级评定而评出政府和社会所公认的级别，使医养院逐步发展成为新时代老年人健康养老的主要模式之一。

三、中医药学健康服务已形成时代应用潮流

1958年10月11日，伟大领袖毛主席在《卫生部党组关于西医学中医离职班情况成绩和经验给中央的报告》上作出重要批示："中国医药学是一个伟大的宝库，应当努力发掘，加以提高。"这一重要指示为我国中医药及中西医结合工作指明了前进方向，当然也为新的历史条件下发展老年健康服务事业指明了前进的方向。我们有充分的理由相信，随着中医药学在医养结合服务领域的广泛应用，将强力推动中医药的快速发展。

四、“区域化医养结合模式”是大健康产业快速发展的基础

现代老年健康服务正在彰显的鲜明特征之一，即是以“区域化医养结合模式”为基础，以“院中院”和“风景区”医养结合模式为支撑的大健康产业发展模式已经越来越成为破解时代难题的首选之路。

研究当前养老服务业的实际状况，认真比较分析符合现代社会实际的超级健康产业迟迟不见雏形的根本原因，主要是普遍缺少对健康产业发展规律的认识，一些养老专业或企业人士尚未充分认识到广大农村和基层社区巨大的养老市场，尚未充分认识到社会十分迫切的医养需求。另外，有的投资方还尚未充分认识到养老企业的利润增长点在哪里，故而面对巨大的健康养老市场踌躇不前。有的企业家虽也有志于健康养老产业的建设和发展，在风景区投资建设中型医院及中大型养老院，甚至配有老年大学和文化活动中心，条件环境相对比较优越，但由于定位不准，理念和机制配置不当，使医院迟迟无老年患者就医，养老院无老年人入住，导致耗费巨资兴建的机构不得已尴尬闲置或半闲置，难以正常运行。应该肯定，金融企业办养老机构是当前社会的一大热点，金融结构有资金优势，然而投资大型养老机构，并采取入住者投资融资或购买保险等方式，虽然创造了一定的吸引力，但由于运营的理念和机制定位模糊，其结果投入与产出效率并不高。

根据近10年的探索与实践经验可以预测，未来的超级健康养老产业家，将主要来自于以“区域化医养结合模式”为基础，以“院中院”和“风景区”医养结合模式为支撑的健康产业。这里的“区域化医养结合模式”，是指在政府主导下“立足辖区、优化体系、创新机制、覆盖全域”的模式，面对的服务人群是辖区内90%以上的广大老年人群体，承载的是政府的职能和担当。“院

中院”医养结合模式和“风景区”医养结合模式大都投资巨大,虽然效益回收较慢,但却是对社会功能的重要补充,而且可有效地解决中高端人群的需求。无论是哪种医养结合模式,都需引入健康管理理念,利用“互联网+医疗健康”理念和技术,实施全生命周期的健康管理和大数据应用平台支撑,这必然成为一种富有活力的新型医养结合养老健康产业模式。

第七节 医养结合与医疗健康体制机制面临的新形势

习近平总书记在党的十九大报告中明确提出了实施健康中国战略的重要方向。他强调,我们需要为人民群众提供全方位、全周期的健康服务,并积极应对人口老龄化带来的挑战。为实现这一目标,我们不仅要构建完善的养老、孝老、敬老政策体系,还要营造良好的社会环境,大力推进医养结合,以加快老龄事业和相关产业发展。这一过程中,医疗健康体制和机制的创新将成为关键。其中围绕医养结合的推进,将在医疗健康体制机制方面进行一系列的创新,具体包括以下几点。

一、医养结合的管理体制和运营机制面临的新形势

公立医疗与民营养老机构之间的结合,将催生医养结合管理体制和运营机制的创新,内容包括以下几点。

(一)医养主管部门职能交叉,体制机制需要创新

在我国,医疗和养老机构长期分开管理,分别归属于各级卫生健康部门和民政部门。然而,随着医养结合的推进,医疗机构与养老机构之间的合作日益紧密,出现了越来越多的医养结合机构。医院办养老院或养老院设医疗机构的现象越来越多,尤其政府主办的养老院越来越多地开始尝试采用委托民企管理的方式,公建民营的运行模式也越来越普遍。

针对一些公立医疗机构与民营养老机构共同构建医养结合养老服务体系的现状,加强管理显得尤为重要。“构建养老、孝老、敬老政策体系和社会环境”的精神,可以对现有管理体制进行适度调整。具体而言,民政部门可以将更多精力放在监督全社会养老机构上,而非局限于自办养老院。同时,医保、社保和农合等政策也应与时俱进,逐步扩大报销范围,完善报销政策,从而与医养结合的趋势相适应。

(二)医养服务机构任务繁重,制度标准和规范需要创新

随着人民群众生活水平的提高,老年人对健康的需求也在持续增长。这种增长体现在几个方面:一是基层医疗机构的养老医疗任务明显加重,除了急救医疗外,还包括了慢性病防治和健康管理等更为复杂的工作。二是养老

机构的服务内容不断充实更新,从简单的生活照料扩展到了慢性病康复、健康管理、健康体检等多种健康服务。三是医养结合与医养融合的研究应用与服务也面临更高的要求和更大的挑战。尤其是中医药健康服务,在与现代医学技术相结合的过程中,可以发挥其在预防疾病、治疗慢性病、促进康复和抗衰老等方面的独特优势。四是随着医养结合机构建设标准的提升,以及服务要求的日益严格,专业人才的培养也面临更大的挑战。尤其是对于那些追求高品质服务的人群,他们对服务质量和专业水平有着更高的期待。为适应这些变化,并满足不同层次老年人群的需求,我们需要制定科学的标准、规范和制度,以指导和推动医养结合服务工作的有序开展。

(三) 医养机构经营方式多样,运营机制需要创新

随着社会改革的深入推进,公立医疗机构在某些方面显示出其公信力优势和执行力优势,赢得了社会和广大人民群众的广泛信任和欢迎。而在医养结合养老领域,民营养老机构也因其服务条件良好、质量较高,以及运行活力强等特点,受到一部分老年人及其家属的青睐。在新的时代背景下,公立医疗机构与民营养老机构各自具有的优势,在构建覆盖城乡的医养结合养老服务体系中将起到重要作用,共同为中国特色社会主义制度下的养老服务事业贡献力量。

二、新型医养机构的运营与管理模式已显端倪

医养结合的广泛应用,将催生以医养结合为特征的新型养老院模式,对这些机构的运营指导和管理,也必然成为需要进一步探索的课题。

(一) 传统养老院面临运营挑战与发展新路径的探索

众所周知,目前全国很多养老机构面临经营亏损的困境。尽管国家为养老机构提供了包括建设费补贴、基于人数的财政补贴以及土地和税收优惠等在内的多项扶持政策,但很多机构仍运行艰难。有的机构虽能勉强维持运营,但利润微薄,这对它们的长期发展构成了不小的挑战。

在乡镇层面,通常情况下,政府都会设立一所公立养老院,主要服务对象是政府供养的"三无"老年人,并遵循较为正规的管理体制。然而,在我们考察过的众多乡镇级养老院中,普遍存在着设施简陋、环境破旧的问题。这些养老院往往只有几名老员工,照顾着为数不多的"三无"老年人。除了提供基本的食宿和生活照料服务外,这些养老院在文化娱乐、健康服务以及医疗条件方面存在明显不足,而且往往远离医疗机构。这不仅使得"三无"老年人对入住此类养老院持保留态度,更让社会上的普通老年人望而却步。究其主要原因,是养老机构普遍缺乏必要的支撑条件和运营活力,尤其是医疗资源的匮乏和就医不便的问题,让老年人对生命安全感到担忧。

(二) 新型医养结合养老机构已显示出强大生命力

根据我们在河北指导建立的“东许营村医养模式”示范机构的经验,即使是条件相对简陋的村办养老院,只要配备了村医并提供医养结合的服务,也能吸引村民们的兴趣。实际上,这种服务模式甚至吸引了邻村的村民争相入住。值得一提的是,这个拥有不到30个房间的养老院,在高峰期能够吸引90多位老年人入住,其受欢迎程度远超预期,经常处于满员状态。这些入住的老年人大多患有慢性疾病,但得益于医生的每日查房和及时治疗,他们的各种慢性病都得到了有效的管理和健康服务。正因为有了这样的医疗保障,不仅老年人自己对养老院的服务感到满意,他们的家人也对此感到十分放心。

近年来,国家大力推进医养结合,要求医院办养老院,或者养老院设医疗机构。许多有志之士兴建了一批医养结合的养老机构,有的正在发挥越来越好的作用。为此,中国老年医学学会指导建立了一系列医养结合的试点示范单位,探索了各种不同的养老模式,还研究制定并经国家标准委员会批准发布了《医养结合服务机构设施设置基本要求》和《医养结合服务机构等级评定规范》等行业标准,目的是引领和推动全国医养结合机构的建设和发展。

(三) 医养结合健康养老的理念正在刷新人们的传统观念

1. 传统养老观念正面临挑战

(1) 老年人对远地养老院的抵触感:许多老年人对于前往远离家乡的养老院养老表示抗拒。他们往往有一种被社会和家人遗弃的感觉,觉得这样的选择不够光彩。事实上,一些老年人因为被迫远离家乡入住养老院后,常因心情压抑而导致健康状况迅速恶化。

(2) 子女对养老院的观念障碍:在传统文化影响下,许多子女认为将父母送入养老院是一种不孝的行为。这种观念成为他们选择养老院的一大心理障碍。

(3) 养老院服务的局限性:当前养老院的服务内容多限于基本的生活照料,而在文化精神生活、健康养护以及个性化“生活天地”的打造上存在明显不足。这导致老年人在养老院的生活往往陷入一种“等待死亡”的尴尬境地。

(4) 养老院中的尊严问题:对于许多老年人,尤其是失能或半失能、失智或半失智的老年人来说,养老院生活可能会让他们感到失去尊严。这种尊严的缺失常常是老年人自卑、自弃乃至健康状况恶化的重要原因。

(5) 医疗保障与安全的担忧:由于老年人普遍患有多种疾病,他们对养老院的医疗保障能力和生命安全保障尤为关注。对医疗响应不及时和突发意外情况的担忧,成为他们选择养老院时的一大顾虑。

2. 健康养老观念正在形成

（1）所谓健康养老，就是以健康为中心的养老生活。包括生活照料、健康维护、医疗保障、精神文化生活、延缓衰老五个方面，简称健康养老“五要素”。

（2）健康养老的核心是健康维护。主要任务是治未病、疗慢病、促康复、抗衰老，进而实现延年益寿的目标。

（3）医养保障的主要需求是养老与医疗尽可能近距离甚至“零距离”，降低老年人所面临的健康风险。

（4）丰富的精神文化生活对老年人而言至关重要，这不仅是他们重视的养老生活观念，也深刻影响着他们的健康状况。养老院应尽量营造满足各类不同职业、不同年龄、不同爱好老年人需求的精神文化环境和氛围。

三、对慢病防治的专业化要求日益增高

医养结合健康管理服务的终期目标是治未病、疗慢病、促康复、抗衰老，延年益寿，健康百岁。是医养融合最本质的体现。医养融合的深入发展，必将催生出一批新的慢病防治医院，进而推动对慢性疾病防治机制和技术的创新。

（一）医养结合的深度发展，必然是医养融合

医养结合主要能解决两个层面的问题。一是医疗机构与养老机构的结合，目的是为了方便医疗和养老，使医疗与养老实现“零距离”，进而充分保障老年人的健康和生命安全。二是医疗与养老内容的结合，即医养融合，通过同一个平台即可实现亦医亦养，这是医养结合深度发展的必然结果和要求。

（二）现代医养融合康复健康的最佳模式

现代医学高新技术发展十分迅速，尤其是数字技术、靶向技术、细胞生物与基因技术更是日新月异，为人体疾病早期发现、精准预防和精准治疗提供了极大支持。而中医药是自然医学的升华，是在“天人合一”“阴阳平衡”思想指导下，利用植物、动物、空气、水、矿物等，通过“望闻问切”和“辨证论治”的方法，整体调理人体运行功能，达到防治疾病、恢复健康的目的。

（三）医养融合催生慢病医院已见曙光

随着人们生活水平和健康要求标准的日益提高，老年健康和慢病防治的需求越来越大。国家对老年慢性疾病的防治机构缺乏，防控力量薄弱，医养结合服务机构建设和老年健康保障机制不完善，而医养融合可在一定程度上满足社会对慢病医院的需求。近年来，不断有慢病医院诞生。而且，通过健康管理方式向周边社区辐射，依托慢病医院或中医康复医院建立社区养护站，既能深入社区服务，上门服务，又能解决重大慢病后送救治的问题，深受社区老年人欢迎。

新的形势下，慢病医院与综合医院应该是两个不同系列的医疗机构。前者是康复性、预防性医疗机构，后者是救治性、治疗性医疗机构；前者是整体性调理，后者是精准性治疗。

四、医养结合健康管理服务的广泛深入，将催生健康托管新业态

健康管理是实现全民健康的必经之路。《“健康中国 2030”规划纲要》提出要实施全民健康管理和提供全生命周期的健康服务，我们通过研究认为：

首先，健康管理与医养结合，是互为依托、相互支撑、共同发展的关系。没有医养结合服务，健康管理是空谈，没有实际意义；而没有健康管理，医养结合也难以有效运行。因此，国家卫生健康委委托中国老年医学学会研究制定《医养结合健康管理服务标准》。从这个意义去理解，医养结合与健康管理应当是“孪生兄弟”关系。

其次，健康管理与医养结合都离不开“互联网+”理念和技术的支撑。只有依托“互联网+”技术，形成“互联网+健康管理+医养结合”，才能产生健康医疗大数据、云平台和人工智能，实现以“线上管理、线下服务”为特征的智慧医养和智慧管理。

最后，健康管理的最高境界应是健康托管。目前，就全国而言，健康管理还处于初期阶段，健康体检、健康评估在城市已比较普遍，但在农村还刚刚开始。相对而言，健康服务要晚得多，即使在城市也才刚刚开始，而且健康服务的水平还很低，这一现状已经引起一些有识之士的高度重视。随着医养融合的深入开展，现代医学高新技术与中医药自然医学的有机结合，促使医养结合、医养融合达到最佳状态，人们就会从常态医养结合健康管理服务标准上升到健康托管，进而实现终身健康托管业态。

第五章

医养结合的发展趋势

继习近平总书记在党的十九大报告中明确提出“推进医养结合，加快老龄事业和产业发展”的号召之后，全国健康领域更是加深、加快了对医养结合的研究、实践和探索。中国老年医学学会为此成立了“医养结合工作委员会”和“医养结合促进委员会”，并派专人负责，开展了大量医养结合研究实践和探索工作，积累了丰富的经验，也取得了一系列理论和实践方面的成绩。当前，在“健康中国”战略进一步向纵深发展的时代背景下，全社会正在通过推进资源利用最大化而不断追求更理想的医养目标，积极探索集医疗、康复、养生、养老以及全面健康关怀为一体的新型模式。受此强劲的社会需求所驱动，医养结合必然会表现出以下五个方面的发展趋势。

第一节　建设全域模式的“基本养老服务体系”将成为政府的主要抓手

我们从认真研究实践医养结合为老服务的目标出发，在全国多个地区探索了以县（市、区）为单位的医养结合示范县（市、区）和全民健康模式的试点，获得了初步成果。我们认为，建立覆盖省市城乡全地域以医养结合为特征的基本养老服务体系，就是解决国家养老难题的基本途径，也是落实“健康中国”战略和实现“全民健康”目标的基本工程，它主要由如下四部分组成：

一、建立覆盖城乡的医养结合养老机构服务体系

根据目前已经呈现的发展态势，各省市在布局覆盖城乡的医养结合养老机构服务体系过程中，采取的措施主要是以省市为宏观统筹平台，而以现有县-乡-村医疗机构为依托，在其近旁建立县-乡-村养老机构，共同构成医养结合服务机构体系，并通过“互联网+”，使全县各级医、养机构的健康数据互联

互通，信息共享。

二、建立覆盖全县城乡的全民健康管理服务体系

与覆盖城乡的医养结合养老机构服务体系相协调，各省市在布局养老机构服务体系的过程中，依托上述医养结合机构服务体系，建立覆盖全县城乡的全民健康管理服务体系，为县域内全体居民进行定期健康体检、健康评估和健康维护。同时，通过“互联网+医疗健康”形成健康医疗大数据中心和应用平台，实现高效快捷的线上管理、线下服务。

三、建立配套且以中医药为特色的自然医学康复机构

在一些具备中医药优势和潜力的地区，政府依托县-乡-村医养结合机构，建立配套的、有中医药特色的自然医学康复机构，以治未病、疗慢病、促康复、抗衰老为主要任务，使辖区内居民所患的常见病、慢性病得到有效防治，提高广大人民群众健康水平。

四、建好基本养老服务体系的“龙头”单位

各省市在布局覆盖城乡的医养结合养老机构服务体系过程中，根据各地区的不同情况，注意突出牵头单位的引领、示范作用。主要措施包括：一是以县中医院办养老院为龙头；二是以风景区高端医养旅居一体化的颐养中心为龙头；三是选择城市中心区域大医院创办养老院为龙头。

作为“龙头”单位，不仅要成立“中医药康复中心”或“健康服务中心”为全区域亚健康老年人和慢性病患者服务，而且还要成立“中医药康复培训中心”面向全市县医养结合机构培训技术人才，以满足高龄、高危和失能、半失能老年人的需求。在中草药和有机食品资源丰富的地区，还可对其进行大力挖掘开发，不仅可为全社会增加医疗保健和健康食品资源，还能促进本地居民健康产业发展致富水平。

各省市通过上述四个方面将所管辖的县-乡-村组建成为覆盖城乡的医养结合养老服务体系，最终即可实现省市县乡村全域覆盖的综合效应。这种“区域化医养结合模式”和“院中院”“风景区”医养结合机构的综合方案，实际上是政府资源和社会资源的整合，其出发点和归宿都是实现县市域内居民的全覆盖和效益的最大化。这是政府为落实“全民健康”，实施健康中国建设最好的抓手。

第二节　新型医养结合机构将成为健康养老服务主流

党的十九大报告明确提出“人民健康是民族昌盛和国家富强的重要标志”,强调实施健康中国战略就是“要完善国民健康政策,为人民群众提供全方位全周期健康服务”。为了推进健康中国战略,国家和各级政府正致力于进一步改革体制机制,正在逐步兴起的医养结合养老机构,将逐步取代传统养老院,成为未来社会老年人医疗保健和健康养老服务的主要机构之一。

一、我国养老机构的运行现状

长期以来,我国通行的医养机构运行有以下特征:①公立的市-县-乡(镇)级养老院体制普遍健全,由民政部门主管、政府拨款,收住的都是孤寡老年人,尚没有科学意义上的健康服务。②民营养老机构较多,且大多分布在大城市社区,收住对象以高龄、高危和失能半失能老年人为主。由于医疗条件不足,这类机构普遍入住率不高,呈现亏损状态。③县-乡-村公立医疗机构,设施普遍比较健全,但患者大多流向大城市的三级医院,不仅县级医院“吃不饱”,乡(镇)卫生院和村卫生室更是门可罗雀,普遍经营困难,仅靠国家政策勉强维持运行。

二、解决基层养老服务困境的基本策略

通过我们的研究与实践证明,广大农村居民有广泛的医养需求,也有巨大的市场效益。只要在体制上稍作改革,机制上稍有创新,就可以有效甚至完美地解决好广大农村老年人群的健康养老问题。如依托县-乡-村医疗机构,在其近旁建立养老机构,就可以解决养老机构的医疗问题;三级医院旁建立养老机构,就可以解决养老机构中的高龄、高危和失能半失能老年人的医疗问题;在风景区建立医院、养老院、健康管理中心三位一体化的颐养中心,就能为活力型老年人和亚健康人群提供十分理想的医养旅居服务。医疗机构体系抓好急病、重病、传染病的医疗工作;养老机构体系在监督管理下工作,依法托管给民营养老企业,与医疗机构合作形成医养结合服务体系,实现居民全覆盖,就能圆满解决好农民的医养问题。

三、医养院应成为主要的发展趋势

养老机构要以健康为中心,建立完善的医养结合+健康管理系统,主要任

务是治未病、疗慢病、促康复、抗衰老，而不仅仅是生活照料。基层的医养结合机构和风景区的医养结合机构，均可依标准改成医养院，河南巩义市阳光医养院就是由民政局正式批准的“医养院”。对医养院的管理，可以像医院一样，通过等级评定，将医养院分出一、二、三级，使其逐步发展成为新时代医疗保健的主要机构之一；由医养院逐步取代传统养老院，成为我国医疗卫生养老事业发展而与医疗机构平行的新型机构。

第三节 中医药健康服务将成为医养结合服务的主要内容

在现代科学技术高度发达的时代背景下，中医药学仍然不失为人民健康事业服务的重要工具，即使在老年健康服务领域，辉煌的中医药学更是可以发挥其独特的作用和功效。

一、中医药学在医养结合服务中的重要作用

医养结合服务的主要任务是“治未病、疗慢病、促康复、抗衰老”，主要内容是中医药特色的健康服务或健康维护。在以医养结合服务为重要内容的“健康中国”建设过程中，要发挥中医药的独特优势，特别是在常见病、多发病和慢性病防治中的独特作用，在治未病中的主导作用，在重大疾病治疗中的协同作用和在疾病康复中的核心作用。

二、中医药学的时代价值和社会意义

随着人们健康观念的更新、医学模式的转变，以及“健康中国”建设思想的不断深入，中医药越来越显示出独特的社会价值，它极大地促进着健康产业的快速发展。中医药的广泛应用及相关医疗保健成果和产品问世，将极大地丰富世界健康医学事业，为中西医结合和医养结合找到最佳的途径和模式，为人民健康做出更大贡献。

第四节 “互联网+”数字技术将不断提高医养结合服务的质量和效率

有人将现代医学中的高新技术概括为“云、大、物、移、智”，其中的“云”就是指云计算，“大”即是大数据，“物”就是物联网，“移”便是指移动医疗，“智”乃是人工智能。这些新的科学技术对“健康中国”建设产生了重要的影响，特别是“互联网+”技术的深入应用将使智慧医养成为未来医养结合

养老服务的新风尚。随着“互联网+”理念和技术的广泛深入应用，社会的方方面面都已逐步信息化、数字化，智慧医养也逐步成为现实，深刻地改变了现代老年人的生活习俗，呈现出数字时代的革命性变化。

一、“互联网+”技术在医院管理领域的应用

“互联网+”技术在医院管理领域的应用已有30余年，不少地方已经建成了现代化气息浓郁的数字化医院。所谓“数字化医院”，早在2007年国家卫生部信息中心就曾推出首批“数字化医院”的样板，并颁发过牌匾。随着电子病历的不断升级，医院管理的核心功能越来越强大，数字化水平也越来越高。

数字化养老院是近10年来的创新和发展，它有力地推动了养老院建设水平和管理水平的提高。尤其医养结合的推进，医院、养老院以及健康管理的组合，逐步产生了医疗信息、健康信息、养老信息的互联互通和数据融合，形成了健康医疗大数据中心，促进了大数据应用平台的建设和不断提升，构成了智慧医疗、智慧养老这一全新的医养模式。当前，智慧医养正在迎来快速发展。

二、“互联网+”技术对远程医学领域的促进

“互联网+”理念和技术在远程医学领域的应用也已经有超过20年的历史，并不断升级。远程医学的发展与应用，消除了距离障碍，拉近了感情沟通，方便了信息交流，不仅提高了边远山区、农村牧区基层医疗机构的医疗水平，解除了普通老百姓疑难杂症的痛苦，还使普通老百姓不出家乡就可享受大医院、大专家的医疗服务。尤其是近年远程查房设备的应用，使大医院、大专家不出医院就可以对远在边远山区、农村或牧区医疗机构的患者进行查房。近年来5G技术的应用，已能让大医院、大专家给远在新疆、西藏或南海诸岛的医疗机构远程手术和指导诊疗。

三、“互联网+”技术在智慧医养服务方面的应用

“互联网+”技术在社会实践的各种智能服务方面已经有了越来越广泛的应用，人们也因此而越来越体验、感受到数字时代的新生活。在健康服务和健康管理过程中，有关生命体征的智能监测和监控，还有智能分析、智能提醒、智能报警、智能配药以及各类智能穿戴设备的应用都已经非常普遍，各类智能机器人服务使医生、患者、老年人、家人都生活在舒心温暖的科技世界之中，不论在医院、养老院、居家、旅游途中，老年人都能享受到数字时代精准、安全、周到的医养服务。

四、“互联网+”技术在整体医疗领域日渐深入

“互联网+”理念、“互联网+”技术在整体医疗健康服务领域的深入应用，为智慧医疗、智慧养老、智慧管理方面已经并将正在开辟越来越广阔的新天地。随着大数据技术的不断发展和升级，大数据平台和人工智能的应用将越来越能展示其无穷的魅力。

一是在辅助决策方面，大数据将自动为院领导和政府机关提供决策方案报告，尤其是大范围疾病防控方案，可大大提高防控的及时性、可靠性和安全性。

二是在个性化服务方面，大数据平台将根据个人长期积累的健康医疗数据为个人提出详尽、准确的分析报告，制定出科学适宜的疾病防治方案，其求医的效果将会更好、更精准。

三是在精准防治方面，大数据中心能够根据现代高科技检测检查数据，尤其是可以通过基因组学数据分析疾病潜在的规律，提前采取预防措施，达到治未病的目的。对于已发生或正在发生的疾病，实施精准检测或处理，并可提出精准防治措施实现精准医疗。

四是在健康管理方面具有重大意义，按照党中央、国务院要求和《“健康中国 2030”规划纲要》，国家将逐步实行全民健康管理，提供全生命周期健康服务，以实现“全民健康”。健康管理靠大数据平台支撑，没有大数据支撑就不可能有真正意义上的健康管理，就无法实施医养结合服务，更无法实现全民健康的目标。由大数据支持的健康管理，包括健康体检、健康评估和健康服务，都需要数字技术、遥感技术、视频技术及一系列人工智能和智慧技术才能把控健康管理的运营。

因此，我们认为随着网络数字技术的深入发展和广泛利用，医疗健康事业、老年医养事业都会继续发生日新月异的发展，健康管理甚至会发展至健康托管，形成健康托管新业态。

第五节 医养结合将催生一批超级健康产业家

随着社会发展和人们生活水平的提高，以及人类生活方式的改变，健康产品的总需求急剧增加，健康产业的发展趋势稳步上升。以生物技术和生命科学为先导，涵盖医疗卫生、营养保健、健身休闲等健康服务功能的健康产业成为引导全球经济发展和社会进步的重要产业，这一强劲趋势必然带动老年健康服务产业的发展。

一、健康产业发展滞后的原因分析

传统养老院入住率不高的根本原因是缺医少养，局限于单纯地管吃管住和简单的生活照料，无法满足老年人对高品质日常生活的需求。新式的医养结合养老机构或颐养机构，由于对服务人群定位不准，建设目标定位不准，自创品牌定位不准，导致入住人数很少，经济效益低下。这三个“定位不准”，任何一项都将必然影响机构的发展。

我们的研究与实践发现，目前国内从事健康产业的一些单位负责人，普遍缺少对健康产业发展规律性的认识，忽略了广大农村、基层社区的养老市场和人民群众十分迫切的医养需求，不愿投资农村养老和基层社区的医养事业。虽然有一些有志于健康产业的企业家，在风景区投资数十亿元，开办具有上千床位的医院、养老院，并配有老年大学和文化活动中心，周边还建有高端养老社区，条件环境非常好，但由于忽视了地点偏远、交通不便的现实，过多地突出医疗，不切实际地追逐建设“高大上”的三级医院，结果收效甚微。还有部分金融企业涉足养老行业，投资巨大，入住率也不错，但投资与产出的比值并不高。凡此种种，究其根本原因，都是未找到适合健康产业快速发展的规律和方法。

二、老年健康服务产业快速发展的基本方向

（一）选择合理的建设模式

经过中国老年医学学会十余年的深入研究、探索和实际操作，我们初步探索出了一条可能促进健康产业快速发展的路径。未来在医养结合领域内引领趋势的超级健康产业，可能会得益于那些基于“区域化医养结合模式”，并以“院中院”和“风景区”医养结合机构为支柱的健康产业发展模式。

（二）首先锁定 90% 的服务人群

“区域化医养结合模式”需要在政府主导下，以“按辖区，成体系，创机制，全覆盖”的思路来建设，以服务辖区内 90% 以上的人民群众为目标，不仅投资少（医疗机构不需要投资）、效益快，而且还有多种健康产品可表现出高附加值，呈现多方共赢的发展态势，更有利于提高广大人民群众的健康水平。

（三）科学铸造不同核心力品牌

不同服务对象需要不同核心力品牌，“院中院”和“风景区”医养结合养老机构投资巨大，效益回收慢，但是作为国家养老事业重要的支撑，必须要努力发展各自的核心力品牌。这种服务模式主要解决中高收入老年人的养老需求，如在城市中心区三级医院旁建“院中院”养老院，这就是“院中院”的核心力品牌。由于医养方便，且技术水平高，确实能够解决高龄、高危和失能

半失能老年人的养老和医疗问题，很受城市老年人欢迎。

“区域化”“院中院”“风景区”这三种模式各自服务不同的对象，满足不同的需求，拥有各自的核心品牌，并且它们的初衷和目标也各不相同。因此，我们需要对它们进行分类指导。比如“风景区”医养结合机构需要的投资大，如果定位不准，其发展过程中必然面临很大风险。它的主要服务人群应是全国活力型老年人和亚健康人群，主要任务是治未病、疗慢病、促康复、抗衰老。这类服务机构的核心竞争力可能在于提供特色健康维护服务，即打造以专科或专病为特色的品牌服务。

（四）全方位多维度发展大健康产品

基于“区域化”医养模式，可以有效地覆盖大多数居民的健康维护需求；借助“院中院”和“风景区”医养模式的支持，有望在医养专业技术领域达到较高水平；通过服务于广泛的县域、市域、省域医养模式，为健康维护产品的全方位、多维度发展打下了坚实的基础。

三、超级健康产业家的成功之路

如上文所述，健康产业家把握好如下三方面，就可以走上成功之路：

一是选好路。就是选择好企业发展之路，大健康产业是涉及广大人民群众健康的产业，如果脱离了为全社会人民大众健康服务的方向，就不可能有发展。广大人民群众就是大市场，广大人民群众需要而又喜欢的大健康服务和产品，就能产生巨大的社会经济效益。因此我们认为医养结合健康养老事业和产业，最好的发展之路就是以“区域化医养结合”模式为基础，锁定90%以上的人民群众为主要服务对象。当前最好的办法就是借国家开展创建“全国医养结合示范县（市、区）”和示范机构之机，大力开展创建活动，以县市为单位滚动发展，圈上亿万人口，就抓住了市场，为健康产业大发展奠定了基础。

二是定好位。以“院中院”和“风景区”医养结合养老模式为支撑，占领医养结合专业技术制高点。因为“院中院”和“风景区”医养结合机构都是高科技高水平人才密集之地，以此为支撑就掌握了医养结合服务的学术高地。自然就有了自己的品牌。

三是组好团队。因为大健康产业涵盖面广，产品种类涉及许多企业。因此必须围绕“治未病、疗慢病、促康复、抗衰老”的总目标，广泛组织好各方面研究开发团队和高科技数智产品，包括医疗、养老、康复、药品、保健品、营养品、细胞生物和高科技数智产品，形成庞大的综合团队，就能很快产生大规模效益。

我们的研究认为，做好这三条，超级健康产业家就算成功了。

第二篇

医养结合政策体系与机制创新研究

我国的老龄化进程极大地推进了医疗和养老“势能”的快速释放，医养结合越来越成为社会的强劲需求，破解老龄化难题也因此成为政府、社会和家庭的迫切愿望。然而，我国社会在老年健康服务领域正面临观念更新、模式探索的挑战，同时在法律法规、资金筹措、人才储备、基础设施建设、市场运作等体制机制方面尚未完全成熟。这些因素导致我国以医养结合为主旨的老年健康服务业尚处于起步和探索阶段。医养结合养老模式是当前社会经济快速发展条件下的时代产物，其具体含义是指在传统养老理念和措施的基础上，向有特定需求的老年人提供医疗服务和生活照料，进而提高老年人生活质量和健康水平，缓解社会日趋严峻的老龄化问题。作为近些年逐渐兴起的一种新型养老模式，通过将现代医疗服务技术与养老保障模式有效结合，实现“有病治病、无病康养”而惠及所有老年人的养老保障模式创新，已经成为政府决策部门及学者们共同关注的热点问题，国家和政府为此出台了一系列支持政策，下面即对这些政策体系以及由此形成的体制机制创新效应进行简要分析。

第六章

我国医养结合政策体系的发展历程

对于中高龄老年人来说，健康、医疗、康复、护理等服务已经成为不可或缺的需求，他们不仅需要日常生活的照料和长期护理，而且对医疗卫生服务的需求也愈发强烈。而对于低龄老年人或即将进入老年阶段的准老年人来说，他们在规划晚年生活时，更注重健康管理、疾病预防和慢病管理等服务。他们对老年生活的品质有更高的要求，对相关的医疗卫生服务需求也更为多元化。“医养结合”是积极应对人口老龄化挑战的重要举措。医养结合养老模式的出现，不仅为我国养老服务的发展和完善提供了新的思路，更有助于整合现有的养老和医疗资源。这一模式对于缓解我国人口老龄化问题具有重要的推动作用，并已逐渐得到社会公众的广泛认可。

从宏观角度来看，国家在推动医养结合发展方面起着主导作用。这种主导作用具体体现在，政府通过颁布相关政策，促进社会各级政府和组织作为明确的社会主体，积极参与医养结合的合作、分工和改进工作。因此，最高决策层制定的政策对医养结合的发展具有深远影响。为了更好地了解和实施医养结合工作，我们需要深入解读医养结合政策的发展历程，并对不同阶段的政策进行细致分析。这有助于我们更全面地理解医养结合工作的推进情况，从而更好地实施相关政策。

第一节　医养结合政策的萌芽阶段

一、医养结合相关政策的产生背景

进入 21 世纪以来，随着人口老龄化程度的不断加深，老年人的生活照料和医疗护理问题日渐突出。在家庭养老功能日趋弱化的社会背景下，为了满足人民群众日益增长的养老服务需求，我国于 2011 年提出了加快建立以居家为基础、社区为依托、机构为支撑的社会养老服务体系，发挥专业化养老机构和社区服务的重要作用。自此，以医养结合为核心的老年健康服务成为时代的迫切需求，并由此而催生了党和国家一系列有关医养结合政策的出台。

二、较早时期的医养结合相关政策

在我国，医养结合属于21世纪的新生事物，与医养结合相关的国家政策最早产生于2011年。当年12月16日，国务院办公厅印发了《社会养老服务体系建设规划（2011—2015年）》，提出机构养老要具备为老年人提供突发性疾病和其他紧急情况的应急处置救援服务能力，鼓励老年养护机构中内设医疗机构，并提出重点推进医护型养老设施建设。同年12月20日，国务院办公厅又印发了《社区服务体系建设规划（2011—2015年）》，提出开展面向全体社区居民的包含医疗卫生在内的服务项目，满足老年人、残疾人等社会群体的服务需求，开展老年人保健服务。

2011年出台的这两个文件尽管还没有明确提出医养结合这一概念，但确实是与医养结合关联度比较高的政策源头，其内容已经开始关注老年人康复护理的需求。这两个政策的发文机关都是国务院办公厅，其他政府部门还没有开展医养结合的相关工作，但是可以看出，有关医疗和养老相融合的理念已经处于萌芽阶段。

第二节　医养结合政策的起步探索阶段

一、与探索阶段相应的社会背景

社会发展的脚步前进到2013年，我国养老服务业已呈现出快速发展趋势，以居家为基础、社区为依托、机构为支撑的养老服务体系逐步显现，老年消费市场初步形成，老年事业发展取得比较显著的成就。但从总体上看，养老服务和产品供给不足、市场发育不健全、城乡区域发展不平衡等问题仍然十分突出。从供给侧来看，积极应对人口老龄化，加快发展养老服务业，不断满足老年人持续增长的养老服务需求已经日渐成为社会发展的强劲趋势。如何将更有利于保障老年人的权益，共享改革发展成果与促进拉动消费，扩大就业，保障和改善民生，促进社会和谐等需求有机地结合起来，成为国家和各级政府亟待解决的发展难题。同时，新一轮医药卫生体制改革也取得了阶段性成效，在全民医保、基本医疗卫生制度等方面已经为人民群众提供了明显实惠。针对上述社会发展的阶段性特点，我国于2013年9月分别提出应加快发展养老服务业和广泛动员社会力量、多措并举发展健康服务业的要求。

二、起步探索阶段的主要政策

2013 年 9 月 13 日，国务院《关于加快发展养老服务业的若干意见》正式发布。作为我国养老服务业发展史上的里程碑式文件，它明确将“积极推进医疗卫生与养老服务相结合”纳入未来养老服务业发展的六大主要任务之一，是我国医养结合政策制定的根本性指导文件，也是医养结合政策出发的原点。针对医养结合的现状和发展趋势，文件明确提出探索医疗和养老融合发展的形式，强调了医疗卫生机构应当针对老年人开展的服务内容，并且还涉及健全医疗保险机制和医保报销制度，以及养老机构内重点引进的人员等问题。2013 年 9 月 22 日，国务院印发《关于促进健康服务业发展的若干意见》，针对“推进医疗机构与养老机构等加强合作”“发展社区健康养老服务”等问题，提出应在养老服务中充分融入健康理念，加强医疗机构和养老机构间的业务协作，增强服务能力，统筹医疗服务与养老服务资源等要求，鼓励做好医院的健康延伸服务以及发展日间照料、全托、半托等多种形式的老年人照料服务，强调要逐步丰富和完善服务内容。

三、医养结合政策的内容分析

随着我国社会养老服务体系的逐步建立，以及医疗卫生体制改革取得了显著成效，医疗卫生和养老服务相结合已经成为当下的重要议题。国家和政府对此给出了明确的指导方针。自 2013 年发布的两份重要文件后，多数医养结合相关政策都以其为指导。可以说，从初步提出鼓励在养老机构中设立医疗机构，到明确提出将医疗卫生服务与养老服务相融合、推动医疗机构与养老机构的合作，我国在医养结合方面已取得了显著的进步。在相关文件和政策的指引下，养老机构与医疗机构已形成了多样化的合作模式，如养老机构内开展医疗工作，医院设立养老机构，建立双向转诊体系，以及发展独立的医养、康养服务和社区日间照料中心等多种医养结合服务形式，这些服务正在逐步推进。

在医养结合政策的起步探索阶段，受国务院文件的强劲推动，国家层面的职能机关为推动医养结合也显得非常活跃，民政部、国家发展改革委、国家卫生计生委等各个行政部门都相继陆续出台或牵头出台相应的政策，落实医养结合工作；教育部、财政部、人力资源和社会保障部等部门均积极参与。在医养结合的政策规定方面，相关的内容逐步细化和深化，涉及范围更加广泛，既有宏观的政策规定，也涉及具体落实方面的要求和措施。关于医养结合的相关概念也在这一阶段得到日渐明晰的规范，医养结合政策取得了长足发展，相关工作得到了良好的落实，为下一步工作的开展奠定了良好的基础。

第三节　医养结合政策的发展落实阶段

一、医养结合政策发展落实阶段的社会背景

随着我国人口老龄化程度的进一步加深，老年人的医疗卫生服务和养老服务需求叠加趋势愈加明显，且促进健康服务和养老服务的需求更加多层次性和多样化。与此同时，随着社会经济和科学技术的发展，互联网、云计算等新兴科技也为新时代的医疗服务和养老服务提供了坚实的社会基础。在此条件下，医疗卫生和养老服务资源的融合发展一方面面临着更多的挑战，另一方面也迎来了更大的发展空间和机遇。在 2013—2015 年，国家和政府相关部门陆续出台了一系列推进医养结合发展的政策文件。

二、医养结合发展落实阶段的主要政策

2014 年，国家发展改革委联合民政部、财政部等 9 个部门共同印发《关于加快推进健康与养老服务工程建设的通知》，通知中正式出现了医养结合的表述，指出养老服务体系包括社区老年人日间照料中心、老年养护院、养老院和医养结合服务设施、农村养老服务设施等 4 类项目。

2015 年，是国家出台老年健康服务政策比较密集的年份，这一年，先后推出与医养结合相关的文件共 6 份。

2015 年 2 月，民政部等 10 个部门共同发布《关于鼓励民间资本参与养老服务业发展的实施意见》，鼓励民间资本参与养老服务业发展，在相关机构的政策支持、医保支付、人员待遇、人才培养等方面都提出了明确而具体的要求，并强调要促进医疗卫生资源进入社区和居民家庭。

2015 年 3 月，国务院办公厅印发《全国医疗卫生服务体系规划纲要（2015—2020 年）》，正式明确了“医养结合”的概念，并以专门的篇幅对推进医疗机构与养老机构的合作、发展社区健康养老服务方面提出了明确要求。在此前既有政策的基础上增加了统筹医疗服务与养老服务资源、研究制定专项规划、形成健康养老服务网络，推动开展远程服务和移动医疗、健康延伸服务等内容。

2015 年 4 月，国务院办公厅发布《中医药健康服务发展规划（2015—2020 年）》，积极发展中医药健康养老服务，推动中医医院参与养老服务及养生保健、医疗、康复、护理服务，并提出开展中医药健康养老服务试点项目。

2015年10月，国家发展改革委办公厅联合财政部办公厅发布《关于申报2015年外国政府贷款备选项目的通知》，文中指出，符合规定的医养结合项目可申请外国政府贷款支持，用于购买医疗设备、建设养老服务设施、开展人员培训等工作。

2015年11月，国家卫生计生委和中医药管理局又联合发布了《进一步规范社区卫生服务管理和提升服务质量的指导意见》，鼓励社区卫生服务机构与养老服务机构开展多种形式的合作，加强与相关部门配合，协同推进医养结合服务模式。

2015年11月8日，国务院办公厅转发了国家卫生计生委等8个部门联合发布的《关于推进医疗卫生与养老服务相结合的指导意见》，正式落实有关医养结合的相关要求，进一步推进医疗卫生与养老服务相结合，对推进医疗卫生与养老服务相结合的基本原则、发展目标、重点任务、保障措施、组织实施等进行了说明。在这一文件中，首次明确提出“医养结合机构”的概念，将“医养结合机构”界定为“兼具医疗卫生和养老服务资质和能力的医疗卫生机构或养老机构”，并明确统称为“医养结合机构”。此外，还提出“医养结合体制机制和政策法规体系”“医养结合服务网络”，并在养老机构和医疗服务机构的合作模式、融资和财税价格政策、规划布局和用地保障、人才队伍建设等方面提出了更进一步的要求。可以说，这一文件明确了医养结合的诸多概念，是医养结合政策中的一个重要里程碑，其付诸实施后极大地促进了各地医养结合服务的发展与模式的探索。

三、医养结合政策发展落实阶段的内容分析

在医养结合政策发展落实阶段，养老服务与医疗服务、健康服务等概念已经实现了紧密结合。实践证明，将医疗服务与养老服务相结合已经不仅仅是简单地满足老年人的医疗需求，同样也是建设健康中国的题中应有之义。从发文机关的分布来看，民政部、国家发展改革委、国家卫生计生委等各个行政部门都已开始陆续推出相应的政策，切实推进医养结合工作的贯彻落实；教育部、财政部、人力资源和社会保障部等部门均根据其职能，积极参与这一影响民生的重大事项。在政策内容上，逐步细化和深化，涉及范围更加广泛，既有宏观性的战略要求，也有具体的落实规定。关于医养结合的相关概念也在这一阶段得以逐步明晰和规范，通过各方面的努力，使医养结合政策取得了长足发展，相关工作得到了良好落实，为下一步工作的开展奠定了比较坚实的基础。

第四节 医养结合政策的深化完善阶段

一、医养结合政策的深化完善阶段的社会背景

2016年是国家“十三五”规划开局之年，是加快推进健康中国建设，促进人口均衡发展的重要一年。进入“十三五”之后，我国着力推进“健康中国”建设，积极应对人口老龄化，医养结合政策开始进入实实在在的实施阶段。此阶段的大致年限可包括2016—2019年，但与医养结合相关的政策则主要集中在2016—2017年。

二、医养结合政策的深化完善阶段的主要举措

2016年1月，国家卫生计生委印发《2016年卫生计生委工作要点》，明确提出启动医养结合项目试点，将其作为加快推进医药卫生体制改革中的一部分。

2016年2月，国务院办公厅印发《关于中医药发展战略规划纲要（2016—2030年）的通知》，提出发展中医药健康养老服务，促进中医医疗资源进入养老机构、社区和居民家庭，探索设立中医药特色医养结合机构，提出要建设一批医养结合示范基地的任务。

2016年3月、4月，国家卫生计生委办公厅、民政部等多部门又相继联合下发了《医养结合重点任务分工方案》以及《关于做好医养结合服务机构许可工作的通知》，进一步推动医养结合工作的落地实施，并对实施流程进行了必要的简化。

2016年5月，国家卫生计生委办公厅和民政部办公厅联合发布《关于遴选国家级医养结合试点单位的通知》，安排启动国家级医养结合试点工作，提出要通过遴选试点地区，探索建立符合国情的医养结合服务模式。同在这一阶段，还先后发布了《“十三五”卫生与健康规划》以及《“十三五”健康老龄化规划》等专项文件，两份文件都对医养结合服务工作中的任务和责任提出了明确要求，特别是从市场运作的角度提出了发展医养结合等新兴消费，支持社会力量提供医养结合服务等精神。

2017年1月，国务院办公厅印发《中国防治慢性病中长期规划（2017—2025年）》，将慢性病全程防治管理服务与居家、社区、机构养老相结合。

2017年4月，国务院办公厅印发《关于推进医疗联合体建设和发展的指导意见》，提出为患者提供一体化、便利化的疾病诊疗-康复-长期护理连续性服务。

2017年5月,国务院办公厅印发《深化医药卫生体制改革2017年重点工作任务的通知》,强调了继续推动国家级医养结合试点工作,并明确了牵头单位和负责单位。随后,国务院办公厅印发《关于支持社会力量提供多层次多样化医疗服务的意见》,明确提出推动发展多业态融合服务,促进医疗与养老融合,支持兴办医养结合机构。

2017年6月,国务院印发《国民营养计划(2017—2030年)》,指导医养结合机构和养老机构营养配餐,推动多部门协作机制,实现营养工作与医养结合服务内容的有效衔接。

2017年11月,国家卫生计生委办公厅印发《"十三五"健康老龄化规划重点任务分工》,对加强医疗卫生服务体系中服务老年人的功能建设,以及大力发展医养结合服务等任务提出了明确目标。对建立健全医疗卫生机构与养老机构合作机制,研究出台老年人健康分级标准,建设综合性医养结合服务机构示范基地和社区示范基地,建设医养结合监测平台并开展监测和评估工作,探索建立中医药特色的医养结合机构等方面均提出了可操作的具体要求。同月,国家卫生计生委办公厅又印发《国家卫生计生委办公厅关于养老机构内部设置医疗机构取消行政审批实行备案管理的通知》,推进医疗领域"放管服"改革,对部分养老机构内设医疗机构取消行政审批,实行备案管理。

2019年10月23日,国家卫生健康委就进一步推进医养结合工作专门印发了《关于深入推进医养结合发展的若干意见》,提出了包括强化医疗卫生与养老服务衔接、推进医养结合机构"放管服"改革、加大政府支持力度,减轻税费负担、优化保障政策等,进一步加大了对医养结合工作的政策支持力度,使医养结合的政策导向更加明确,政策措施更加具体,极大地促进了各地医养结合工作的开展。

2019年10月28日,国家八部委依据《"健康中国2030"规划纲要》联合发布《关于建立完善老年健康服务体系的指导意见》,包括加强健康教育,加强预防保健,加强疾病诊治,加强康复和护理服务,加强长期照护服务,加强安宁疗护服务等六个方面,进一步从内容上对促进医养结合工作进行了清晰而明确的规定。

三、医养结合深化完善的政策内容分析

在医养结合政策深化完善阶段,我国医养结合政策的顶层设计日趋严谨、完善,相关政策已经从宏观规划逐渐落地实施,并进一步向具体操作层面细化,这使得政策的执行变得更加切实可行,可实施的工作任务也逐渐增多。在此阶段,政策文件的内容与要求变得更加具体与细致,明确指出了医

养结合的工作重点以及负责单位。同时医养结合的相关标准、规范、监测和评估等工作也在逐步推行。相关部门之间的合作也变得更加积极,在中医药、膳食营养、慢病防治、医联体建设等方面均开始提出发展医养结合服务的具体举措。在医养结合机构的准入方面,相关行政审批的措施越来越细致,手续越来越简便,可操作性越来越强。综合各方面的因素可以看出,此阶段医养结合相关工作的重要性逐渐凸显,它不仅关乎健康产业的繁荣发展,还对于释放内需潜力、建设健康中国以及全面建成小康社会具有举足轻重的地位。

第五节　医养结合标准化建设与规范化管理阶段

一、医养结合规范管理阶段的社会背景

自 20 世纪末期以来,中国的老龄化进程日渐加快,老年人口高龄化趋势日益明显。可以预见,21 世纪上半叶将是中国人口老龄化发展最快的时期。党和国家政府高度重视并希望解决人口老龄化问题,积极发展老龄事业,已初步形成了政府主导、社会参与、全民关怀的老龄事业发展格局。特别是随着国务院《健康中国行动(2019—2030 年)》战略的付诸实施,医养结合工作已经历了从初期的萌芽状态到艰难的探索建设过程,现已步入了成熟发展阶段。当前摆在我们面前的任务是,如何进一步规范工作程序和工作内容,建立为更多老年人群提供高质量服务的医养结合体制和机制,确保医养结合机构能够拓展服务内容,提升服务质量,是这一个阶段的工作重点。

二、医养结合规范管理阶段的主要政策

医养结合规范管理阶段从 2019 年开始,与“健康中国行动”相契合。为了深入贯彻落实《“健康中国 2030”规划纲要》和《健康中国行动(2019—2030 年)》战略,党和政府密集发布了一系列与医养结合相关的重要文件。

2019 年 11 月 1 日,依据《“健康中国 2030”规划纲要》要求,国家卫生健康委等八部委联合发布《关于建立完善老年健康服务体系的指导意见》,重心是着力构建包括健康教育、预防保健、疾病诊治、康复护理、长期照护、安宁疗护的综合连续、覆盖城乡的老年健康服务体系,该项工作为完善医养结合服务指明了方向。

2019 年 11 月 26 日,《国家卫生健康委办公厅关于印发老年医学科建设与管理指南(试行)的通知》,确定了老年医学科的建设指南,强调老年医学科要加强与社区卫生服务中心、医养结合机构、护理院等中长期照护机构

建立联系，开展远程会诊，联网培训，实现老年患者的连续治疗及全程化连续照护。

2019 年 12 月 23 日，国家卫生健康委、民政部办公厅、国家中医药管理局办公室联合发布《关于印发医养结合机构服务指南（试行）的通知》，通知明确了医养结合机构的基本要求、服务内容与要求、服务流程与要求等三个方面的内容。

2019 年 12 月 31 日，民政部关于印发《民政部关于加快建立全国统一养老机构等级评定体系的指导意见》，要求养老机构采用 GB/T 37276—2018《养老机构等级划分与评定》，进行养老机构的等级评定。

2020 年 9 月 27 日，国家卫生健康委办公厅、民政部办公厅、国家中医药管理局办公室《关于印发医养结合机构管理指南（试行）的通知》，明确规定了医养结合机构管理的一些机构设置要求、科室设备配置要求、养老服务管理的内容、医疗服务管理的内容、医养服务衔接管理、运营管理，安全管理等具体内容。

2020 年 11 月 26 日，国务院办公厅发布《国务院办公厅关于建立健全养老服务综合监管制度促进养老服务高质量发展的意见》，明确提出针对养老服务要加强质量安全的监管、从业人员的监管、资金的监管、运营秩序的监管、突发事件的应对，强调要落实机构的主体责任，发挥行业治理和社会监督作用，要创新监管的方式。

2020 年 12 月 3 日，由国家卫生健康委办公厅、国家中医药局办公室制定下发了《关于开展医养结合机构服务质量提升行动的通知》。通知要求全面开展医养结合机构医疗卫生服务质量检查，规范开展医养结合机构内部的医疗卫生服务，落实完善机构服务和管理相关制度和标准，加强医养结合人才队伍建设以及信息化建设等。

2020 年 12 月 11 日，国家卫生健康委办公厅、民政部办公厅、国家中医药管理局办公室《关于印发医疗卫生机构与养老服务机构签约合作服务指南（试行）的通知》，要求各地医疗卫生机构在卫生行政部门指导下，与养老机构签订协议，减轻养老机构运行压力，并对如何更好地落实通知精神提出了具体的指导措施。

2021 年 11 月 18 日，《中共中央　国务院关于加强新时代老龄工作的意见》对健全养老服务体系和完善老年人健康支撑体系的具体内容提出了明确指示，这些指示与规范发展机构养老、提升老年人的健康服务和管理水平，加强失能老年人长期照护服务和保障，深入推进医养结合密切相关。

2022 年 3 月 25 日，国家卫生健康委、国家发展改革委等九部门联合印发《关于开展社区医养结合能力提升行动的通知》，要求符合条件的社区及乡镇卫生机构，要通过改善设施条件，提高信息化水平，提升医疗和养老服务能力，发挥中医药作用，加强医养结合队伍建设，重点为失能、慢性病、高龄、残疾等老年人提供健康教育、预防保健、疾病诊治、康复护理、安宁疗护为主，兼顾日常生活照料的医养结合服务。

2022年4月，《国家卫生健康委关于印发医养结合示范项目工作方案的通知》《国家卫生健康委办公厅关于开展第一批全国医养结合示范县（市、区）和示范机构创建工作的通知》，明确了医养结合示范项目创建工作的创建目标，创建范围，创建标准和工作流程。创建范围包括全国医养结合示范省份，全国医养结合示范县（市、区）以及全国医养结合示范机构。通过创建，要在2023年度，评选出100个全国医养结合示范县（市、区）和100个全国医养结合示范机构并予以命名表彰。此文件发挥了十分重要的推动作用，各级政府尤其是县（市、区）政府，首次有了明确的抓手，基层领导有了精准发力的方向，90%以上普通居民和村民得到县域、市域养老服务体系的政策覆盖，进而能够享受公平可及的医养结合养老服务。文件还强调，要总结推广好的经验，每两年表彰一次，引导鼓励各地深入推进医养结合工作，建立完善医养结合政策体系，不断提升医养结合服务能力和水平。

2022年7月18日，国家卫生健康委、国家发展改革委以及医保局等11个部门联合印发《关于进一步推进医养结合发展的指导意见》。意见要求发展居家社区医养结合服务、推动机构深入开展医养结合服务、优化服务衔接、完善支持政策、多渠道引才育才、强化服务监管，主要针对前期发展中的政策支持、服务能力、人才建设方面存在的难点堵点问题进行破解，促进医养结合进一步发展。

2023年2月10日，《国务院办公厅关于印发中医药振兴发展重大工程实施方案的通知》，强调将中医药老年健康服务纳入本地区的健康服务和养老服务相关规划体系。

2023年5月21日，中共中央办公厅　国务院办公厅印发了《关于推进基本养老服务体系建设的意见》，意见强调基本养老服务要在实现老有所养过程中发挥重要的基础作用，明确提出推进基本养老服务体系建设是应对人口老龄化国家战略，实现基本公共服务均等化的重要任务。

三、医养结合规范管理阶段的政策走势

在这一阶段，与医养结合相关的政策密集出台。从各部门出台的政策内容不难看出，医养结合经过近10年发展，其体制、机制方面的顶层设计已逐渐完善，实实在在地体现了从国家战略高度推动医养结合的发展格局。党和国家从多个角度加大了扶持力度，放开了医养结合市场，大力推动惠及民生

的医养服务切实下沉，更加注重社区层面尤其是基层卫生服务机构的医养结合工作。注重从国家层面加强完善相关标准与规范体系，提升医养结合服务质量，加强了多渠道支持保障和监管；结合中国特色，积极鼓励支持并充分发挥中医药在医养结合中的作用；多措并举，加快医养结合服务人才培养。

伴随医养结合领域百花齐放的局面和所取得的显著成绩，党和国家的政策也逐渐聚焦在注重实践总结，加快推进医养结合示范效应工作的开展方面。同时，强调各级政府加强对养老机构的评定、质量监管及服务内涵的提升，注重从基层开始全面构建医养结合的服务体系。从政策导向不难看出，我国已经基本建立了针对人口老龄化的基本公共医养结合服务体系，但因为多方面因素制约，仍然还需要在很多方面进一步强化和提升。

第六节 医养结合相关政策研究分析

近些年来，我国医养结合领域越来越多的文件、政策相继出台，引发了医养结合的社会实践朝着越来越广泛、深入的方向演变，较多学者对党和国家各级政府的医养结合政策开展了多角度的分析研究，从不同角度分析、探讨国家及地方政策在医养结合服务中的效果、作用以及存在的优势和缺陷。

在诸多政策相继出台的社会背景下，郭建铭等运用倡导联盟框架理论，从政策信仰、外部事件和政策学习 3 个维度对我国医养结合政策变迁过程进行分析。分析结果发现，我国医养结合政策子系统包括自上而下的层级推动和自下而上的吸纳辐射 2 个联盟；两大倡导联盟相持不下的时候会出现政策僵局。在我国医养结合政策变迁的过程中，两大倡导联盟通过强化医养结合政策变迁中的外部因素、加强医养结合政策变迁中的政策学习、充分利用医养结合政策变迁中的信息资源，达成了一定的共识，有助于缓解医养结合工作存在的问题，推进医养结合工作高质量发展。

对已有医养结合政策，贾婷婷等采用"北大法宝"检索系统、筛选出 36 篇医养结合政策文件，运用 ROSTCM 软件对文本内容进行深度挖掘，筛选出 5 篇医养结合政策《关于加快推进健康与养老服务工程建设的通知》《关于推进医疗卫生与养老服务相结合的指导意见》《关于深入推进医养结合发展的若干意见》《关于印发医疗卫生机构与养老服务机构签约合作服务指南（试行）的通知》《关于印发医养结合机构服务指南（试行）的通知》。这 5 份文件中前 4 份为良好政策。在分析的基础上建立医养结合政策一致性建模（policy modelling consistency，PMC）指数评价模型，发现该 5 项政策样本在政策目标、政策内容、政策激励、政策创新、政策工具、作用方式、政策评价以及政策公开方面存在优势，而在政策性质、政策时效方面需要进一步调整。

刘芷含等运用文献计量分析方法与政策文本内容量化方法对2013—2020年医养结合政策文本进行分析，结果发现医养结合模式中存在法律支持缺乏、部门协同不够等问题；在医养结合的政策工具使用中，存在环境型政策工具使用过多、需求型及供给型政策工具使用不足等问题；在医养结合服务模式的资源配置中，存在重医疗融入、“养中设医”而轻“医养合作”的问题。通过分析，发现医养结合政策工具使用不平衡，医养资源分配不均，建议在推动相关法律的建立、加强部门间合作、优化政策工具结构、补齐医养结合模式短板等方面加以改善。

对现有医养结合服务方面，海南医学院涂爱仙从组织、政策和资源三维角度透视医养结合服务供给，研究发现，我国医养结合养老服务供给实践中存在碎片化的困境，其深层根源是体制机制问题。医养结合服务供给组织的多头管理、权责壁垒，供给主体的多元分离、信息不对称，“医”“养”资源分散、政策割裂，诸多因素造成医养结合服务提供困难、供需错位、有效供给不足。解决供给碎片化的路径是整合，通过组织协作、政策连接和资源整合来实现。在具体的医养结合服务上，孙鹃娟等从新健康老龄化的视角出发，对我国医养结合相关政策进行梳理、编码及量化分析，发现2013年以来我国密集出台的医养结合相关政策，内容逐渐细化和深化，实践效果较好，为大量失能老年人提供了保障。然而，针对非失能老年人的政策支持关注不够，健康教育、健身指导、慢病诊治、保健康复以及临终关怀等方面的政策内容发展较慢，存在拓展不深入、资金来源过于依赖政府、政策难以落实等问题。建议推动体制与医疗养老服务的深度融合，构建着眼长远、面向全人群、注重全生命周期的系统化医养结合政策。

在地方医养结合政策及实践中，高鹏等从需求、供给和衔接三个维度构建“过程-工具”分析框架对上海市医养结合的政策过程与实践进行研究，发现上海市的医养结合政策表现出“渐进式”演变过程，呈现了“制定、规划、执行、评估、总结”一套完整的政策体系链条，形成了具有地方特色的“五位一体”医养结合供给体系。

纵观近十年医养结合政策历程，我们发现在老龄化和高龄化、慢病化和失能化的背景下，中国医养结合政策主要由统筹管理、职能支撑类和资源保障三类政府部门发布。政策的目的，在鼓励发展医养结合，解决人口老龄化问题的同时，也要兼顾经济发展、政治强化与社会建设三重目标。

目前医养结合政策、实践、市场、模式等方面有了快速发展，但也存在医养结合的认识偏差、各部门政策协调融合性不足、稳定可持续的支付机制尚未确立、医养结合服务模式典范引导不够、农村医养结合服务发展滞后、专业化的人才队伍缺失等突出问题。在医养结合服务中，“医”是基础，“养”是核心,因此,医养结合的本质是医养服务的有效融合。要做好我国庞大老年人口的医养结合工作,后续医养结合相关政策、建议,应强化主体组织间的协同合作,推进医养服务均等化,持续下沉医疗资源至家庭社区,同时要在提高医养服务融合认识、完善政策体系、创新医养结合服务模式、加强专业人才培养力度、建立多部门联动合作机制等方面进一步完善。

第七章

我国医养结合政策体系面临的新形势

不论什么性质的社会机构,都必然要受到运行环境的影响,医养结合机构也不例外。要实现健康发展和良性运营,医养机构必然依赖于确实能促进其良性运行的环境和条件,这些环境和条件包括:老年人的社会属性、养老机构的内涵品质、服务对象的愿景诉求、专业队伍的基本素质,以及进行医养服务的支撑条件等。

一、老年人的社会属性

老年人对养老机构的选择,必然会受到他所具有的不同社会属性影响。所谓老年人的社会属性,是指老年人在进入老龄之前所持有的社会职业、社会身份以及社会地位,是由社会环境塑造而又固化了的社会品格和社会习性。随着人们生活水平、社会文明程度的提高以及社会、政府对老年人维权意识的重视,老年人的社会属性正在逐渐得到强化和提升,老年人的社会诉求也正在逐渐得到社会尊重和满足。

老年人深受其社会属性的影响,在养老生活方面通常会表现出害怕孤独、寂寞,又怕遭受社会和陌生环境的嫌弃。除了家庭亲情之外,他们还需要战友情、同学情、同事情、同乡情等。据我们的调查,大部分居民或村民愿意在家居附近或村医处养老,只有少部分人可接受远方养老,另外,各种职业人群之间也存在养老需求差异。因此,他们在选择养老院时,具有不同社会属性的人所做出的选择是完全不同的,逐步分区管理是必然的。

以上分析提示我们,老年人的社会属性是十分值得各级政府和养老企业家重视的。在制定养老规范和建设养老机构时,要把服务对象的社会属性作为重要因素来考虑,如大型养老院、健康城集中养老模式等值得商榷。要精准锁定各级各类养老机构的目标客户。否则,耗费巨资建设的养老机构,其运行一定会举步维艰。

二、养老机构的内涵品质

受“未备先老”社会条件和经济发展水平的制约，我国养老服务机构的基础条件确实存在着良莠不齐的现象，由此影响到机构运营的能力和水平。养老机构的品质包括建筑质量、人文环境、地理位置、文化氛围、专业水平、服务模式以及生活质量等。

养老机构的内涵品质由多因素构成，并可以分出高中低不同的档次和级别。此外，还需根据各自的目标客户来建设和布局自己的养老机构。这也是客户选择的内涵品质。鉴于此，养老服务机构的经营者必须明确自己内涵、资源和品质，再根据自己的条件确定服务面向的相关人群和建设定位。

三、服务对象的愿景诉求

随着国计民生的不断优化，老年人对过好养老生活充满着期待，对养老服务有了更多、更高的期望。

所谓“无医不养”，就是指无医就不要办养老院，“养不离医”是接受医养结合服务的老年人最踏实的心理倚靠。办养老院则必须同时有医，否则机构难以运行和兴旺。有医养结合才能使养老院实现可持续发展。

所谓“无品不兴”，就是指养老院没有自己的品牌便难以满足老年人的需求，这样的机构终究难以兴旺发展。品牌不仅仅指养老院的医养结合功能和品质，包括建筑、风景、设备、服务模式等，更主要的是指治未病、疗慢病、促康复、抗衰老的特殊能力和水平，尤其指在这四个方面是否有自己独特的技术方法和产品。当今社会 80% 以上的养老机构亏损，大多数是只养无医或有医无品牌的原因。这是医养结合养老机构运营必须把握的基本要素之一。

四、专业队伍的基本素质

与一般的服务不同，医养结合服务事关老年人的生命和健康，因此对人才队伍的专业素质有非常高的要求。具备全面素质的专业队伍是医养结合机构运营的基本要素。许多养老机构由于没有能够胜任医养工作的专业队伍，对入住老年人的生活照料缺乏品质，勉强“糊弄”，这样的服务机构是难以持续发展的。医养结合专业队伍要根据服务规模和特色需求，科学配备医养、康养、怡养等各个方面的专业人才，才能确保医养结合机构的健康运行和持续发展。

2022 年 3 月 23 日，国家卫生健康委等九部门联合发布《关于开展社区医养结合能力提升行动的通知》，要求重点为失能、慢性病、高龄、残疾等老年人提供健康教育、预防保健、疾病诊治、康复护理、安宁疗护为主，兼顾日常生活照料的医养结合服务。通知中还写明："加强队伍建设……根据实际需要，注重相关专业和管理、服务人员队伍建设，加大培训力度，不断提高管理和服务水平。"应该说，医养结合的专业队伍既是提高医养服务质量的需要，也是强化医养结合服务机构运行机制的需要。

五、医养服务的支撑条件

2022 年 4 月 18 日《国家卫生健康委关于印发医养结合示范项目工作方案的通知》中表达得很明确，全国医养结合示范省份和全国医养结合示范县（市、区）的创建标准包括"党政重视、部门协同；政策支持、推动有力；固本强基、优化提升；注重管理、强化监督；完善支撑、加强保障；群众认可、评价良好"。

良好的环境设施和专业设备是确保机构运行的重要支撑条件。按照机构类别，医养结合服务场地的建筑设计必须符合相关医疗机构建筑设计规范及《老年人照料设施建筑设计标准》《建筑防火通用规范》《无障碍设计规范》等国家相关标准要求。配备满足服务需求的医疗和养老设施设备，定期进行维护和保养，确保设备安全使用。根据我们在实践中了解的情况，当前康复人才和康复设备与实际需求差距较大，一方面，新型电子康复设备推陈出新，发展很快，但往往审批过程缓慢，影响使用；另一方面，被有些机构所接受的传统老设备并没有真正发挥康复作用。

第八章

当前存在的主要问题及原因分析

医养结合，是指以健康为中心，围绕健康而采取的医疗与养护相结合的健康维护行为。根据这样的理解，医养结合中的“医”，主要就是通过必要的检查和诊断、治疗和护理、营养和康复，实现疾病转归、功能维护或者康宁疗护等对老年疾病和生命质量的合理干预；而医养结合中的“养”，主要就是通过对老年人生理功能、心理状态、用药安全、饮食起居、功能训练、日常学习等相关活动所进行的关怀和照料，着重体现对老年人的身心抚慰、侍护康养以及生活质量的积极干预。不论是“医”还是“养”，都必须通过一定的体制和机制运行才能实现其根本目的，本章即对医养结合机构运营的体制和机制进行初步探讨。

一、我国医养结合养老机构的基本情况

医养结合服务机构，即是指为老年人提供医疗、养护、营养、康复等综合性老年健康服务的机构，从服务功能方面说，老年健康服务机构还可以包括敬老院、养老院或老人院、老年公寓、老年护理院、托老院、老年人服务中心、老年社会福利院、护老院、护养院等，而医养结合机构则主要包括既承担老年医疗功能，又承担老年照护功能的机构。不论是承担医养结合功能的机构，还是不完全承担医养结合的机构，它们都属于养老服务机构。

二、养老服务机构的供求现状

在当前社会背景下，我国的养老服务机构将长期处于供不应求与供过于求现象并存的状态。对于我国养老服务机构的数量，不同的统计口径会有不同的统计结果。据国家统计局发布的数据，至 2021 年，我国已有养老机构 3.8 万个，共有养老床位 823.8 万张；据国家卫生健康委 2022 年 9 月 20 日新闻发布会发布的消息，党的十八大以来，我国完善养老服务支持政策，增强养老服务供给能力，补齐养老服务短板弱项，提升养老服务质量，截至 2022 年第一季

度，全国养老服务机构和设施总数已达36万个，养老床位已达812.6万张；又据国务院《“十四五”国家老龄事业发展和养老服务体系规划》的数据显示，到2025年，我国养老服务床位总量将达到900万张，缺口将达86.5万张。可见就全国来说，我国养老服务床位总量将显著供不应求。

同时，一些公立的养老机构、高品质养老院“一床难求”，有的老年人甚至为等到一个床位而排队多年；然而，还有不少机构的养老床位普遍长期空置，经济效益入不敷出。

三、养老服务机构亏损与盈利易位现象

据资料测算，一般情况下养老机构入住率达到70%左右即可实现收支平衡，入住率达到80%才能有盈利，而目前我国民办养老机构平均入住率很难达到50%。因此，我国养老机构约80%以上都存在亏损。然而，随着国家对老年健康服务政策的调整，民营养老机构的亏损现象正在逐步改善。随着国家卫生健康委的创建全国医养结合示范县（市、区）和示范机构活动不断深入和医养结合养老机构的推广，盈利机构的比例正在逐步扩大。

据我们在医养结合实践中的观察，中国老年医学学会十余年来持续指导和帮助了20多个医养结合养老机构，大部分机构运营盈亏情况正在逐步发生改变。这些医养结合机构共有医养床位89 950张，其中有医疗床位15 510张，养老床位74 440张。养老机构存在亏损现象的有7家，约占38.9%；盈利的有11家，达到61.1%。这7家亏损的养老机构不盈利的原因，主要是起步较晚，基础设施还在建设过程中。盈利机构则基础设施良好，尤其是由政府主导的医养结合示范县，如湖南桂阳县和陕西黄龙县，他们在现有县（乡、村）医疗机构的基础上，建有比较完善的养老服务体系，老年人在这里能享受到比较优越的条件和服务，即使是民营养老服务机构也很快就能获得盈利。河北石家庄市郊东许营村养老院，由于有村医院的医疗保障，长期一床难求，受到周边村庄老年人的普遍喜欢。

四、养老服务机构亏损的原因分析

根据我们调查的情况和实践体会，养老服务机构亏损的根本原因是经营定位不准和品牌意识不强。

（一）经营定位不准

经营定位不准是养老服务机构亏损普遍存在的问题，尤其是投入巨资建设的大型医院养老院和健康管理中心等新型医养结合养老机构。由于这些机构常常建在常居人口并不密集的名胜风景区，盲目追求医院养老院建设的大规模高档次，动辄把医院定位为综合性三级医院水准，但面对的服务对象

却仅仅是风景区及周边为数不多的村民。对于远道而来的活力型老年人所向往的医养旅居，这些机构却无法满足他们的需求。虽然其配置条件能够提供三级综合医院的服务，但却提供不了用户对治未病、疗慢病、促康复、抗衰老的需求，有些机构甚至连体检评估、中医药康复保健服务的需求都满足不了，所以这些医院常常为患者来源缺乏而发愁。

（二）体系设置不全

党中央、国务院反复提出要建立覆盖城乡的基本养老服务体系，以确保能解决好面向 90% 的老年人的医养问题。但是对于建立覆盖城乡的基本养老服务体系这样的系统工程，民营企业即使想建也建不了，地方政府即使能建，但却缺乏积极性，导致最终基本养老服务体系并不能得到真正落实。因此，不少地方普惠型养老机构和养老服务体系始终没有建立起来，即使有些地方有进行建设，也缺乏完善的体系设置，这也是中国老年医学学会近年努力抓医养结合示范县（市、区）的原因和动力。

（三）品牌意识不强

铸造品牌对于任何养老机构都是生存的基础和发展的关键。如前文所述，养老的过程就是健康维护的过程，就是通过“治未病、疗慢病、促康复、抗衰老”而使老年人延年益寿的过程。因此，不论哪种养老模式，铸造品牌的主要方向和技术都需要围绕“治未病、疗慢病、促康复、抗衰老”进行。当前这四方面的设备、技术、产品很多，但将其打造成为品牌的不多。

五、医养结合服务机构盈利的根本出路

可以确定的是，医养服务机构实现盈利的根本出路在于实施科学的医养结合或医养融合策略。

根据我们的实践和调查，盈利的养老机构大多得益于实施积极的医养结合策略。例如，河北石家庄市郊区的东许营村共有村民 3 600 人，其中 60 岁以上的老年人 600 多人。村里建了小型医院，设置有 50 张床位的养老院，另有 10 张配属床位，至今已经运营十多年，实际有住养老院需求的老年人始终保持着 80 人左右的规模，等待养老床位的老年人经常是“一床难求”。医院虽然患者少，但医生每天坚持去养老院查房，使养老院的功能如同医院的病房，因此养老院也始终盈利。再如河南巩义市的阳光医养院，共设置 400 张床位，病房显得拥挤，环境并不漂亮，但经常床位满满，经营和盈利形势很好，目前正在向多个社区拓展。由此可见，医养结合是养老机构盈利和发展的有效途径。

第九章

创新管理机制，建立政府统一领导下的社会分工负责制

将“政府统一领导”与“社会分工负责”有机结合而形成一种运行机制，并且将其应用到推进医养结合服务的运行过程，是一种全新的社会实践探索。

第一节　创建新型医养结合养老服务体制机制的基本条件

十余年来，在党中央、国务院的领导下，我国医养结合养老体制机制不断建立和完善。尤其是2022年4月，国家卫生健康委发布文件，开展创建全国医养结合示范县（市、区）和示范机构的活动以来，全国医养结合养老工作出现了新局面，为进一步创建新的医养结合养老体制和机制奠定了基础。

全国医养结合养老工作创建新体制新机制，突出地表现为以下四个方面。

一、县（市）政府主导

根据国家政策要求，遍及全国的创建全国医养结合示范县（市、区）和示范机构活动在各地县（市）政府主导下展开，不少地方都是县（市）委书记挂帅，政府多部门协同、齐抓共管、分工负责的机制正在逐步形成。

二、坚持全域覆盖的建设面向

党中央、国务院反复强调要建立覆盖城乡的医养结合养老服务体系，这一政策越来越深入人心，并已成为各级政府的抓手，为实现全域老年人全覆

盖，建设面向90%以上普通居民的基本养老服务体系正在逐步实现。

三、强化标准和规范流程

医院和企业家主办的各类医养结合养老机构正在快速成熟，各级各类医养结合养老机构的建设标准、服务流程和规范正在快速形成标准体系并投入使用。

四、突出信息化的重要地位

随着互联网的广泛应用，信息化建设在医养结合服务中的地位越来越重要，大数据、大平台和人工智能均有在医养结合养老服务体系中应用的实例出现。智慧医疗、智慧养老、智慧管理将引领养老服务体系的建设，并成为养老服务体系重要的现代化标志。

第二节　“政府统一领导下的社会分工负责制”方案架构

医养结合服务需要强有力的体制机制推动，各地根据建立“政府统一领导下的社会分工负责制”的工作目标，在县(市、区)党政统一领导下，政府各有关部门积极参与、分工负责。其中必须是党委书记、县(市)长挂帅，至少有一名副书记、副县(市)长亲自落实工作，才能真正形成领导力和凝聚力。其基本架构如下。

1. 卫生健康部门负责全社会养老的医疗和老年慢病防治管理。
2. 民政部门负责全社会养老的监督管理和社会福利。
3. 医院、养老院、企业家负责养老机构的投资建设和经营管理。
4. 医保、社保、商保、慈善基金相互协调的家庭负责养老经费保障机制。
5. 建立政府联席会议制度。联席会议设在县(市)政府办公室或老龄委办公室，定期或不定期召开相关部门领导参加的联席会议，协调协商解决养老的有关问题，并以《简报》形式上报县(市)政府领导和上级机关，共同推进养老事业发展。

第三节　“政府统一领导下的社会分工负责制”案例分析

根据我们在湖南省郴州市桂阳县和山东省临沂市创建医养结合示范县(市、区)的实践经验，创建“政府统一领导下的社会分工负责制”，是当代养老服务体制的较佳选择。实践案例的成功之处表现在以下几方面。

一、成功运行的“联席会议”制度

湖南省郴州市桂阳县创建全国医养结合示范县“桂阳模式”的过程，已经证明县委县政府统一领导下的社会分工负责制联席会议制度是可行的，不仅切实有效，而且易于移植推广。桂阳县委县政府为了创建全国医养结合示范县，成立了以县委书记和县长为双组长的领导小组，多次召开由多部门参加的“联席会议”，达到了强化县委县政府统一领导的目的。定期或不定期由县委书记、县长主持召开联席会议，每次皆由主管领导根据问题列出工作计划清单，逐个研究讨论，解决了大量难点或热点问题。尤其是一些创新性的问题或者落实国家政策所面临的实际问题，如中医药健康服务中心的体制问题、人才问题、服务项目和收费标准问题、自费与医保报销的比例问题，等等，都是县委书记亲自主持会议，亲自拍板定调解决的，充分体现了县委县政府强有力的统一领导。

二、认真履责的卫生健康委

在医养结合服务过程中，卫生健康委主要负责医疗保健，其职责范围不仅限于解决老年人尤其是农村老年人的慢病防治问题，更重要的是须由此健全完善农村慢病防控体系建设，提高农村老年人的健康水平。通过桂阳县卫生健康委和“龙头”单位县中医医院的积极履职，使乡镇、村医疗卫生机构承担起了老年医疗保健和慢病防治工作任务，不仅使乡镇卫生院和村医务室的技术水平迅速提升，还令经济效益明显提升，稳定了农村医疗卫生专业队伍，促进了农村医疗卫生事业发展。

三、民政部门的职能创新

民政部门在医养结合服务中主要负责养老监督管理和老年人社会福利。在我们进行的医养结合试点中，比较典型的案例就是民政部门对传统的职能进行了积极创新，如放弃自办养老机构，将公立养老院服务机构改制为公建民营和委托管理。如山东省临沂市民政局在市政府的支持下，早在2014—2015年，就在临沂市兰山区和沂河新区开始了公建民营养老院的试点，将10个公建养老院和50个社区卫生站委托民营养老企业承担经营管理。十年来的实践证明，公建民营和委托管理的方式不仅有利于加强对养老机构的监督管理，而且有利于节约成本，降低政府负担，更重要的是提高了养老服务质量，有利于养老事业的快速发展。

四、建立与创新体制相匹配的运行机制

国家卫生健康委推行的创建全国医养结合示范县(市、区)和示范机构的活动,已将国家养老事业引入了模式不同、责任权利不同而又能快速发展的协同轨道,为建立“政府统一领导下的社会分工负责制”奠定了基础。

医养结合示范县(市、区)与医养结合示范机构的根本区别,就是县(市)区域医养结合养老模式与各类不同医养结合养老机构的区别。这种区别主要表现在责任主体不同、服务对象不同、建设模式不同、运营模式不同以及服务内容和档次要求不同。这五个方面的差异决定了必须建立与之相匹配的社会分工负责管理体制。

其一,县(市)级以上区域化医养结合养老模式,其责任主体显然只能是县(市、区)政府,服务对象是面向90%以上的普通居民和村民,实行的是普惠型养老模式。这是政府的责任和担当,也是党中央、国务院基于“以人民健康为中心”思想的体现。

其二,医院办养老院模式,包括院中院、院外院、医养院和康疗院等多种医养结合机构。他们的共同特点,不论是公立还是私立医养院,责任主体的法人代表都是医院或养老院院长,服务对象多是高龄老年人、高危老年人和多病老年人,这些老年人离不开医院,也离不开养老院,而且要求专业水平高、服务质量高,这部分服务对象约占城市居民的7%。

其三,风景区养老院或称企业家办养老院。这些医养结合养老院或医养院通常由企业家投重资建在风景区,大多由医院、养老院和健康管理中心构成,是喜欢医养旅居的活力型老年人向往的地方。责任主体是健康产业企业家,服务对象是约占3%的活力型老年人。

接受医养结合服务的老年人大体上就是上述三类,即90%以上的基层农村或城市社区的居民,由政府主导民企经营参与的医养结合养老服务体系承担;7%左右的高龄老年人、高危老年人和多病老年人,由医院办的养老院、医养院承担;3%左右的活力型老年人,由企业家办的风景区高端养老院承担。对于这样的格局,我们称之为“新9073”模式,并认为只要政府始终信守“以人民健康为中心”的指导思想,把保障人民健康放在优先发展的战略位置,充分发挥各级政府的主观能动性和创造性,调动各级各类医院和健康产业企业家创办养老院、医养院的积极性,就一定能够成功创建“政府统一领导下的社会分工负责管理体制”。

第十章

建立多元统筹的养老经费保障机制

老龄化社会背景下众多老年人养老面临的最大问题是经费筹措和保障困难，而医保、社保、商保、基金、慈善事业相结合是解决这一难题的有效途径。

养老事业必须依靠巨量的经费支撑，尽管国家医保、社保、新农合等已筹措了大部分经费，但各级政府仍然有许多困难和问题亟待解决。很多老年人都面临未富先老或未富先病的窘境，常常因高龄多病而致行动不便，或者常因处于失能半失能、失智半失智状态却无力去机构养老。在老年人自身缺乏经费自主能力的情况下，则需要依靠子女，没有子女的则由政府统一安排，老年人大多处于被动服从的无助和尴尬的状态。

根据我们对农村老年人死亡原因的调查，第一位是心脑血管病，约占40%，大多死于心肌梗死和脑血管意外，部分存活者可能会因脑血管出血之后长期留下后遗症。第二位是恶性肿瘤，约占28%，主要问题是术后病情迁延或化疗、放疗后的康复。第三位是意外摔伤或车祸，约占22%，常常因骨折后难以痊愈甚至终身残疾，并多数最终死于心脑血管疾病。第四位是零散个案，包括由“三高”引发的各种疾患、呼吸道疾病、肝肾功能衰竭、老年大脑退化病（老年痴呆、帕金森等病）等，占10%左右。这个老年疾病谱说明，随着农村生活水平的提高，农村老年疾病谱已近似于城市老年疾病谱，防治老年疾病的任务重点也与城市比较近似，而且都需要巨额的资金支持。因此，建立医保、社保、基金、慈善相结合的经费保障机制，城市与农村均可以采取相同的办法。

一、国家医保、社保的作为

国家医保、社保，着重解决的是老年人疾病重症救治问题，这是经费保障的“大头”。当前虽然仍显不足，但在党和国家惠民理念的引导下已经基本没有政策障碍。因此，以心脑血管疾病为例，其救治经费保障并不存在多大问题，但比较麻烦的是心脑血管病经过医疗急救之后，相当部分患者将留下轻重不等的后遗症需要长期接受康复和生活照料，在此过程中产生的经费却不在医保报销范围，这是亟待解决的问题。

二、商业保险的作为

随着人们对健康理念的重视程度日益提升，很多家庭都自主购买了健康商业保险，并正在对疾病救治经费支持发挥着越来越重要的作用。然而，由于健康商业保险的赔付标准的针对性很强，很多健康维护费用难以进入其精准的赔付范围。以老年人死亡原因排列第二位的恶性肿瘤为例，治疗费用按比例由医保和社保承担已没有问题，但恶性肿瘤的康复阶段往往是一个漫长的过程，而且所需经费没有明确的政策保障，这对于身患癌症的老年人和家庭压力非常沉重。为了千方百计防止肿瘤复发，需要长期接受中医药调理、免疫治疗、淋巴治疗、细胞治疗、靶向治疗、基因治疗等，这些治疗大多耗资巨大且需要自费。如何减轻他们的经费负担？这就需要建立癌症基金、慈善基金等社会资源来帮助老年人和家庭渡过难关。

三、长期照护险的作为

长照险主要是为被保险人因丧失日常生活能力或年老伤病养护过程而提供护理保障和经济补偿的制度安排。在以健康为中心的社会系统中，长照险是弥补老年人健康服务费用的有效措施。以老年人死因排在第三位的摔伤或车祸导致的骨折为例，这样的老年人通常于骨折一年半载后死于心脑血管疾病。如何帮助这类老年人延长生命，减轻老年人和家庭为伤后照护因巨额费用而产生的痛苦？建立长照险确实是一个行之有效的好办法。不论在养老院还是居家养老，用好长照险，建立长期照护制度应该是十分有效的救助策略。

四、慈善基金的作为

慈善基金是指具有一定组织性的个人或企业受人性、人道感召，自发为弱势群体无偿筹集资金的组织和行为。针对其他常见散发的老年病，如糖尿病、肾功能衰竭、大脑退化等新型疾病，可以在县级以上政府发动慈善家、企业家赞助，建立相应专病基金，如糖尿病基金、癌症基金、老年病基金等专病基金会，我们认为这会是十分有效的办法。

五、国家的兜底保障

党和国家以及各级政府坚持把人民健康放在优先发展的战略地位，整合健康资源、健康产业，建设人人共建共享的健康中国。为此，国家承担着非常重要的基础保障任务，坚持健康优先而把健康融入所有政策，以人民的健康需求为导向发展健康服务，特别是建立稳定有效、具可持续发展潜力的医保、社保、商保、基金和慈善机构相结合的养老经费保障机制，对于当前和今后长期发展养老事业有重大意义。

六、建立稳定的政府表彰制度

“百善孝为先”是中华文明的精神和传统美德，在新时期应该更加发扬光大。各级政府应该把这种传统美德融入新时期的文明建设规划之中。对于投资建设县、乡、镇养老院的人士，对于投资设立养老基金的人士，都可以给予表彰，如命名表彰等方式，并形成制度。

第十一章

加强质量控制和标准化建设

从医养结合概念萌芽到国家卫生健康委推广全国医养结合示范县(市、区),近10年来医养结合服务取得了快速发展,服务内容也从当初的养老功能增加一点医疗功能、从立足于就医方便而扩大或者向外延伸到很多方面。受国家实施积极老龄化的战略驱动,各类型老年健康服务机构呈现出百花齐放、百家争鸣的积极态势,然而如何建立规范、普适并与个性化相结合的医养结合服务内容,制定针对不同层面的质量控制,确保医养结合能够在国家应对人口老龄化的战略中发挥积极有效的作用,真正提高医养结合人群的生活质量和健康素养,仍然是当前和今后一个时期需要高度重视的问题。

第一节　医养结合服务内容

按照人们一般性的理解,医养结合就是把专业的医疗技术与康复训练、生活照料以及身心关怀等相融合的老年健康服务专业性策略,是社会医疗改革创新中的重点民生工程,这种切实可行的医疗改革新模式必然包含丰富的具体内容。

一、医养结合的政策依据

医养结合属于老年健康服务范畴,而国家在这方面的方针政策内容非常丰富,比较重要的政策如下。

1. 完善老年健康服务体系　2016年中共中央、国务院印发《"健康中国2030"规划纲要》,强调促进健康老龄化,完善老年健康服务体系;同年10月28日,国家八部委依据《"健康中国2030"规划纲要》联合发布建立完善老年健康服务体系的指导意见,其中包括加强健康教育、加强预防保健、加强疾病诊治、加强康复和护理服务、加强长期照护服务、加强安宁疗护服务六个方面。有人作过统计，自 2013 年以后，仅中央政府和各部委已经出台 100 多个养老服务相关文件，包括产业政策、土地政策、金融政策、人才培养政策、医养结合政策、补贴政策、民营资本优惠政策、市场监管政策等八个方面。同时，涉及人口战略、就业制度、社保体系、医保政策等十个方面的内容。这些文件从无到有搭建起了养老政策框架和养老服务体系。

2. 服务对象及内容 2017 年 6 月，国务院印发《国民营养计划（2017—2030 年）》，要求实现营养工作与医养结合服务内容的有效衔接。

2019 年 12 月 23 日，国家卫生健康委办公厅、民政部办公厅和国家中医药管理局办公室联合发布《关于印发医养结合机构服务指南（试行）的通知》，明确了医养结合机构的服务内容。2019 年 12 月 31 日，民政部颁布《养老机构等级划分与评定》国家标准（GB/T37276—2018），其中包含有养老机构服务内容。

2021 年 11 月 18 日，中共中央、国务院《关于加强新时代老龄工作的意见》和 2022 年 3 月 25 日《关于开展社区医养结合能力提升行动的通知》都强调了加强对失能老年人医养结合管理，内容涉及健康服务体系 6 个版块。

2023 年 7 月 10 日，民政部社会福利中心、全国社会福利服务标准化技术委员会联合发布《〈养老机构等级划分与评定〉国家标准实施指南（2023 版）》，指南涉及环境、设施设备、运营管理、服务共四方面内容标准，供地方开展养老机构等级评定工作时参考使用。

3. 中医药健康服务 2016 年 2 月，国务院办公厅印发《关于中医药发展战略规划纲要（2016—2030 年）的通知》，提出发展中医药健康养老服务。2023 年 2 月 10 日，国务院办公厅《关于印发中医药振兴发展重大工程实施方案的通知》，强调中医药要走进医养结合。

二、医养结合的服务内容

1. 通用服务内容 各类医养结合机构应当提供的服务项目主要包括医疗服务（医的服务）和基础服务（养的服务）两大类。医疗护理服务包括但不限于健康教育、预防保健、慢病管理，老年人常见病、多发病诊疗、定期巡诊、危重症转诊、急诊救护、康复与护理、长期照护、安宁疗护、失智老年人的医养等。其中还包括但不限于提供中医药的各环节服务及营养支持服务。基本服务包括但不限于生活照料服务、膳食服务、清洁卫生服务、洗涤服务、文化娱乐服务、基础护理服务、心理精神支持服务。各类服务中要注重尊重服务对象的隐私和尊严，兼顾爱好和活动，自身参与的各项选择和自主做出决定。

2. 个性化机构服务内容 此类服务由各机构依据机构条件、服务对象特点及服务对象的需求提供。服务要体现差异化的特色及个性化需求，例如针对活力型老年人的老年大学，各类文艺社团活动，有多地方连锁医养结合机构的旅居医养活动等。

第二节　医养结合质量控制

质量控制是衡量医养结合机构、养老院、社区日间照护中心等机构医养效果的重要标志，它直接关系老年人的生存质量，影响机构的服务质量水准和社会形象等。医养质量管理是指对医养结合内容和行为进行管控的过程，重点是对构成医养结合质量的各个要素进行计划、组织、实施、督查、改进的各个细节进行管控，以保证医养结合能够达到规定的标准和满足服务对象需要的活动过程。

一、医养结合质量控制概述

1. 医养结合质量控制定义　医养结合质量控制，是指为达到由社区日间照料中心、养老机构、康养院、老年病医院以及其他从事医养结合业务的机构为老年人提供的医养结合服务效果的要求，在服务全过程的每一个环节所进行的一系列专业技术作业过程和对质量管理过程的控制。

2. 医养结合质量控制体系建立

（1）医养结合质量控制体系，是为满足医养结合服务效果的要求而实时进行的效果测量和监督检查系统。医养结合质量控制体系的构成，包括医养结合服务标准、医养结合服务流程、医养结合相关管理、服务记录以及监督检查组织机构。医养结合质量控制体系中的医养结合服务标准和医养结合服务记录，都属于质量控制文件，监督检查组织机构属于实施效果控制的组织。

（2）医养结合质量控制的政策依据：2020 年 9 月 27 日由国家卫生健康委办公厅、民政部办公厅、国家中医药管理局办公室制定的《关于印发医养结合机构管理指南（试行）的通知》，明确规定了医养结合机构管理的一些机构设置要求、科室设备配置要求、养老服务管理的内容、医疗服务管理的内容、医养服务衔接管理以及运营管理，安全管理等具体内容。

2020 年 11 月 26 日，国务院办公厅《关于建立健全养老服务综合监管制度促进养老服务高质量发展的意见》，明确提出针对养老服务要加强质量安全、从业人员、资金、运营秩序等监管。

2020 年 12 月 3 日，由国家卫生健康委办公厅、国家中医药管理局办公室制定下发了《关于开展医养结合机构服务质量提升行动的通知》。通知要求全面开展医养结合机构医疗卫生服务质量检查，规范开展医养结合机构内部的医疗卫生服务，落实完善机构服务和管理相关制度和标准，加强医养结合人才队伍建设以及信息化建设等。

2023 年 5 月 29 日，国家卫生健康委，国家中医药管理局《关于开展全面提升医疗质量行动（2023—2025 年）的通知》涉及二级及以上医疗机构，要求从 3 个方面启动 3 年行动计划，其中之一就是织密质量管理网络，完善工作机制。要求卫生健康行政部门进一步健全质控体系和工作机制、加强质量安全信息公开、探索建立"以质为先"的绩效管理机制，并在工作中强化目标导向、充分发挥考核评估的指挥棒作用，督促指导医疗机构落实相关工作要求。

作为在医养结合服务中承担医疗健康服务重要工作的卫生健康行政部门，可以此为契机，结合《关于印发医养结合机构管理指南（试行）的通知》《关于开展医养结合机构服务质量提升行动的通知》相关要求，制定国家、省、市级层面相应的医养结合质控标准或体系，医养结合机构可以结合参考标准，结合机构特点及服务对象要求进一步完善建立机构的医养结合质控体系。

（3）不同层级的医养结合质量控制体系。在医养结合服务实际实施过程中，依据服务对象的不同，可以建立 3 个层面的质控体系：

第一，体系层面。可以参照各地自身特点制定及其服务面向，制定包括以医为主的医养结合机构或以养为主的医养结合机构，以及适宜基层的医养结合机构质量评价标准体系，最简单的可以参考"结构-过程-结果"模型构建质控体系。

"结构"可以参照医养结合机构的基础设施、设备，管理系统，人力资源及环境安全配置。人员配置要考虑业务及人员数量及素养，结构基础要考虑到机构的类型、功能定位和主要业务情况。

"过程"要包括医养结合质量管理的全程，涉及医疗的可以参考医疗相关质控体系；涉及养老的可以参考养老质控体系，但要注意医养衔接的质控，这是一个盲区，也是容易导致服务对象出现医养风险以及医保、长期护理保险等相互交接的焦点。

"结果"指标对于基层可以略为简单一些，比如入住率，入住者及家属满意度，员工满意度，不良事件发生等。综合的机构要考虑社会影响及学科建设，辐射面积等众多因素。

第二，机构层面。机构层面可以在以上标准基础上，结合机构的具体条件进行优化并重点强化，或者完善一些质控点，形成标准体系框架。机构制定标准化体系的措施时，要注重体系构建及文件制定过程中的必要性、合法性、科学性和合规性。

第三，个体层面。对具体服务对象的医养结合服务质量控制，要注重服务对象的医养环节加强质控及结果质控管理，这个质控标准还涉及医疗、养老以及具体的医养技术，照护质量等。

3. 医养结合质量控制办法　医养结合质量控制办法是保证医养结合服务效果不断提高的一种质量管理方法。它通过研究、分析医养结合服务效果，揭示效果差异的规律，找出影响效果差异的原因，采取一定的措施，最终使医养结合服务效果达到双方满意，使用最多的是全面质量管理和 PDCA 质量循环运行模式。

二、医养结合质量控制流程

医养结合服务质量控制流程，依据开展工作的主体差异，可以分为行业监管层面、机构层面以及具体服务对象层面等三个方面。

1. 行业监管层面　各医养结合服务机构质控标准制定者，在制定质控标准前，先要了解评估对象的医养结合结构现状，包括但不限于数量、类型、开展工作情况，以此制定管理层面的质控标准体系。行业监管层面的质控一般是通过第三方或者组织专家组成员进行质量控制或者综合评价，开展质控的频率一般 2~3 年 1 次。

2. 医养结合机构层面　对于医养结合服务机构，主要依据机构制定的质量控制体系，定期开展质控。结合机构的自身特点，制定具体的质控流程及细节。依据质控结果，至少每 6 个月开展包括全院各部门的整体质量控制；最好是每个月召开一次医养结合服务内容、服务环节、服务效果质控总结会议，对存在的问题开展持续整改并跟踪改进效果。日常质控工作由各职能部门依据标准按照周、月、季度计划开展执行。

3. 医养结合服务对象层面　针对医养结合服务对象，可以对具体服务全流程开展质控。每个服务对象医养结合服务的具体内容，要在评估的基础上，结合评估结果，明确护理等级，制订适合老年人的医养计划，明确医养内容，加强医养结合过程中的质量控制，依据医养结合结果，定期、动态开展评估。具体流程如下。

（1）以能力评估为基础，构建服务方案。

通过评估，确定老年人能力等级及疾病状况，以能力等级为基础，结合老年人年龄、健康状况、特殊健康问题及家属和个人的个性化需求，确定医养服务计划方案。

（2）以医养服务方案为基础，制定医养服务流程。

（3）依据服务流程和标准提供各项服务。

（4）依据医养结合服务评价标准开展质量控制，提高服务质量。

（5）建立质量持续改进机制，完善全面质量管理。

无论哪个层面的质量控制，目的都是确保医养结合服务对象的服务质量得到保证。因此，所有的质量控制都需要建立质量监管机制和质量标准，同时按照监管结果，依据 PDCA 循环模式建立机制，定期分析机构存在的医养结合服务问题及发生问题的原因，针对问题制定改进计划并付诸实施。

第三节　医养结合安全管理

一、建立安全管理体系与风险防范制度

依据 WS 444.1—2014《医疗机构患者活动场所及坐卧设施安全要求　第 1 部分：活动场所》、GB 38600—2019《养老机构服务安全基本规范》、GB/T 35796—2017《养老机构服务质量基本规范》、GB/T 37276—2018《养老机构等级划分与评定》，医养结合机构应当制定相应的安全管理体系与风险防范制度，实行安全管理责任制，明确安全管理部门及人员的职责、权限、工作内容、工作流程，建立健全岗位操作规范，制定应急预案，加强演练，对安全隐患进行防范。在具体的实践过程中，医养结合服务主要涉及以下类型安全管理。

1. 突发事件应急管理　医养结合服务的突发事件类型包括但不限于火灾，公共卫生事件，自然灾害，老年人自伤、跌倒、噎食、窒息、误吸、坠床、走失、烫伤等。

2. 安全巡查管理　医养结合服务应当建立每日每班巡查与每月全面排查安全隐患等制度，要明确巡查和排查的内容，发现问题及时整改。

3. 出入与人身安全管理　医养结合服务机构应当明确人员出入机构的要求，建立入住老年人离开机构以及外来人员进入机构的相关管理规定，并在机构走廊、大厅、入口等公共区域安装视频监控设备。对故意伤害、走失、交通安全等重点安全问题进行监管。

4. 医养服务操作安全　医养结合服务机构的工作人员提供医疗卫生服务与养老服务时，操作过程应当遵循服务指南提到的各项标准、规范以及相关卫生健康标准，保障服务安全。

5. 消防安全培训及教育、自查管理　医养结合服务机构内部设施应当满足国家消防安全相关法律法规、标准规范要求，配备相应的消防设施，建立定期检查、自查自纠及第三方评估等消防安全管理制度。每半年至少开展 1 次消防演练和应急预案演练；每季度至少开展 1 次安全教育培训；每月至少组

织 1 次防火检查;每日安排防火巡查白天、夜间各不少于 2 次。

6. 食品安全管理 医养结合服务要遵守国家食品安全相关法律法规和食品安全标准规定,建立健全食品安全管理制度,严格按照食品安全相关规定进行管理。

7. 财产安全管理 医养结合服务须遵守国家相关法律法规要求,建立相应的财产安全内控管理制度。

8. 信息安全管理 医养结合服务机构应当建立各类信息互通、保密、保管、备份和档案资料保管制度;应当严守国家保密法和保密守则,不泄密,确保信息安全。

9. 设施设备安全管理 医养结合服务机构应当建立保养和更新设施设备的相关制度,包括电气线路设备安全、燃气管道和日常生活用具安全、健身器材安全、建筑安全等。

二、医养结合的安全教育与培训

1. 建立安全教育与培训制度 医养结合服务机构必须明确安全责任人和安全管理人员,负责开展机构内安全教育和培训,重点对老年人及其照护人员进行必要的安全问题预防知识教育。

2. 明确安全教育与培训内容 医养结合服务机构安全教育与培训的内容包括但不限于:安全工作涉及的法律法规和规章;本部门或岗位的安全管理制度和操作规范或规程;设备设施、工具和劳动防护用品的使用、维护和保养知识;安全事故的防范意识、应急措施和自救互救知识、应急预案的演练;法律法规所规定的其他内容。

三、建立健全危机应急体系和工作机制

医养结合机构应当建立健全应对常态危机和突发危机的应急体系和工作机制,明确相应部门职责,建设应急防范队伍,及早报告并处理突发事件,定期开展安全隐患事件,安全事件分析。

第四节 医养结合质量控制实践

为便于加深对医养结合质量控制实践的理解,下面以成都老年康疗院为例展开讨论。

成都老年康疗院是一家二级甲等老年病专科医院,对医养结合模式已有 20 年的探索实践历程。2013 年,医院就拓展了对养老机构、社区养老中心、居家养老服务健康指导等多种业务范畴。在医养融合实践运行过程中,

医院管理部门一直以优化老年人生活质量、合理医疗、提升老年人生活与生命尊严为质量控制指导原则,20 年中没有 1 例医疗纠纷发生,病员及家属的满意度始终保持在较高水平。医院的医养结合模式从 2013 年开始陆续得到民政部、教育部等各级政府部门及中国老年医学学会等学术机构的认可。2016 年,成都老年康疗院还对医养融合质量管理情况进行总结分析并将写成的论文发表于学术期刊。这是我国最早进行医养融合质量控制思考与实践的论著,至今,该医院的医养质量管理经验仍然具有积极的推广借鉴意义。

一、医院质量安全与管理委员会

健康运行的医养融合质量控制得益于健全的体制和机制。医院成立有质量与安全管理委员会,下设医疗质量、护理质量、院感质量、照护质量、设备安全、消防安全等相关委员会,制定有相应的质量管理体系,每周都会组织行政查房及业务查房,按照质量控制体系中的质控标准及计划开展综合管理及医养服务技术运行情况检查,每月、每季度乃至每半年都将举行不同议题的质量控制讨论会议。

二、医养结合服务中“医”的质量控制

1. 医院的建设要求　综合医院老年科对医养结合服务中“医”的质量控制按建设要求进行。老年病医院的建设质量要求及专业设置按国家要求进行,主要涉及老年医疗机构的基础设施标准、科室设置及服务流程标准、老年人的功能评价标准、老年病治疗与康复标准以及各级老年医疗机构的功能界定、转诊标准和诊疗服务的考核标准等。在实际运用中,尤其要考虑到老年人的生理及病理特点,突出人性化的建设特色,个性化发展空间可以依据老年病特点尤其是老年综合征的情况设置,以专病科室或治疗小组为特色,例如医院开设的认知障碍病区专门收治有认知障碍伴有精神行为异常的老年人。

2. 老年病质量管理控制的要求　医养融合中的“医”包括三个相互关联的阶段,即无病可预防、有病可医治、病后可康复。老年病质量管理和控制是针对这三个阶段开展的对老年疾病诊疗的基础质量、环节质量和终末质量的控制。

老年病质量控制要求包括老年病医疗质量、护理质量、院感质量、康复质量、用药质量、老年综合征管理质量、老年患者健康教育质量、老年患者生活质量以及老年病病历书写质量等方面的质量控制与管理。质量控制是医疗工作的重要环节,它通常以常规患者质量控制为基础。然而,对于老年患

者，我们还需要考虑到他们生理功能的减退、储备能力的下降，以及常见的老年综合征、非典型临床表现、多种慢性疾病并存、并发症多等特点。同时，精神、心理、社会和家庭环境等因素也可能对他们的健康状况产生影响。为了满足老年患者的特殊需求，我们需要提供以患者为中心的个性化医疗服务，旨在全面维持和恢复患者生活质量和功能状态。这要求我们将质量控制的重心从单一的诊疗质量向多因素综合质量转变，不仅关注医疗技术，还要考虑老年患者的主观感受和舒适度。为了实现这一目标，医院需要结合老年人的实际需求，制定并逐步完善各部门的质量控制标准。这将有助于提高老年患者的生活质量和幸福指数，为他们提供更优质的医疗和预防保健服务。

3. 远程医疗在医养结合中的质量控制　伴随信息化技术的推进，“互联网+”在社会实践中的应用日益广泛，远程医疗在协调区域医疗资源尤其在医养结合中体现出很大优势。远程医疗在远程诊疗与监护、远程医学教育、远程健康管理等方面的质量控制主要有以下几个方面需要得到加强：远程医疗设施建设、转诊绿色通道建立、远程医疗的规范管理、建立健全完善法律法规、保护老年人隐私及明确医疗责任等。虽然远程医疗技术在医院的老年人健康管理信息化应用方面起步较晚，但随着信息化技术的显著提升，特别是在我国新建的医养融合机构中，其重要性日益凸显。然而，如何针对这一技术制定有效的质量控制标准，并进一步强化质量管理，仍是一个需要我们深入思考的问题。

三、医养融合中“养”的质量控制

养老机构建设须按照养老机构设立许可的有关规定，完善养老服务设施，重点要注意适应老年人的需求。老年病医院开展医养融合时，用于“养”的住房设施还要考虑到如何方便及时向“医”流转的问题。医养融合中对“养”的质量控制，重点是在做好慢病稳定期管理的基础上，进行全面的综合评估，及时发现老年综合征和潜在的风险，不仅要关注生活照料与护理，还要将对老年人的关怀拓展到生活状态、心理状态、社会参与等诸多方面。“养”的具体方案要依据老年人生活自理能力重点分类处理，除开展基本的生活照护外，服务活力型老年人的重点是健康管理方案；服务介助老年人的重点是是促进康复方案；服务介护老年人的重点则是维持健康稳定方案，不同方案质控重心应有所侧重。“养”的另一重点是及时发现老年患者疾病的突发性变化，以便使老年人得到及时的医疗救治。为此，在养护阶段制定的质量控制标准中，须关注“生命八征”（体温、呼吸、血压、脉搏、神志、瞳孔、尿量、皮肤黏膜）监测概念。

四、医养结合中“医”与“养”融合的节点控制

医养结合节点控制的目标是为老年人提供不稳定期住院治疗、康复期集中护理、稳定期居家照料或机构照料的一体化医养融合服务。因此，医养融合中“医”与“养”结合的节点控制，就是做好从“医”到“养”、从“养”到“医”的灵活流转。

首先，必须制定流转标准，依据标准实施转诊。其次，从“医”到“养”的节点，主要任务是做好急性期疾病救治且通过多学科团队评估后的个性化照护计划，促进疾病的康复和强化老年人的全人照护。从“养”到“医”的节点，主要是通过医护定时巡诊，护理员发现异常迹象，及时发现疾病变化，尤其要注意老年患者的不典型症状表现、危重症状及普通疾病的异常表现。当然，护理员这样的观察能力需要通过持续的专业培训才能得以提高。

医养结合节点的良好控制在于做好三支人才队伍建设，即针对医疗、护理、照护三支队伍共同的目标持续完善培训体系。建立以医生、护士为主，全员参与的差异化评估体系，尤其是加强老年护理人才队伍的建设。通过阶梯化的分级分层培训，提高三支队伍的技术水平，强化人才队伍建设，不断提高质量控制目标。成都老年康疗院通过长期的实践，已经积累了成熟的经验，医院不断加强校企合作，已经与成都医学院、四川文理学院、四川城市职业学院建立了稳定的校企合作关系，是成都医学院老年医学服务人才培养基地，民政部养老服务专业“实习实训基地”。

五、医养融合中的安全管理

医院高度重视医养服务对象的安全及员工安全。重点关注消防、饮食、走失、跌倒、用药、护理及康复、营养支持等重点环节的安全管理。坚持安全巡视及督导检查，每周会对安全隐患事件、不良事件进行分析，临床科室每周开展安全教育学习，学习内容涉及医养服务中老年人的全流程安全风险。

第五节　医养结合标准化研究与应用

医养结合标准化建设是推进医养结合深入发展的重要手段，包括建设标准、服务标准、技术标准、评价标准等。中国老年医学学会在这四个方面均做了大量工作，如医养结合机构建设标准和等级评审标准，医养结合健康管理服务标准，老年健康评估标准以及有关医养结合技术标准等，目前均在研究制定或推广应用之中，并正在快速发挥重要作用。

第十二章

医养结合健康养老模式研究

党的二十大从“增进民生福祉，提高人民生活品质”的角度，阐述了养老事业和养老产业的发展方向，即“实施积极应对人口老龄化国家战略，发展养老事业和养老产业，优化孤寡老人服务，推动实现全体老年人享有基本养老服务”。可见在我国老龄化趋势强劲的社会背景下，对养老业的重视和发展已经上升到了国家战略的高度。

第一节　医养结合养老模式研究概述

我国养老事业面临诸多挑战，如个人未富先老、业界理念尚待明确以及社会基础脆弱等。为了应对这些问题，我们需要探索并建立一套符合中国国情的老年健康服务理念。这一理念的核心在于有机整合和高效利用医疗和养老资源，使原来分散的资源融为一个完善的系统。我们的目标是不断优化服务机制，为老年人提供全面、连续且一体化的医养服务。值得欣慰的是，经过十多年的努力，我们已经形成了一系列具有示范作用的成熟模式。

一、研究过程

在中国老年医学学会范利会长领导下，我们于2011年开始在成都、海南、河北、临沂、沈阳、河南、湖南、贵州等地研究探索建立医养结合养老示范机构，先后针对不同地区、不同人群的不同需求，指导建立了20多个不同模式的医养结合养老示范机构，总结出了一套医养结合养老示范机构建设的经验和做法。

到2016年，我们在已具有建设医养结合示范机构经验的基础上，又开始了对建立医养结合示范县、医养结合示范市的研究和探索，为此我们走访了四川、贵州、湖南、山东、江西等地的16个县市，提出的理念和设想得到了这些地方政府部门的普遍欢迎和赞同。在广泛进行实地考察、深入进行理论研讨的基础上，选择条件比较成熟的 5 个县市为其制定了建立医养结合示范县（市）的实施方案。然而令人遗憾的是，这些方案在启动实施的过程中，因为没有国家文件的政策依据，或者因为其他种种原因和比较难以克服的困难，最终只有湖南郴州市桂阳县和四川成都崇州市坚持开展了实施工作。从运行情况来看，这两地在落实方案方面呈现的状态都比较好，尤其是湖南郴州市桂阳县，以县委书记、县长为双组长的县委县政府领导小组，县政协主席肖晖任总指挥长，多部门领导协同参与，自 2021 年 8 月份正式启动以来，方案实施工作开展得有声有色。

在大力推动医养结合示范样本建设的同时，我们还加强了对医养结合养老服务的理论研究，不仅多次组织全国性的老年健康服务高峰学术论坛，通过国家层面的专家教授宣讲理论研究成果，组织各地学者交流医养结合的成功做法和经验，研讨医养结合所面临的各种新情况、新问题。而且范利教授带领的中国老年医学学会课题组还参与了中南大学湘雅医院党委副书记胡建中教授牵头的国家重点研发计划——“主动健康和老龄化科技应对”重点专项“医养结合支持解决方案研究”，以及解放军总医院侯惠如教授牵头的分课题“医养结合服务模式研究与应用示范”。

2022 年 4 月 24 日，国家卫生健康委办公厅发布了《关于开展第一批全国医养结合示范县（市、区）和示范机构创建工作的通知》，根据通知中传递的信息，国家拟评选 100 个左右全国医养结合示范县（市、区）和 100 个左右全国医养结合示范机构，文件中同时公布了创建方案和分配指标。这个文件极大地调动了全国各级政府的积极性，对医养结合机构建设发挥了重大的引领作用，不仅使全国的医养结合工作出现了新局面，而且使我们长期进行的研究和探索得到了国家政策的充分肯定。

二、医养结合养老模式及特征

我们通过十数年的艰辛探索和实践，先后形成了 20 多个医养结合应用示范机构或示范模式，并持续进行了长期的观察和比较研究。基于我们目前的实践经验，我们认为，医养结合可能是解决养老问题的一个有效途径。虽然存在许多值得参考的医养结合模式，但在我们看来，或许可以初步归纳为以下五种基本模式。

（一）区域化医养结合模式

区域化医养结合模式主要是以行政区划为单元构建的医养结合机构运行模式，包括县域模式、市域模式、区域模式，也可以为省（市）域模式、乡域模式、镇域模式、社区模式。这种模式的主要目的和任务，就是对辖区老年人的医养问题实现“全覆盖”，确保 90% 以上老年人得到公平可及而又方便快捷的医养服务。这种模式的构建理念完全符合党中央国务院以人民健康为中心的发展思想，符合国家卫生健康委《关于开展第一批全国医养结合示范县（市、区）和示范机构创建工作的通知》要求。十多年来，我们对此类模式进行了认真的跟踪研究和应用探索，发现它们有以下四个突出的特点。

1. 政府主导性　区域化医养结合模式，是按政府行政管辖划定的区域，服务对象是区域内90%以上的普通居民，依托的是政府公共医疗机构，涉及社会资源的方方面面，所以由政府主导，列入政府工作计划和发展规划，有组织有计划地建设运营和管理。

2. 资源整合性　在政府主导下实现资源整合，即区域化医养资源以现有县（市）-乡（镇）-村（社区）医疗机构为依托，在其近旁建立养老机构。这种模式最核心的优势是不需要另外投资建设医疗机构，节约医养成本，而且有利于基层医养机构发展，有利于基层老年人慢病医治。这种辖区资源整合需要调动强大的行政执行力，省、市、县等各级党政领导的支持和引领对于确保人民健康优先发展的战略地位至关重要，这将显著提升资源整合的成功概率。

3. 全民普惠型性　根据中国国情和当前养老形势，要实现普惠型养老模式，必须实行政府主导的区域化医养结合养老模式。对“9073”模式进一步完善，即90%的居家老年人由社区养老机构或乡村养老机构负责，即以社区或乡村医疗机构为依托，增设养老机构或日间照料中心，形成社区（乡村）与居家相融合的医养结合综合体；7%的高龄高危老年人接受医院办养老院的医养服务，3%的活力型老年人接受风景区医养机构的医养服务。这种按不同人群的生活环境、经济条件、文化素养和身体状况来划分养老服务责任的策略显然更加科学合理。因此，无论是从服务的可及性和便利性，还是从服务的受益面来看，区域化医养结合模式都需要把广大普通老百姓普惠性地纳入服务保障范围，确保没有一个老年人被漏掉。

4. 多方位全覆盖性　区域化医养结合模式不仅展现了政府在老年健康服务方面的公信力和高效的执行力，更体现了对党和国家养老政策的深刻理解和坚定执行。该模式的出发点和落脚点，都在于全面落实县-乡-村一体化的医养结合养老服务体系，确保养老政策惠及每一位老人。为此，我们必须着力打造社区医养综合体和乡（镇）村医养综合体，实现居家养老与社区养老、乡（镇）村养老的深度融合。同时，为确保服务无死角，我们还须努力实现人员、网络和服务三个方面的全覆盖。这不仅是医养结合模式的基础建设，更是我们服务老年群体的坚实保障。

（二）医院办养老院模式

医院办养老院模式其实就是时下所说的“嵌入式养老复合体”模式，主要就是以医院为主体办养老院，包括院中院模式和院外院模式。院中院模式是实质性的嵌入。根据我们的实践经验，医院办养老院，是医养结合养老服务的刚性需求。主要有以下三个特征。

1. 由医院主导　院中院模式的“旗舰”主体通常是所在辖区至少具三级水平的大型综合性医院，包括三级甲等医院或三级乙等医院。由医院承担老年疾病的医疗职能，并在医院体系内或其近旁建立大型养老院，实现“医”与“养”的近距离甚至零距离。

2. 特定的服务对象　院中院医养结合的养老模式主要服务大中城市中心区域的高龄老年人或高危老年人，服务群体约占老年人总量的7%。

3. 行业“领头羊”作用　院中院模式的医养结合机构，医疗与养老水平普遍比较高，多位于大城市人口密集地段，医养科技成果或技术标准多出自这类机构。因此，这类机构事实上发挥着引领行业发展的作用。

较之于院中院模式，院外院模式从功能上说也属于嵌入式结构，只不过嵌入的力度稍逊于院中院模式。这种模式主要是指大医院以医联体方式向周边社区和农村养老机构延伸医疗功能，进而实现医养结合服务，实际上是适应了小型养老机构、农村养老机构的医疗需求。

（三）风景区医养结合机构

这是由企业家主导而建立在风景区的医养结合机构。十多年来，全国各地涌现出一大批房地产企业家转型进入医养结合产业，建设了一批医养结合机构，并主要表现出以下特征。

1. 以名胜风景区为依托　这类医养结合养老机构普遍选择风景优美、名胜古迹较多、旅游资源丰富且特色鲜明的地区，这是追求高品质生活的活力型老年人都喜欢去的地方。

2. 追求功能配套与完善　几乎所有的风景区医养结合机构，都由医院、养老院和健康管理三部分组成，普遍具有医院、养老院和健康管理三方面的执业资质和服务能力。

3. 具有特定的服务对象　风景区医养结合机构的服务对象主要是活力型老年人，以及身体状况相对较好的亚健康人群和一部分慢性病患者。他们热衷于通过一边旅游、一边治病的医养旅居或康养旅居而实现较高的老年生活质量。这部分老年人家庭经济条件比较好，通常对老年健康服务的要求也比较高。

4. 对品牌的要求高　风景区医养结合模式还往往面临投资大、回报率低等较高的运营风险，化解风险的根本出路是必须打造受大众欢迎的服务品牌，尤其应在治未病、疗慢病、促康复、抗衰老方面表现出独特的能力和不俗的水平，包括技术、产品、方法和特殊专家。

(四) 医养集团式养老模式

为有效破解日渐明显的老龄化社会难题,社会上近年来不断涌现出一大批大型企业利用自身资源优势兴办的医养集团。这些大型医养集团立足于中国人口老龄化实际,坚持以老年健康服务为宗旨,以医疗、养生、康复、中医药健康产业等为投资方向和管理运营宗旨,有的集团还探索涉足老龄健康全产业链的专业化集团运行机制。集团化企业突出的特点是规模大、产业多、品质高、覆盖面广,承担着本行业"领头羊"的作用,不仅服务各类人群,包括服务对象逐渐引向年轻化;为社会"三无"老年人、空巢老年人、失独或失能失智老年人、残障老年人等提供身心疗护以及老年康复、康复护理、长期照护和临终关怀(安宁疗护)等全方位服务。更突出的特点是有效推进了大健康产业的发展。如泰康之家推动了慢病康复产业的发展,怀仁集团则推进了中医药保健产业的发展,并将服务功能逐渐延伸至亚健康人群、慢病人群,进而有利于提高社会整体中老年健康水平。

(五) 社区(乡村)与居家医养结合综合体养老模式

随着老年人口数量的不断增加,我国老年人口逐渐呈现出基数大、增速快、高龄化以及空巢化等新的特点,社区(乡村)养老与居家养老的问题成为了时代的热点、难点和堵点。基于健康老龄化的社会背景,如何提升城市和农村普通老年人的生活品质和生命质量,政府和社会贤良之士们积极探索社区(乡村)居家养老医养结合服务新模式。

2023 年 11 月 1 日,国家卫生健康委办公厅、国家中医药管理局综合司、国家疾控局综合司联合印发《居家和社区医养结合服务指南(试行)》,要求有条件的医疗卫生机构通过多种方式为居家养老和社区养老的老年人提供所需的医疗卫生服务,包括到老年人家中或社区养老服务设施或机构,为有需求的老年人提供医疗巡诊、家庭病床、居家医疗服务等医疗卫生服务,并强调要进一步规范居家和社区医养结合服务内容,提高服务质量。

社区居家医养结合综合体,是一个以社区为基础,整合了多种养老和医疗资源的综合服务模式。它依托于社区卫生服务中心或服务站,甚至可以自建医院、养老院、日照中心、老年大学等机构,为老年人提供全面、便捷的服务。在这个模式下,社区不仅提供基础的医疗服务,还包括养老、康复、健康管理等服务。无论是日常生活照料,还是需要上门进行的医养服务,老年人都可以在社区内享受到。此外,社区内还提供文化生活、绿色通道、老年餐厅等多元化服务,以满足老年人在生活、健康、娱乐等各方面的需求。更重要的是,这种模式让老年人在不出社区的情况下,就可以享受到日常医疗、养老、康复甚至大医院专家的服务。如果他们不便出门,社区甚至可以提供上门服务。这是典型的标准社区与居家养老相结合的综合体模式,也是现代城市养老的一种新模式。

农村乡村两级居家医养结合综合体，与城市社区居家医养结合综合体相似。最大的不同点，城市以社区为基本单元，而农村则可以乡镇和村为基本单元。农村乡村医养结合养老条件差、居住分散，服务工作难度大。因此，农村养老必须由政府主导，按乡-村分区管理，形成县-乡-村三级制，由政府主导，统一培训，统一指导，统一检查，统一标准。否则就难以落实，甚至失败。而城市可以多种模式运行，社区的综合体责任人也可采取多种形式。

三、医养结合养老模式的基本内涵及相互关系

前面简要地介绍了五种医养结合养老模式，我们认为，这五种模式基本构成了我国现阶段医养结合养老模式的主体架构，可称之为中国特色的基本养老模式。为便于理解，我们从国家政策的高度，历时 12 年认真进行应用示范和实践探索，在此基础上对省域、市域、县域的医养结合模式顶层设计和总体方案进行了认真的研究论证，形成了下面这幅医养结合养老模式理解示意图（**图 12-1-1**）。

对医养结合模式的基本内涵及相互关系可作如下理解：

其一，对于省（市、县）域医养结合养老模式的功能设计，实现了覆盖城市、农村 90% 以上居民的目标，保障了 90% 以上普通百姓的医疗与养老需求。这是过去少有考虑的，这一目标充分体现了党中央以人民健康为中心的思想，体现了各级政府对老年健康服务的责任和担当。

其二，通过医院办养老院，满足了各级各类老年人的医养需求，尤其是约占 7% 的城市高龄老年人、高危老年人对高水平医疗与养老服务的刚性需求。大城市大医院办养老院十分重要，是医养结合的学术高地。

其三，风景区医养结合机构满足了约占 3% 的活力型老年人追求高品质养老生活的特殊需求。这个群体普遍经济条件比较好，身体也比较健康，他们对以医养旅居等丰富多彩的养老生活有强烈的愿望，这也正好契合企业家主导的风景区医养结合目标客户。

上述三种模式优化了医疗养老资源，完善了“9073”的概念，即以区域化医养结合模式针对 90% 的普通农村老年人或社区老年人，以医院办养老院满足 7% 的刚需老年人，以风景区医养结合机构满足约占 3% 的活力型老年人的高品质需求外，而集团式医养模式和社区与居家医养结合综合体模式则是重要的补充形式。

其四，集团式养老模式，因为其规模大，产业多，品质高，实际上不仅包含了上述三种模式，而且拓展了中医药等多种健康产业，很有发展成超级健康产业家的潜能。

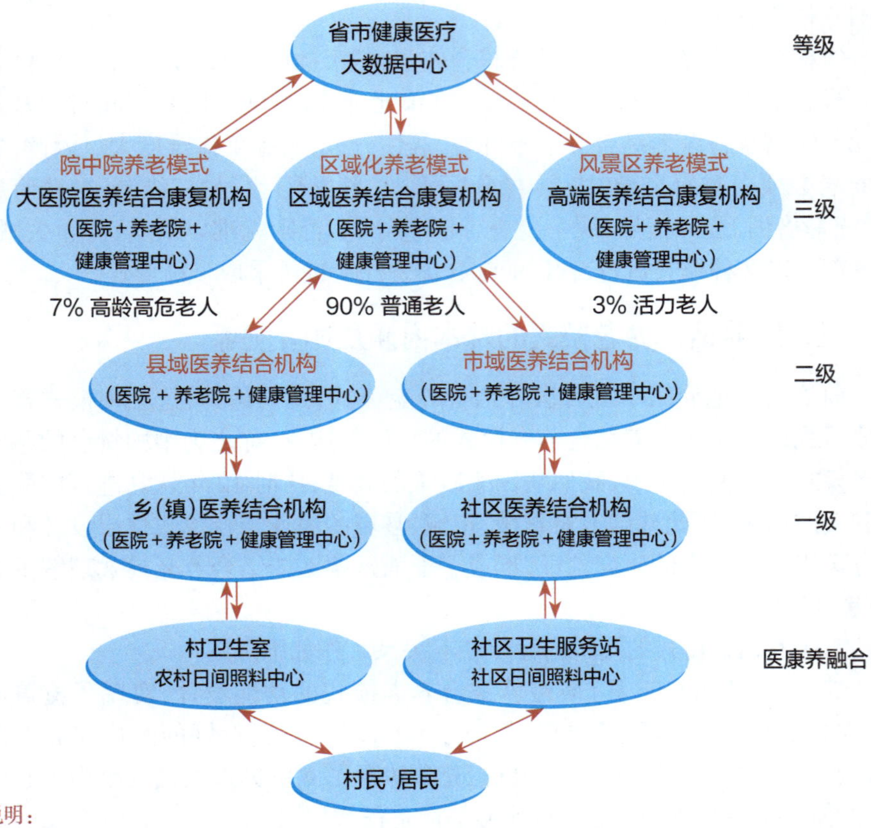

说明：

1. 建议参照医院分级管理办法，将医养结合康复机构分为一、二、三级。
2. 区域化养老模式服务 90% 的普通老人；院中院养老模式服务 7% 的高龄高危老人；风景区养老模式服务 3% 的活力老人。所以可称之为"新 9073 养老模式"。
3. 区域化模式，由政府主导；院中院模式由医院主导；风景区模式由企业家主导。
4. 关键环节；政府主导县域、市域医养结合模式，抓好社区养老与居家养老的融合模式，确保 90% 的普通老人医养服务落地。

图 12-1-1　医养结合养老模式示意图

其五，社区与居家医养综合体包括乡镇、社区的医养机构和日间照料中心，主要指城市养老服务体系的基础，普通居民居家养老的依托。这种模式可上联区、市级大医院，形成城市基本养老服务体系，构成城市养老模式，这也是城市养老模式与农村养老模式的区别。

以上五种模式的有机结合完全符合国家卫生健康委办公厅 2022 年 4 月 24 日《关于开展第一批全国医养结合示范县（市、区）和示范机构创建工作的通知》精神，特别是区域化养老模式通过解决 90% 的普通居家老年人的医养问题，使普惠型养老模式得以落地，使"新 9073"养老模式得以确立。

第二节　医养结合示范县(市、区)与医养结合示范机构之间的基本区别

当前全国各级政府都在努力创建“全国医养结合示范县(市、区)”和示范机构之际，弄清创建示范县(市、区)与示范机构之间的区别，找到创建的思路和方法，十分重要。

根据我们10余年对20多个医养结合示范县(市、区)和示范机构进行研究探索的经验，认为医养结合示范县(市、区)与医养结合示范机构主要存在如下五个基本区别，即服务对象不同、责任主体不同、建设模式不同、运营模式不同，服务内容和要求不同。

医养结合示范县(市、区)与医养结合示范机构的基本区别详见表12-2-1。

表12-2-1　医养结合示范县(市、区)与医养结合示范机构的基本区别

区别内容	医养结合示范县(市、区)	医养结合示范机构
一、服务对象不同	主要面向90%以上的城市普通居民和农村普通村民提供医养服务	医院办养老院，面向7%左右的高龄老人、高危老人服务。风景区医养院，面向3%的活力型老人服务
二、责任主体不同	必须由政府主导，卫健、民政等多部门协调，齐抓共管	由医院、养老院主导
三、建设模式不同	必须建立覆盖城乡的以医养结合为特色的基本养老服务体系，其中在城区应以社区为基本单位，建立社区与居家相融合的医养综合体	须由医院、养老院、健康管理中心三部分组成，并同时具备相应资质和提供“医养康”服务的能力
四、运营机制不同	政府主导下的社会分工负责制，即卫健部门负责医疗和医保；民政部门负责养老监管，企业负责养老经营管理。 医疗以公立为主，养老以企业为主，通过资源科学整合，实现效率和利益最大居民村民全覆盖	医院办养老院，院长负责经营；企业办风景区医养院由企业家运营。在民政部门监管和卫健部门支持下，基本运营模式应当表现出“品”字形的结构优势，由健康管理中心率先带动两翼，协同发展

第三节　部署大区域医养结合健康养老模式的指导原则

前面用比较大的篇幅介绍了我们在医养结合养老模式方面经十多年研

究与实践探索而形成的理论思考和经验，包括区域化医养结合模式、医院办养老院模式、风景区医养结合养老模式、医养集团式养老模式和社区与居家医养结合养老模式。这些模式从行政区划来说，分别涉及地市级、区县级、乡镇级或村（社区）级，尚未涉及医养结合示范省的建设问题。2022 年 4 月，国家卫生健康委下发了《关于开展第一批全国医养结合示范县（市、区）和示范机构创建工作的通知》，虽然没有提出创建全国医养结合示范省的要求，但国家卫生健康委同月颁发的《关于印发医养结合示范项目工作方案》的通知中，明确提出了全国医养结合示范省（区、市），条件成熟的可以向国家卫生健康委申请创建。2024 年 1 月，国家卫生健康委发布的命名全国医养结合示范县（市、区）的名单中确有山东省被评为“全国医养结合示范省”的表彰。四川省政府于 2020 年 9 月下发了《四川省人民政府办公厅关于印发四川省创建全国医养结合示范省实施方案的通知》。为此，我们在研究探索医养结合示范县（市、区）和示范机构的同时，对医养结合示范省建设问题进行了系统研究和探索，提出了解决这一难题的建议方案。

一、大区域医养结合建设方案的基本思路

要建设大区域医养结合示范典型，必须要有明确的顶层设计思路，特别需要着重把握好以下几个核心问题：

（一）坚持“全覆盖”思想的系统布局理念

所谓系统思想，主要是指大区域医养结合健康养老示范典型的建设必须坚持“按辖区、成体系、创机制、全覆盖”系统思想理念，具体内容包括：

“按辖区”指从上至下，在全省范围内按市、县、乡镇、村行政管辖区域划分责任。

“成体系”指不打乱现行职能部门体系和基本制度，并以此为基础形成体系。

“创机制”指为确保顺利运营，需理顺政府和社会各方面关系，必须创立新的体制机制。

“全覆盖”指服务必须坚持一个系统，一张网覆盖辖区内所有居民或村民，充分体现党中央“一切为了人民健康”和“以人民健康为中心”的思想。

（二）坚持统筹协调的指导思想

所谓统筹协调，主要是指大区域医养结合健康养老示范典型建设工作，必须坚持“政府主导，部门协同，专家指导，企业投资，合力经营”的策略，这是做好工作必须方方面面兼顾的综合性措施，其中最重要的是“政府主导”。省域、市域、县域、区域化医养结合养老模式，必定涉及占比至少达 90% 老年人的健康和医养服务问题。省、市、县政府的党委书记必须挂帅，部门才能有力协同，专家才会积极指导，企业才能大胆投资，各种资源才能有效整合。同

时，“政府主导”也是体现党和政府责任担当和实际行动。

（三）坚持需求导向的基本原则

根据老年人的健康状况、经济条件和社会属性，科学配置养老资源，合理安排不同类型、不同需求的养老生活。如90%的县域居民主要依靠县-乡-村三级医养机构承担；90%的城市居民，主要依靠居家和社区相融合的医养综合体承担；地级城市城区高龄高危老年人主要靠医院办养老院承担；还有约3%~4%的活力型老年人更喜欢风景区医养院。按这种需求划分老年人群体配置养老资源更显恰当。

（四）坚持标准化的建设原则

各级各类医养结合机构的建设、服务、管理、评价，均须严格按照国家卫生健康委关于创建全国医养结合示范县（市、区）和示范机构的要求，应该边建设边总结经验，力求使省、市、县、区和各类医养结合机构的建设标准化、服务标准化、管理标准化和等级评审标准化。

二、构建医养结合示范省实施方案的顶层设计

我们以四川省为研究背景，认真系统地研究论证了《全国医养结合示范省建设方案》，并构思设计了以省为单元的医养结合养老模式建设方案示意图（**图12-3-1**）。

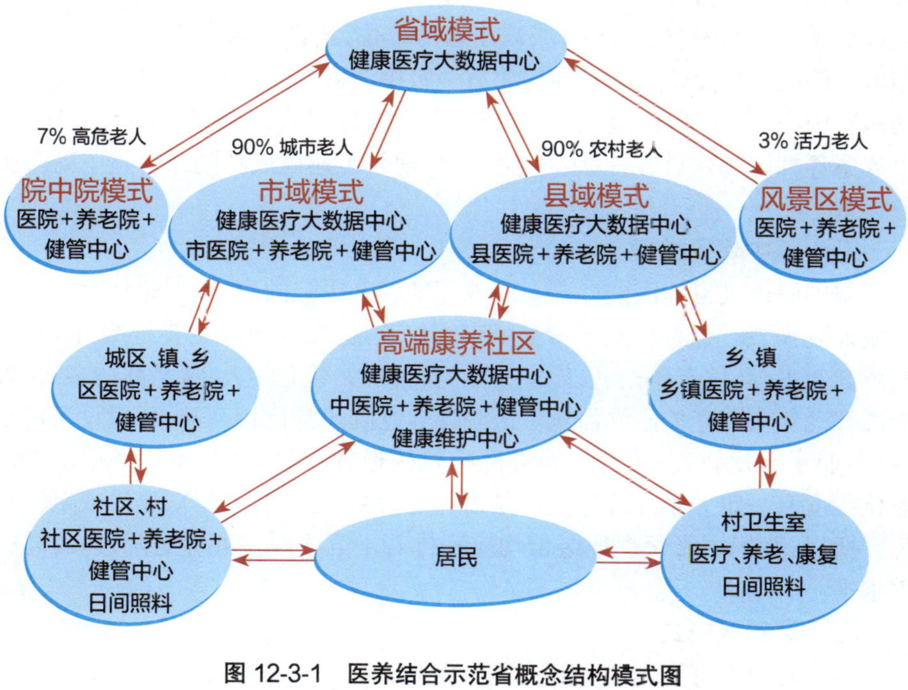

图12-3-1　医养结合示范省概念结构模式图

如图 12-3-1 所示，部署全省医养结合养老服务机构和体系，可以按照以下五种模式来规划和部署。

（一）县域模式

县域模式亦即农村模式，是将医养结合示范省辖区范围所有的县，都按照国家卫生健康委关于创建《全国医养结合示范县》的要求和标准来部署。建设重点是建立覆盖全县“县-乡-村”三级一体化且以医养结合为特征的养老服务机构和服务体系，实现 90% 以上的农村村民全覆盖，都能享受公平可及、方便快捷的医疗和养老服务。

（二）市域模式

市域模式也即城市模式，是将医养结合示范省辖区范围的所有市，都按照国家卫生健康委关于创建《全国医养结合示范市》的要求和标准来部署。建设的重点是以社区为单位，建立居家养老与社区养老相融合的医养结合综合体，作为城市最基层的医养结合机构。居家养老以社区医养综合体为依托，实现社区养老与居家养老相融合。包括医疗、养老、康复、日间照料、健康管理、文化生活、上门服务、生命通道等。确保 90% 以上城市居民全覆盖都能享受公平可及、方便快捷的医疗养老服务。

（三）区域模式

这种模式可大可小，大至城市的一个区级政府，小至一个小城镇，一个或几个相连的社区，或新型特色小镇、康养小镇。具体做法与城市模式相似。建设的重点是以社区为单位，或以小镇为单位，建设以居家养老与社区养老相融合的医养综合体模式。通常建有一级中医康复医院和养老院，并配有日间照料中心、老年餐厅、健康管理机构、上门服务团队、老年大学等服务机构，形成康养社区、健康社区或康养小镇。目前已经建设成功的通常是中高端服务类型。

（四）院中院模式

院中院模式也即医院办养老院或养老院办医院的模式，与此相对应的还有院外院模式。这种模式非常受城市居民欢迎，服务对象主要是约占 7% 的高龄老年人、高危老年人、失能半失能、失智半失智老年人，这是高龄多病、失能失智老年人养老的刚性需求。医院办养老院通常比较高端、环境设备比较好、专业水平比较高；而养老院办医疗机构通常比较中端，尤其医疗水平专业化程度有一定差距。院外院常是以养老为主，医院只是定期巡诊或定时查房。所以，我们主张每个地级市均应安排若干三级医院办养老院，以提高医养水平。

（五）风景区模式

每个省份都有当地的名胜古迹和旅游胜地。尤其是近十多年以来，各个地区许多企业家斥巨资开发了许多风景区医养结合机构。通常由医院、养老院和健康管理康复机构组成，形成医养或康养旅居综合体。主要为社会系统中约占 3% 的活力型老年人提供治未病、疗慢病、促康复、抗衰老的服务，这种模式很受经济条件较好、文化层次较高的活力型老年人欢迎。

三、推进《医养结合示范省实施方案》的主要措施

1. 以主动健康的大健康理念作引领，广泛开展健康教育，提高广大人民群众的健康素养，为建立省域医养结合示范省奠定群众性的思想基础。

2. 抓好建设覆盖全省城乡的医养结合养老服务体系，为省域医养结合示范工作奠定牢固的支撑基础。

党中央国务院及多部门发文都曾反复强调建设覆盖城乡的养老服务体系，对此前文已述，可细化为四个组成部分：一是以市-县-乡-村现有医疗机构为基础，在其近旁建立养老院，形成市-县-乡-村四级一体化医养结合服务体系。二是以市-县-乡-村四级一体化医养结合服务体系为依托，增建健康管理系统，实施区域全民健康管理。三是在上述内容基础上增建中医药自然医学康复机构。四是引入“互联网+”理念和技术，将所有省市区域医养机构的数据整合并互联互通，形成省（市）级健康医疗大数据中心和智慧医养平台。以上这四个方面共同构成覆盖全省城乡的标准化基本养老服务体系。

3. 从“乡村振兴”战略入手，快速开创省域医养结合养老新局面。当前，“乡村振兴”已成为党中央国务院高度关注的重大战略决策，全国各地各级政府都增设了“乡村振兴局”，都在努力开展农村乡村振兴建设。把人民健康放在乡村振兴的中心战略高度，结合上述三项基础工程一起建设新农村、改造乡村镇卫生院和村卫生室，改造乡镇养老院以及乡村文化服务设施，形成社会主义新农村面貌。

4. 坚持医养结合的基础建设标准化和日常服务规范化。医养结合的日常建设和服务标准化，包括医疗、养老、康复、健康管理、文化生活、日间照料（包括老年餐厅）、上门服务、生命通道等八个方面。为了确保日常服务标准化的要求，进而全方位保障老年人健康安全，必须实行医养结合的基础建设标准化、规范化、数字化、可操作性强的方案和措施，易于全省移植推广。

四、把握好方案实施过程中的关键环节

1. 结合各市、县、区特点，部署各种医养服务模式和医养结合机构建设。

首先要发挥各市、县、区政府的积极性，要求各市、县、区党委和政府主要领导亲自挂帅，按照国家关于创建全国医养结合示范县（市、区）的工作标准和要求，建设好自己管辖的市域、县域、区域医养结合基本养老服务体系，落

实好 90% 以上普通老年人的医疗保障和养老生活。

其次要发挥各级医疗机构领导的积极性，每个地级城市均应至少选一个符合条件的医院改建成老年病医院，或者选择条件比较好的三级医院，在其近旁建立养老院，形成院中院医养结合服务模式，以确保 7% 左右高龄、高危老年人医疗和养老需求。

再次要发挥企业家介入健康产业的积极性。企业家通常愿意选择本省的风景区，在名胜古迹周边建设风景区高端医养院或颐养中心，以满足约 3% 活力型老年人医养旅居需求。

2. 医养结合示范省要以地级市为单位，突出市-县-乡（镇）-村（社区）一体化的建设。各市委、市政府主要领导要亲自挂帅，成立指挥部，统一制定方案，要实现全市一个系统、一张网。

3. 抓好各类资源整合，包括对政府资源、医疗资源、专家资源、企业资源的整合；鼓励机制体制和政策创新，包括公建民营，允许企业经营投资，民政部门主要负责监管，不再亲历主办；医疗机构扩大职能范围，负责老年健康和慢病管理，乡村振兴局负责乡村文化建设、环境改造和产业升级，医保部门逐步扩大完善保障范围等等。

4. 每个地级市必须设立一所老年病医院和医养结合养老服务中心，作为全市最高水平的医养结合龙头，承担全市医养结合的人才培训中心、质量监管中心、健康管理中心、远程医学中心等任务。有条件的地方应选一所省级大医院主办一个中高端养老院，形成院中院医养结合模式，以解决中高端老年人的医疗保障和健康养老的需求。

5. 把信息化建设放在整体建设的战略高度。以“互联网+健康医疗大数据”的形式，建成覆盖城乡的省、市、县、乡、村一体化体系，形成省、市、县三级大数据中心和全省统一的应用平台，实现智慧医疗、智慧养老、智慧管理和精准诊断、精准医疗、精准保健。

第三篇

医养结合试点示范探索

进入 21 世纪以来，人口老龄化逐渐演变为社会的显著特征。受独生子女政策影响形成的“4-2-1”家庭结构，加之全球化背景下许多人选择远距离就业，使得很多家庭难以承担照顾老年人的责任。因此，越来越多老年人的医疗和养老问题逐渐凸显，引起了社会的广泛关注。

本篇基于我们长期以来的实践，对“区域化医养结合养老模式”“医院办养老院医养结合模式”“风景区医养结合养老模式”“医养集团式养老模式”以及“社区与居家医养结合养老模式”五种模式进行简要介绍。希望能对业界的进一步探索起到一些参考作用。

第十三章

区域化医养结合养老模式

在本章节中，“区域化医养结合养老模式”主要指医养结合示范县、医养结合示范市和医养结合示范镇。

第一节　医养结合示范县·湖南省桂阳县模式

湖南省郴州市桂阳县县委县政府为深入贯彻落实党中央、国务院的决策部署，坚持以人民健康为中心的发展思想，积极应对人口老龄化，将推动医养结合快速发展作为执政兴县的重要战略。桂阳县党政班子抓住国家卫生健康委创建“全国医养结合示范县”的机会，努力打造“高位推动、全域覆盖、中医特色、智慧赋能、群众认可”的桂阳模式。2022 年成功创建“湖南省医养结合示范县”，并被科技部列为国家重大研发计划“医养结合支持解决方案研究”课题示范基地（图 13-1-1，图 13-1-2）。2023 年底获得国家卫生健康委正式发文命名为“全国医养结合示范县”，并受到国家卫生健康委和湖南省卫生健康委领导的充分肯定。

2023 年 6 月 18—19 日，国务院发展研究中心主管主办刊物《经济要参》主编、“供给侧结构性改革背景下养老服务保障体系创新发展”课题组专程前往桂阳县调研，在《经济要参》内刊上发表了供党中央国务院领导参阅的《县域养老服务体系建设与运营的新探索——以湖南省桂阳县创建全国医养结合示范县为例》的调研文章，对桂阳模式的成功经验作了系统介绍，并给予高度评价。

一、湖南桂阳县的基本情况

桂阳县地处湖南省南部，是历史悠久的千年古郡，自汉初设郡以来，已有 2 200 多年的历史。现辖有 22 个乡镇（街道），398 个行政村（社区），总面积 2 973 平方公里，辖区总人口 96 万，不仅是郴州市面积最大、人口最多的县，也

图 13-1-1　湖南省卫生健康委副主任高纪平一行莅临现场检查

图 13-1-2　国务院发展研究中心主管主办刊物《经济要参》主编、课题负责人车海刚一行莅临考察

是老年人口比较集中的地方。这里县域经济稳居全省前十，是乡村振兴百强县和县域发展潜力全国百强县。

近年来，桂阳县老年人口数量逐年增加，人口老龄化程度持续加深，且呈现出基数大、增速快，失能和高龄老年人口比重较大等特点，养老压力空前巨大。截至 2021 年年底，全县 60 岁及以上人口已达 12.6 万人，占全县常住人口的 17.76%，其中 65 岁及以上人口为 8.69 万人，占全县人口总数的 12.25%。根据 2021 年全县城乡老年人生活状况抽样调查统计，医疗健康类服务需求居于社区服务需求首位。健康养老是重大的民生问题和社会问题，对建设健康幸福桂阳具有特殊的紧迫性和严峻性。

2022 年 4 月，国家卫生健康委印发《关于开展第一批全国医养结合示范县(市、区)和示范机构创建工作的通知》以及《医养结合示范项目工作方案》，桂阳县委县政府加快组织开展全国医养结合示范省(区、市)、示范县(市、区)和示范机构创建工作。2022 年 7 月，国家卫生健康委等十一部门联合印发《关于进一步推进医养结合发展的指导意见》，县委县政府又进一步完善政策措施，着力破解难点堵点问题，推进医养结合发展，努力创建“全国医养结合示范县”，使全县医养结合健康养老工作迅速出现了新局面。

二、桂阳模式的内涵与特色

(一) 以 90% 以上老年人为服务目标，做好桂阳模式顶层设计

桂阳县是人口大县，也是老年人大县，其辖区面积大，人口居住分散。政府部门过去主要关注的是“三无”老年人，每个乡镇都设有养老院，能够满足“三无”老年人的养老生活，但缺乏针对全县老年人的普遍的养老服务。县委县政府认真调查研究之后，认为创建“全国医养结合示范县”，就是创新、优化桂阳县域范围的医养结合工作，解决全县所有老年人的养老问题。因此，创建目的就是解决全县老年人的健康养老问题，实现党中央国务院关于落实普惠型养老的要求。以此为目标，县委县政府为全县医养结合工作进行了顶层设计。全国医养结合示范县·桂阳县模式理念设计框架见**图 13-1-3**。

(二) 全力打造覆盖全县城乡的基本养老服务体系

2023 年 5 月，中共中央办公厅、国务院办公厅印发了《关于推进基本养老服务体系建设的意见》，明确要求到 2025 年，基本养老服务制度体系基本健全，基本养老服务清单不断完善，服务对象、服务内容、服务标准等清晰明确，服务供给、服务保障、服务监管等机制不断健全，基本养老服务体系覆盖全体老年人。根据这一要求，桂阳模式构建了简单明确的标准化医养结合基本养老服务体系，并实现了辖区居民全覆盖。该体系主要包括如下四个要素。

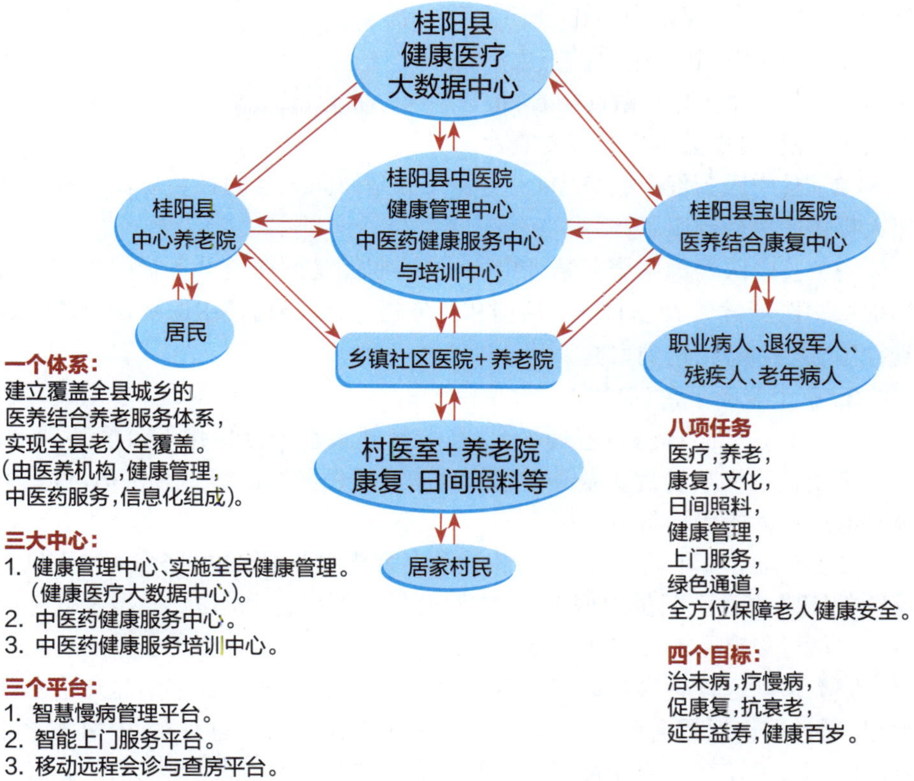

图 13-1-3　全国医养结合示范县·桂阳县模式示意图

1. 以现有县-乡-村医疗机构为基础，在其近旁建立养老机构，形成覆盖城乡的县-乡-村一体化医养结合机构体系，为医养结合机构服务提供坚实的组织机构基础。

2. 依托县-乡-村一体化医养结合机构，增设覆盖全县的健康管理系统，对辖区居民实行全民健康管理，尤其对慢病实行全方位管理。

3. 依托县-乡-村一体化医养结合机构，增设中医药健康（康复）服务机构，为居民提供治未病、疗慢病、促康复、抗衰老的服务，使健康管理和健康服务确实到位。

4. 引入“互联网+”理念和技术，确保全县所有医疗养老机构数字信息互通互联，信息共享，形成覆盖全县的健康医疗大数据中心和慢病管理平台，实现智慧医疗、智慧养老和智慧管理。

（三）建好确保基本养老服务体系顺利运营的保障中心和服务平台

为保障覆盖城乡的基本养老服务体系顺利运营，桂阳县选择以桂阳县中医医院为医养结合示范县的“龙头”单位，围绕服务保障基本养老服务体系运营，建立了三个保障中心和三个服务平台。

1. 三个保障中心（简称“三大中心”）

（1）县健康医疗大数据中心：是智慧医疗养老、智慧健康管理的基础。依托县中医院，可由县卫生健康委监管。

（2）县中医药健康服务中心：主要任务是面向全县的社会居民特别是老年人提供中医药健康服务。

（3）县中医药健康服务培训中心：主要职能是面向全县各级医养结合机构提供中医药健康服务的技术培训和业务指导，切实促使中医药健康服务送到社区、送到农村、送到家庭。

2. 三个服务平台（简称“三大平台”）

（1）全县健康（慢病）管理平台：在全县健康管理信息化平台的基础上，重点突出慢性疾病管理。全县健康管理中心带领各级医养结合机构，做好个体和群体层面的慢病防治工作。

（2）全县智能上门服务平台：构建数字智能服务平台，根据个人在手机上反馈的需求提供上门健康服务，将中医药健康服务送到家庭，使居家老年人不出门就可以享受方便快捷的健康服务。

（3）移动远程会诊与远程查房平台：以桂阳县中医院数字信息化平台为枢纽，通过移动远程会诊与查房推车，与中国人民解放军总医院、中南大学湘雅医院等大医院建立直接面对专家端的会诊查房关系，同时与病房的患者与医师端进行良好的视频、语音和资料互动，达到及时会诊和逐床移动查房目的。这一平台已经成功运行两年多，解放军总医院专家每周坚持查房，实现了良好的运行效果。

（四）明确各级医养结合机构的职责任务

桂阳县建有县中心养老院，城区和乡镇都有政府或民营的养老院，村有医务室和日间照料中心。养老机构和日间照料中心与乡镇卫生院和村医融合成一个有机体系，形成医养结合的运行格局。宝山医院承担矿工职业患者、残疾人、退役军人等的保健康复工作，成立了县医养结合康复中心。所有这些医养机构都明确承担如下 8 项任务。

1. 医疗　这里的“医疗”主要指意外情况和慢性病防治，对县乡村各级医养机构服务的质和量都有明确的要求标准。

2. 养老　指将居家养老和社区乡-镇-村养老融为一体，也即以乡镇卫生院和村（社）卫生室为依托的居家养老。

3. 康复　指中医药康复和健康服务，旨在落实党中央关于中医药健康服务进乡村、进家庭的要求，具体内容包括中草药泡洗、足疗、推拿、按摩等保健活动。

4. 日间照料　所有的乡村都以村医务室为依托，建立日间照料中心，为老年人提供健康服务、娱乐和餐饮服务。

5. 文化生活和精神慰藉　主要包括在日间照料区域提供文化生活、心理咨询，尽量让老年人维持良好的社会属性、促进健康生活。

6. 健康管理　通常由县健康管理中心覆盖到乡镇、村或社区，定期组织健康体检、健康评估和健康服务。实行“线上管理，线下服务”和全民健康管理，其中重点是实行全生命周期的慢病管理和健康维护。

7. 上门服务　这是国家为做好居家养老服务提出的一项明确要求。以乡村、社区医养结合机构为依托，借助智能手段，为居家老年人提供上门服务。

8. 绿色通道　或者叫生命通道，主要内容为各级医养机构全覆盖负责社区养老或居家养老服务。由于老年人在家或社区发生危急重症的概率很大，因此必须建立有效机制，安排专门急救车辆，及时送大医院或急救中心，最大限度保证老年人安全。

三、桂阳模式的主要做法和经验

（一）锁定目标，高端设计

桂阳县委、县政府把健康养老事业放在优先发展的地位。为此，县委、县政府组织制定了创建全国医养结合示范县的总体目标，落实党中央关于普惠型养老的要求，保障全县老年人都能享受到公平可及、方便快捷的医养服务。根据这一目标要求，桂阳县委、县政府对需要达成的目标进行了充分的调研论证，并严肃认真地进行了创建全国医养结合示范县的战略设计。

（二）加强领导，高位推动

早在 2021 年 8 月，桂阳县委、县政府就积极行动，成立了由县委书记和县长担任双组长的医养结合工作领导小组，并配备了常务副组长和执行副组长。为了推进医疗卫生与养老服务的结合，出台了《桂阳县加快推进医疗卫生与养老服务相结合实施方案》《桂阳县深入推进医养结合发展实施方案》以及《桂阳县创建全国医养结合示范县实施方案》等系列文件，逐步构建了完善的政策支持体系。县委常委会和县政府常务会议多次专题研究医养结合工作，将其视为重要民生工作并加以推进。同时，县委党政主要领导也多次深入基层，调研和协调医养结合工作，力争将桂阳县打造为“全国医养结合示范县”。在这一过程中，甚至基层的新老村干部都积极参与，成为了推动医养结合的重要力量。工作情况如图 13-1-4~图 13-1-7 所示。

图 13-1-4 桂阳县县委书记巫初华主持医养结合工作座谈会

图 13-1-5 桂阳县县长李志强率夏红、李卫平等县领导检查医养结合工作

图 13-1-6 桂阳县委县政府领导在桂阳县中医医院组织召开医养结合示范县推进会

图 13-1-7 郴州市卫健委主任彭丽娟陪同国务院发展研究中心课题组领导莅临考察指导

(三) 确保重点，高额投入

桂阳县政府高度重视医养结合发展，特将相关经费列入县财政预算。2022 年，县本级统筹了卫健、民政、城投等部门的资金共计 2 235 万元，并额外安排了 1 021 万元的财政预算用于推动医养结合发展。这些投入成功吸引了 1.56 亿元的社会资本进入该领域，促成了康乃馨医养中心、厚思医养院等医养结合综合体的建成，并形成了多层次的医养服务模式。为进一步整合资源，县政府专项拨款，并联合卫生健康委、民政局等相关部门，共同推进乡镇卫生院、养老院的改造和美化工作。在此过程中，特别注重了设施的邻近配置，如乡镇卫生院和乡镇养老院的近距离布局，以及村卫生室与日间照料中心的有效融合。此外，还增设了老年大学、老年食堂及老龄协会活动中心等设施，丰富了老年人的精神文化生活。在医保政策上，桂阳县也做了充分应用与创新，扩大了家庭病床服务的试点范围，让患者足不出户就能接受医疗服务。同时，通过“银龄安康行动”，为县内特定老年人群购买了意外伤害保险。落实了高龄补贴政策，这些都极大地提升了老年人的生活质量和幸福感。如今，桂阳县的硬件设施尚在不断完善中，但其软件服务，以及为老年人打造的人文生态环境，无疑已成为当地一道独特的风景线。

(四) 借力推动，高阶帮扶

桂阳县特邀中国老年医学学会、中国老年保健医学研究会、解放军总医院，湘雅医院等高端机构的专家团队重点帮扶，同时得到了科技部重大课题组的大力支持。中国老年医学学会苏元福将军、副会长兼医养结合工作委员会名誉主任陈运奇、中医专家王克勇等常赴桂阳县精心指导，中国人民解放军总医院陆菊明、李闻、秦万长、孙志军等权威专家，采取定期入驻和远程诊疗等方式（图 13-1-8），为桂阳县中医院培养专业领军人才和创新团队，还协助组织开展了全县糖尿病筛查工作和健康教育知识讲座。陆菊明教授长期坚持利用远程查房推车，每周一次远程查房，使中医院内分泌科的住院患者每周都享受陆教授的查房诊疗，医院科主任和患者反馈都非常好。

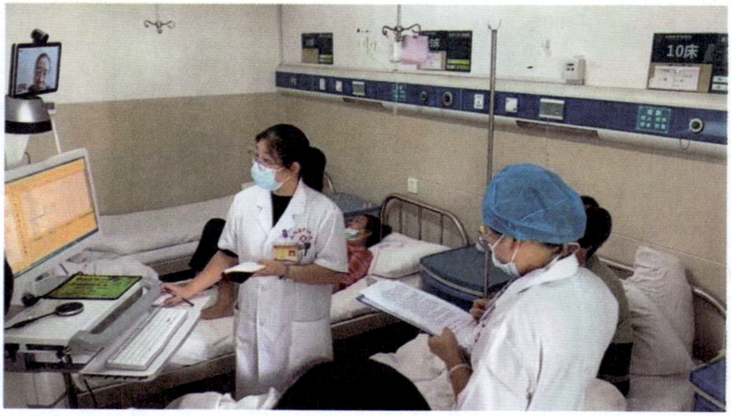

图 13-1-8 中国人民解放军总医院陆菊明教授正在远程查房

（五）坚持全域覆盖，落实普惠服务

桂阳县为争创“全国医养结合示范县”，按照总体规划、分步推进、全域覆盖的步骤，将全县 60 岁以上人群全部纳入医养结合保障体系，形成了以县中医院为龙头、县城及乡镇医养结合机构为骨干、村医养结合服务站和居家养老上门服务为基础的“四位一体”医养结合服务体系，实现了对整个县域城乡的全覆盖，有效地满足了不同层次、不同地域的老年人对养老服务的不同需求。目前，全县已有医养结合机构 5 家，医养结合床位 1 128 张，入驻机构养老 1 056 人，村医养结合服务站（幸福院）119 所，日间托管照料 9 643 人，居家养老上门服务对象 6.67 万人。村医养结合服务站运行案例见图 13-1-9。

此外，桂阳县还建立了全县居民健康（慢病）管理中心，定期采集更新老年人慢性疾病信息，并安排专员随访，进行健康管理，有针对性地指导老年人用药和入院就诊，推动单一的“医-养”模式转向“防-医-养-康”一体化模式。同时，做优做细银发旅游产业，开发建设了沿西河风光带、宝山国家矿山公园等一批适合老年人旅游的景点，促进老年人身心健康。

（六）突出中医药服务，健康维护到家庭

桂阳县是全国基层中医药先进县和湖南省“中药材种植基地示范县”，县内有 3 家上规模的中药材加工企业，县中医院是郴州市唯一一家县辖的三级

图 13-1-9　村医养结合服务站有序运行

中医院(图 13-1-10)。桂阳县对于发展以中医为特色的医养结合具有得天独厚的优势。

图 13-1-10　医养结合示范县·桂阳县中医医院外景

桂阳县依托县中医院优质资源，将县中医院定位为全县医养结合龙头医院，建立全县健康管理体系和中医药康复体系，在全省率先建设以中医药自然医学康复中心、老年慢病管理中心、中医药健康服务培训中心等为主体的“三大中心”，以及慢病管理信息化系统、远程诊疗查房系统、居家养老智慧医养上门服务系统“三大系统”。全县二级及以上医院均开设了中医科、乡镇卫生院全部建有中医馆，90% 以上村卫生室能开展中医药健康服务。2022 年全县组织中医药技术培训 1 262 人次，接受中医特色医养服务者 26.59 万人次，充分发挥了中医药的作用，解决了老百姓长期面临的“养老院看不了病，医院养不了老”的社会难题。

（七）智慧赋能，实现全县一张网

桂阳县争创“全国医养结合示范县”，利用互联网技术建立了三个信息化管理服务平台，包括慢病管理平台、上门服务平台以及远程会诊与查房平台。这些平台有效地连接了医疗服务的供应方和需求方。为了确保“桂阳模式”可以在其他地方推广，县委县政府在整个系统设计和运作中都强调了标准化、规范化和信息化。例如，建立了健康医疗大数据中心，并通过应用平台来管理全局。同时，他们还实现了县、乡、村和家庭的医疗和养老服务一体化和智能化。桂阳县还依托湘雅医院开发的智慧医养平台，在湖南省率先建立了“医养结合智能服务”系统。这个系统面向全县的医养机构和居家养老用户开放，通过“线上点单、医护上门”的服务模式，有力地推动了医养服务资源进社区（村）、进家庭，构建了“15 分钟服务圈”，让老年人足不出户就能及时获得医护上门服务。此外，桂阳县利用远程诊疗系统，让上级医院可以为县中医院以及镇村两级的医养机构提供远程会诊和查房服务。同时，慢病管理系统也被用来帮助养老工作，协助医护人员实施诊疗和护理，优化了双向转诊和绿色通道的流程（图 13-1-11）。

图 13-1-11 湖南省卫生健康委领导听取健康管理平台演示汇报

（八）坚持高质量，着力提升医养结合质量效益

1. 完善体系、固本强基 桂阳县立足于建设医养结合服务机构体系，在全县形成医中有养（两院一体）、养中有医、医养协作、日间照料、上门服务 5 种医养结合新业态。依托全县现有的医疗资源与不同形式的养老场景相结合，

让所有的养老机构都具备医养功能，并围绕老年人健康需求，重点从医疗、养老、康复、日间照料、文化生活、健康管理、上门服务、绿色转诊通道等方面，提出了明确的工作要求，以切实维护老年人的健康，保障老年人的生命安全。为增强发展后劲，壮大医养服务专业队伍，强化人才支撑，近两年来，全县共招录了320名医养专业人才充实到基层一线，选派6批次50余人到上级医院深造；开办养老护理员培训4期，共263人次参加培训，实现了护理员全部持证上岗。

2. 分层分类、精准服务　桂阳县委县政府为了满足多元化的养老需求，实施了"9010"工程，采取了细致的分类管理措施。对于90%选择居家养老的居民，政府通过医疗卫生机构和家庭医生签约服务团队，以及智慧医养等方式，加强了服务。为了方便居民，还设计了不同价格的"点单上门服务包"，以提供更加贴心和实际的医养服务。目前，全县老年人家庭医生的签约率已经达到100%，健康管理率也高达80%。而对于剩下10%选择机构养老的老年人，政府则通过"两院一体"模式、与相关机构签约合作，以及在养老院内设立"嵌入式"医疗服务站点等方式，为他们提供了专业且规范的医养服务。值得一提的是，"一张养老床承载两种身份"的创新模式已成功实现，为老年人提供了更为便利的养老服务。

3. 优化氛围、暖心关爱　桂阳县财政根据老年人的失能程度，对入住养老机构的老年人提供每人每天100元、300元或500元的补助。同时，县电视台等主流媒体开设了"医养在线"栏目，以增强全社会敬老、助老氛围。此外桂阳县还充分发挥好人协会和志愿者协会的作用，2022年开展志愿者活动109次，捐助金额（含物资）30.68万元，使1.28万人次的老年人受益。

（九）强化措施、严格监管

桂阳县在全力争创"全国医养结合示范县"过程中，制定出台了《桂阳县医养结合机构管理办法》和《桂阳县医养结合机构考核办法》，建立了由县卫生健康委牵头，县民政局等部门配合的医养结合机构监管机制。在完善机制的同时，桂阳县还强化检查和考核结果运用，将其作为拨付各项经费和奖补资金的重要依据。近五年来，桂阳县医养结合机构没有发生过一起安全事故，没有发生过一起严重损害老年人合法权益的事件。

总体来看，在创建全国医养结合示范县的过程中，桂阳县取得了显著的阶段性成果，这得益于县委、县政府的高度重视以及全体工作人员的齐心协力。然而，受客观因素制约，桂阳县的医养结合工作也仍存在短板，尤其是农村养老服务设施和服务能力还有待进一步提升。桂阳县还应紧扣全国医养结合示范县创建目标，设立更高标准，采取切实有效的措施，努力推动医养结合工作取得新的突破和成效。

第二节 “桂阳模式”之推广·陕西省黄龙县模式

黄龙县位于陕西省中北部，是国家重点生态功能区，有延安黄龙山褐马鸡国家级自然保护区、黄龙山天然次生林省级保护区，素有“陕西的一叶肺”和“天然氧吧”之美称，曾先后获得国家生态文明建设示范县、国家园林县城、国家卫生县城以及全国体育旅游精品目的地等殊荣。

湖南省桂阳县创建“全国医养结合示范县”成功之后，迅速由中国老年医学学会将经验和做法带到了陕西省黄龙县，得到黄龙县县委县政府的热烈欢迎和高度重视。在黄龙县县委县政府的领导下，结合黄龙县的实际情况，“桂阳模式”得到了快速移植和推广，并取得了圆满成功。

一、黄龙县模式基本情况

近年来，黄龙县始终秉承“大健康”理念，坚持“以人民健康为中心”，紧密结合人民群众健康需求，围绕“绿色康养、健康医养”发展主题，倡导绿色生活、绿色医养，助力健康延安建设；先后在打造医养品牌、强化医疗保障支撑、提升健康服务能力，构建“互联网+医疗健康”服务体系方面进行了积极的努力，有效地提升了医养服务能力。

黄龙县有接受养老机构服务者 142 人，占全县 65 岁以上老年人数的 2.4%。全县有失能老年人 40 人，66~74 岁老年人失能率为 1.3%，65 岁及以上人群中老年期痴呆患病率为 0.54%。全县共有医疗卫生类事业单位 16 个，其中公共卫生管理服务机构 4 个，公立医院 3 所，乡镇卫生院 9 所，有村卫生室 58 个，在职村医 57 名。

在县委县政府领导下，黄龙县充分聚焦“健康黄龙”建设，依托中国老年医学学会的扶助支持，按照陕西省卫生健康委员会《关于印发全国医养结合示范县（区、市）评分细则（试行）》要求，与红色革命老区精神相结合，大力实施品牌战略，学习桂阳县县委县政府的办法，创建全国医养结合示范县，深入推进医养结合工作；建立完善医养结合政策体系和工作机制，鼓励社会资本参与医养结合建设，推进医养结合服务进入社区健康教育、预防、保健、医疗等各个领域。

二、黄龙县模式的内涵与特色

陕西省黄龙县模式与湖南省桂阳县模式基本相同，其总体架构包括覆盖全县域的基本养老服务体系、保障基本养老服务体系配套建设、标准化医养结合服务以及通过整合县域资源，打造“健康县”标杆等四个方面。

（一）覆盖全县域的基本养老服务体系

黄龙县立足县内实际情况，以现有的县-乡-村三级医疗机构为依托，稳妥有序地提升基本养老服务保障水平；利用县-乡-村三级医疗卫生服务体系，形成以医养结合康复中心、县人民医院、县中医医院、县养老院为引领，乡镇卫生院、养老院为枢纽，村（社区）卫生室、日间照料中心为基础的三级医养结合服务体系，优化医疗资源布局，着力为基层群众提供优质便捷的卫生健康服务。发挥“行走的医院”项目优势，将优质医疗资源送到基层群众身边，实现“大病不出县、医护不出村”，切实解决普通群众看病贵、看病难的问题，真正打通老百姓就医的“最后一公里”。开展家庭医生签约服务，建立起一种长期、稳定的服务关系，为居民健康提供医养保障，确保全县老年人都能享受公平可及的医养结合健康服务。黄龙县创建《全国医养结合示范县》规划方案见图 13-2-1。

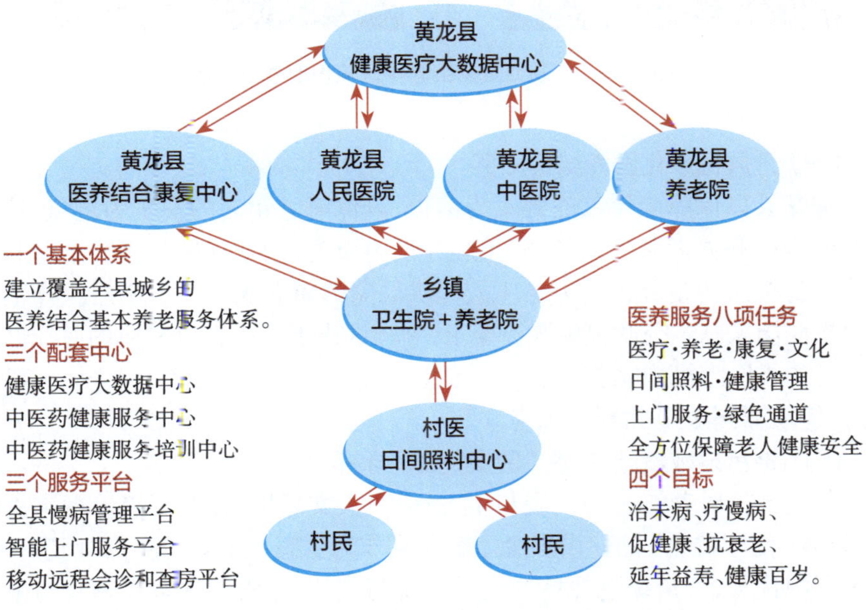

图 13-2-1 黄龙县创建全国医养结合示范县规划方案示意图

（二）完善保障基本养老服务体系配套建设

如图 13-2-1 所示，黄龙县以健康医疗大数据中心、中医药健康服务中心、中医药健康服务培训中心三个中心为依托，利用全县慢病管理平台、智能上门服务平台、移动远程会诊和查房平台三个服务平台进行医养结合全域覆盖管理，采取积极措施促进各个平台认真履行职责；做好医疗、养老、康复、文化、日间照料、健康管理、上门服务、绿色通道八项医养服务任务，全方位保障老年人健康安全；完成老年人治未病、疗慢病、促康复、抗衰老等老年健康服务目标。

陕西黄龙县老年医养护理中心外景见图 13-2-2。

图 13-2-2 陕西黄龙县老年医养护理中心外景

（三）开展标准化医养结合服务

黄龙县以保障老年人的健康为前提、以保障老年人的安全为重点，培养专业的医疗和养老服务人员，完善服务设施设备，构建标准化医养结合服务体系。各级医养结合机构为老年人提供居家健康养老服务。基层医疗卫生机构按照国家基本公共卫生服务要求，为辖区内老年人提供相应的医疗健康服务。各级医疗机构完善并实施标准化管理制度和服务流程，为老年人提供合法、规范、安全的医养结合服务。

（四）整合县域资源，打造“健康黄龙”标杆

黄龙县将医养结合的发展与生态环境、人文环境、社会环境治理有机融合，彰显“健康黄龙”的建设理念。黄龙县作为生态示范县，充分利用现有的生态资源优势，打造绿色便捷的全民健身新载体，探索促进全民健身与生态文明建设深度融合的新途径，推动“健康黄龙”建设取得新成效。

三、主要做法及启示

（一）党政高度重视，领导医养结合机构建设

黄龙县委县政府成立以县委书记、县长为组长，县委常委、统战部部长，县政府分管副县长为副组长，各乡镇及相关部门、单位负责人为成员的“创建全国医养结合示范县工作领导小组”，确定了医养结合工作的重要地位、建立推动医养结合发展的体制机制（图 13-2-3）。县委、县政府投资 5 500 万元，

图 13-2-3　黄龙县委书记李富荣调研养老院、中医院工作

建设黄龙县社会福利中心暨老年公寓，配套设置室外绿化、水景观、休闲广场等。该项目与县中医医院和全民健身运动中心共享医疗和健身场地、器材等资源，形成集休闲养老、旅游度假、生态疗养等为一体的民生公益性社会化养老服务中心。

（二）构建“互联网+医疗健康”服务体系，实现医养结合全县域覆盖

黄龙县专门为加强老年健康服务配备了 42 套全科医生助诊包、56 辆摩托车及 3 辆基层健康服务车。建成“健康 180 指挥中心”，开通县-乡-村一体化远程会诊系统，与北京解放军总医院及驻西安的空军军医大学所属西京医院、唐都医院等 16 所三级医院 300 余名专家团队建立免费门诊关系。指导乡村医生利用“全科医生助诊包”，结合远程专家门诊服务，将优质医疗资源带到基层，打通县域内医疗服务“最后一公里”，有效提升“互联网+医疗健康”服务模式的县、乡、村医养服务能力，解决了群众看病难、看病累等问题，让普通百姓在家门口就能享受三级医院的优质专家资源。老年健康服务机构充分利用健康管理系统和慢病管理平台，开放电子健康档案，做好全县所有老年人身体素质和健康水平监测工作，强化老年人健康监测、信息管理和健康指导工作。同时，家庭医师团队签约入户进行服务，为辖区内老年人提供便捷、有效的个性化医养服务，实现健康数据共建共享，达到对疾病早发现、早预防、早诊断、早治疗的目的。

（三）发动社会力量参与，促进医养结合机构建设

民营经济和医养结合存在着互利互惠的关系，黄龙县政府积极引导、鼓励民营企业建设养老机构，同时给予政策支持与技术指导，建立健全财务管理体系以吸引更多社会力量参与医养结合建设。加强民营养老机构与医院、医疗药品、医疗器械等行业合作，运用适当的营销策略维持并且逐步增加民营养老机构的客源。充分发挥现有资源优势，以“互联网+医养+旅游”模式，坚持以医疗旅游为导向，以健康检查、慢病治疗康复、中医养生保健等各类医

疗技术和孵化为重点，充分挖掘潜在的巨大医疗旅游市场。利用县域旅游资源优势，将医养结合理念与各大酒店、旅馆、民宿等经营理念有机融合，并将各类医养服务项目纳入购买服务体系。充分发挥公益组织的作用，加大对助老志愿者服务项目和组织的培育支持力度，鼓励志愿者服务组织与医养结合机构结对开展服务，给予老年人更多关爱照顾。

（四）结合县域实际，充分整合医养结合资源

县级公立医院充分发挥带头示范作用。黄龙县人民医院、黄龙县中医医院开设有老年病科，提升老年病防治能力，深刻剖析地域性老年病病理病因特点，以运动防治、中医保健、饮食保健等方法，对老年群体进行针对性的诊疗服务；创建县中医医院医养结合中心，设立康复中心，以中医重点专科优势，逐步突显中医医养结合的发展计划；乡镇卫生院与敬老院、村卫生室与农村幸福院或日常照料中心统筹规划、毗邻建设。

黄龙县政府积极推进乡镇卫生院与辖区养老院合二为一，将医疗技术力量融入养老体系中，医者提供技术力量，养者无医疗保障之忧，医和养无缝衔接，优势互补，提升医养结合服务能力，实现社会资源的最大化利用。统筹规划医养结合需求人才队伍建设，结合现有人才资源，进行分析研讨，对缺少的专业技术人才进行招聘补充，鼓励中专、大专院校和护士专科学校毕业生到医养结合服务机构工作，壮大医养结合人才队伍。完善医养人才培养机制，建立岗前培训、岗中指导、继续教育的培养体系，进一步加强老年医学、医养照护与管理、康复治疗技术、护理、老年服务与管理等专业人才培养培训，提高医养结合人才队伍服务能力。

（五）发挥中医专科优势，打造医养结合机构亮点

黄龙县根据中医“未病先防”“既病防变”“病后防复发”的三个层次，整合医院优质资源，县中医医院成立“治未病”预防保健科，以“治未病科”为主导，借助针灸康复科、老年病科、名老中医科特色优势，通过四诊辨证、健康状态辨识、监测、评估、咨询、指导、干预等开展全程的医养服务。服务对象包括健康人群、亚健康人群、疾病人群和康复人群，并对四种人群设计适宜的养生治疗流程。

（六）依托“生态黄龙”养生福地，打造多种医养模式

黄龙县积极开创养中有医、医养融合新模式，利用医疗、护理、康复等资源优势，打通医养壁垒，实现资源共享，实现“医、养、康”一体化服务体系、全域覆盖。根据老年人对医疗卫生服务的需求，为其提供专业的医疗服务和健康照顾，为居家老年人提供生活照料、精神慰藉，以丰富老年人的健康生活，促进老年人的心理健康，开展家庭公寓医养模式；在现代化楼房林立的情况下，充分发挥民宿院落的优势，以休闲，静谧的环境促进老年人生活体验，

实现民宿院落式医养;利用县域环境优势,以农林为依托,展现独特地域风貌,让老年人远离城市喧嚣,给予舒适的原生态环境体验,开创田园农场医养模式。

第三节 医养结合示范市·四川省崇州市模式

崇州是四川省首批命名的历史文化名城,国家新型工业化产业示范基地(大数据特色)、国家智慧城市试点城市、国家农业综合标准化示范市、国家家具质量提升示范区。

一、四川省崇州市基本情况

崇州市东与温江区相邻,西与大邑县相接,南与新津区相连,北与都江堰相依,全市面积 1 089km²,辖 6 个街道办事处和 9 个镇,94 个行政村,78 个社区,有常住人口 75 万。崇州自然资源、文化资源和旅游资源都十分丰富,拥有多样生态景观以及 4 000 余年历史积淀的深厚文化底蕴,有 5 处国家级重点文物保护单位、10 个精品林盘以及天府国际慢城、竹艺村、街子古镇、元通古镇等 4 个国家 4A 级景区,2020 年成为第二批国家全域旅游示范区。全市驻有包括 3 所高校的各级各类学校 172 所,与四川大学等 22 所高校建立有学术合作关系,拥有国家级工程实验室 2 个、院士(专家)创新工作站 6 个、省级工程技术中心 3 个、省市级企业技术中心 23 个,创新创业载体 7 个。崇州市交通非常方便,已基本建成由崇州中心城区到成都中心城区、周边区(市)县、各镇街的三个"半小时交通圈"。

综合各方面信息可以看出,崇州市气候温和,年平均气温约 16℃,冬暖夏凉,空气中负氧离子含量极高,是天然的养生养老休闲胜地。崇州最突出的优势是拥有良好的自然环境,这些都是发展医养产业的最基本要素。为此,市委、市政府坚持把深入推进医养结合发展作为老年健康服务的重要战略,引导圣沅集团等各种社会力量投资建设和运营专业化的养老机构,"牵手"中国人民解放军总医院、四川省人民医院以及当地大型民企,合力共建高端医养项目,推进医疗卫生、养老服务与旅游融合发展,已探索出一条医养结合的成功路径,逐步形成了多种康养模式整合发展的高品质健康养老综合格局。通过整合政府、医院、机构、社会资本等多重力量,让专业的人做专业的事,用社会资本参与保证市场的良性循环,促进与国际理念接轨的高端颐养中心及其配套医院与多家医院合作,致力于构建集"多元养老、健康管理,科学养生,照料护理、精准医疗、康复医疗"为一体的医养结合模式和智能化的健康养老服务生态体系。作为三级市政府的医养康旅重点项目,"中国青城国际颐养中心”(包括医院、养老院、健康管理中心)已顺利运营五年。青城山医院设置床位500余张,配置有一体化正电子发射型计算机断层成像仪/磁共振成像仪(PET/MR)、先锋256能谱计算机体层成像(computed tomograph,CT)、IGS极光(微剂量全兼容血管造影系统)等大中型医疗设备,并建有空中应急救援体系,老年人不出社区,就能享受三级医院的医疗保障和高品质养老。

二、崇州医养结合模式的内涵

崇州市拥有得天独厚的生态环境,据第七次全国人口普查报告,崇州市常住人口为735 723人,60岁及以上老年人口占比达到22.51%,其中65岁及以上人口达17.88%;与2010年第六次全国人口普查数据相比,60岁及以上人口的比重上升了4.40个百分点,其中65岁及以上人口的比重上升5.32个百分点。由此可以看出,崇州市不仅老龄化现象十分严重,而且发展进度也非常快。

(一)崇州医养结合模式的总体目标

崇州市委、市政府对发展老年健康服务事业非常重视,围绕“产业新城、品质崇州”发展定位和生态宜居的现代田园城市典范发展目标,确立了发展现代产业实现民共富、建设现代城市实现民共享、创造现代生活实现民共乐的城市发展策略,以山地生态涵养区、康养旅游集聚区、现代农业功能区、城市功能核心区建设为抓手,突出“大生态、大康养、大数据、大智造”,奋力把崇州建设成为一座生态与产业相得益彰、城市与生活完美融合的“明日之城·翡翠之城”。运用互联网、大数据、云计算、人工智能等信息网络技术搭建“互联网+”平台,与中国老年医学学会、解放军总医院远程医学中心等机构展开合作,利用其优质专家资源,为患者提供会诊、手术及远程医疗,教育、健康咨询等智能医疗服务。从颐养中心担负的多元养老、老年医疗养生、健康管理、综合运营管理等服务特点和实际需求为出发点和落脚点,中心建立智能化服务的管理平台,覆盖医养结合模式的康养服务体系全流程,造就智能康养生态,营造便捷、标准化、规范化的健康服务格局。

为了实现以上目标,早在2012年,崇州市委、市政府就聚集中国老年医学学会以及成都圣沅集团三方力量创建以青城国际颐养中心为标志的医养结合龙头机构,其后以20年为建设周期进行了老年健康服务战略谋划,在此基础上出台了《崇州市养老服务设施(机构)布局规划(2016—2035年)》;2020年4月3日,崇州市人民政府办公室印发《崇州市深化养老服务综合改革提升养老服务质量的实施意见》(以下简称《实施意见》),提出要“以打造‘一个样板区’为契机,以推动养老服务高质量发展和老年人高品质生活为目标，以加快推进养老服务业供给侧结构性改革为主线，保障基本需求，全面开放养老服务市场，提升养老服务质量，让广大老年人享受优质养老服务，努力实现老有所养、老有颐养。”根据这一思想，《实施意见》中确定了目标任务：“到2022年，养老服务综合改革全面深化，社会力量主体作用充分发挥，社区居家养老服务能力明显增强，养老机构床位结构更加合理，高质量建成以居家为基础、社区为依托、机构为补充、医养相结合的功能完善、服务专业、手段智能、供需对接精准的养老服务体系。每千名老年人拥有床位45张以上，护理型床位占养老床位总数的比例不低于45%，城乡社区养老设施全面覆盖、居家养老智慧服务网络全覆盖，养老服务业成为促进我市经济社会发展的新动能。”

根据以上战略定位，崇州市委、市政府决定创建西南地区首个大型医养结合示范机构，2021年5月正式启动创建“全国医养结合示范市”的工作，制定了创建“全国医养结合示范市·崇州模式”规划方案（图13-3-1）。

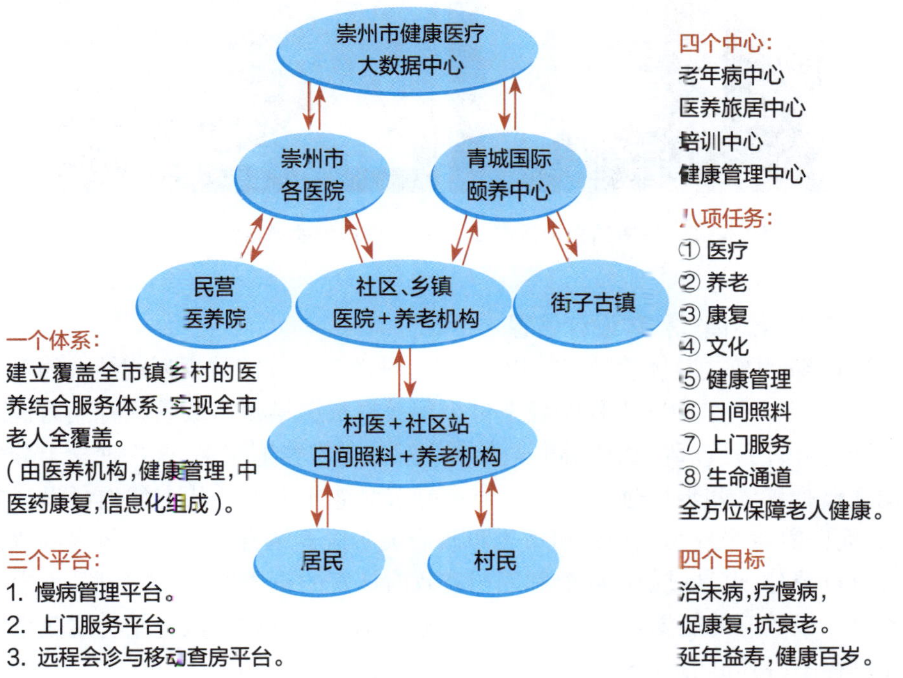

图13-3-1 医养结合示范市·崇州模式之规划方案示意图

根据图13-3-1所示的建设方案，经崇州市委、市政府积极协调，不仅中国老年医学学会、四川省人民医院、崇州市电信部门积极参与了创建工作，而且由湘雅医院、中国人民解放军总医院、四川大学华西医院等承担的重点研发计划项目“主动健康和老龄化科技应对·医养结合支持解决方案研究”课题组也积极参与了创建工作。创建工程启动以后，政府又多次组织“全国医养结合示范市·崇州模式”项目推进会。项目推进活动场景见**图 13-3-2**。

图 13-3-2　医养结合示范市·四川省崇州市模式项目推进活动场景

（二）崇州模式整体设计思想

1. 崇州模式整体设计坚持以“三养”理念与医养旅居规划相结合的养老思想。“三养”是中国工程院院士付小兵教授根据崇州市域景区特点而提出来的，具体内容包括“医养、颐养、怡养”三种老年养生状态，这一理念十分生动地概括了崇州地区创建医养结合示范市对老年人养老状态的内涵设计要求，而医养旅居规划则是崇州市委市政府关于医养结合示范市总体规划建设的重点部分，也是成都市政府和四川省政府认定的重要内容。“三养”思想与省市三级政府的规划思想完全一致，这就更有利于在建设医养结合示范市试点过程中将其贯彻始终。

2. 坚持城市养老与农村养老相结合的思想。崇州市域的山山水水，包括 6 个街道和 9 个乡镇，实际上一半是城区、一半是农村。因此，建设养老服务体系不能脱离这一实际情况，必须坚持一半覆盖农村、一半覆盖城市。农村着重于建设以县(市)-乡镇-村三级医养机构为依托的基本养老服务体系；城市着重于建设以县(市)-街道-社区三级医养机构为依托的基本养老服务体系。实际上农村养老的新体系是以村为基本单元;而城市养老的新体系则是以社区为基本单元,是一种将社区养老与居家养老相融合的模式。

3. 大型医养结合服务中心与边远农牧区老年人医养协同发展的思想。这是国家重点研发计划“主动健康和老龄化科技应对”重点专项项目“医养结合支持解决方案研究”课题要求的内容,在结合当地实际情况推动医养结合的实践过程中与课题研究相结合,将项目延伸到阿坝地区农牧区,收到了相互支持,相得益彰的良好效果。

(三) 医养结合养老服务体系架构

崇州市委、市政府积极深化居家和社区养老服务,乡镇医养机构区域中心深入推进社区和乡村嵌入式养老体系,提升社区与居家养老服务功能,推进老年人助餐服务体系建设和老年人宜居环境建设,开展老年人家庭适老化改造等。经过长期的实践探索,已将当地的医养结合体系塑造成了四种成熟的表现形式:①市-镇-村养老服务体系;②市-街道-社区养老服务体系;③青城颐养中心→街子古镇等周边社区乡镇医养旅居健康服务体系;④青城颐养中心→阿坝州马尔康医院→乡村牧区卫生室养老服务体系。

(四) 运营支撑政策及保障体系

为了确保医养结合养老服务体系战略得以有效落实,崇州市委、市政府把强化政策保障功能作为重要抓手,主要措施包括:不断完善财政支持政策,加大融资信贷支持力度;对入职本市同一养老机构连续从事护理岗位满三年的护理员择优给予一次性 3 000 元奖励,加强养老服务队伍建设;全面放开养老服务市场;统筹规划养老服务设施以构建 15 分钟养老服务圈;引导各类资源兴办养老机构。截止到 2023 年 3 月,崇州市完成备案(许可)的养老机构包括:崇州市花果山寿康老年公寓、崇州市华西康福园老年公寓、崇州花果山寿康护理院、崇州聚源养老中心、成都康养养老服务有限公司、崇州羊马聚源养老中心、崇州市正好养老服务有限公司、崇州市友康养老服务有限公司、四川天易信岳康养科技服务有限公司、成都市蜀州乐康养老有限责任公司等。不仅如此,崇州市还根据医养结合的特定需求,将老年病防治中心、中医药健康服务中心以及中医药健康服务培训中心设在青城山医院,并且在总体架构中设有健康管理中心和慢病管理平台。

三、崇州市模式的主要做法

(一)“四方主题,共同创建”

在崇州市委、市政府的统一领导下,由四川省人民医院医疗集团·成都青城山医院、成都“中国青城国际颐养中心”和中国老年医学学会四方共同形成合作团队,以“中国青城国际颐养中心”为龙头,将医养服务体系延伸至市镇乡村和街道、社区乃至家庭，形成牢固的崇州养老服务体系。

经崇州市委、市政府协调，与崇州市电信等相关部门合作，构建了以“中国青城国际颐养中心”为基地和龙头，覆盖崇州地区和西南地区的健康医疗大数据中心，构建了性能优良的智慧医疗、智慧养老应用平台，还建立了上联解放军总医院、四川省人民医院，下联包括阿坝地区马尔康医院和乡村医疗机构等各个县(乡镇)医院的远程医学会诊中心、远程查房系统，使边远山区、农村牧区基层医疗机构能得到中国人民解放军总医院、四川省人民医院大专家的会诊指导和远程查房诊疗服务。四川省崇州市模式的远程医疗设备见图 13-3-3。

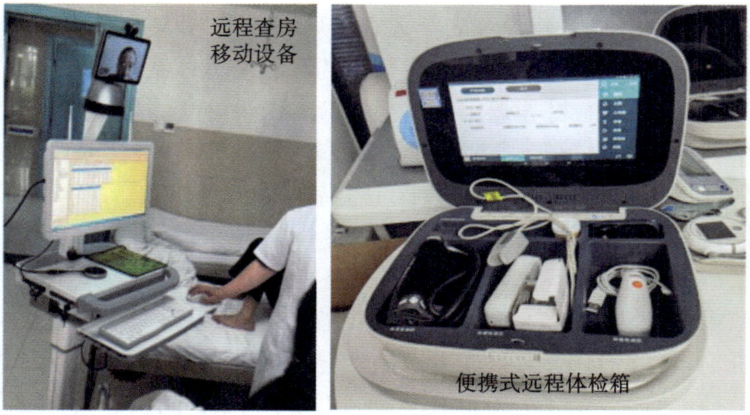

图 13-3-3　医养结合示范市·四川省崇州市模式之远程医疗设备

(二) 打造一流的医养结合顶级学术殿堂

作为崇州市的品牌，崇州市委、市政府立足于把“中国青城国际颐养中心”打造成为国内一流的医养结合机构。充分发挥付小兵院士工作站、刘敏如国医大师工作站、范利会长工作站的重大平台引领作用，形成国内和国际品牌，也作为医养结合示范市的名片和亮点。

(三) “辐射状”服务模式的规划设计

以“中国青城国际颐养中心”为平台，通过“互联网+”实现“辐射状”医养结合服务，一是实现对全市居民的健康管理和慢病管理；二是实现对周边社区街子古镇的居家上门服务；三是实现对西南地区，包括阿坝州边远山区农牧区的乡村远程会诊、远程查房的服务；四是加强健康管理工作，尤其是对于从全国各地来到崇州接受医养结合服务的老年人。

为使“中国青城国际颐养中心”先进的服务理念和健全的服务功能更加广泛地辐射到周边社区和城镇，以便更好地为当地居民服务，崇州市委、市政府支持其他健康管理公司,以“中国青城国际颐养中心”为依托,开展互动合作。“中国青城国际颐养中心”为社区提供高水平的医养指导服务,社区健康管理公司则为重症、急病送医院患者提供绿色通道,目前已在周边社区、城镇建立了50多个社区康养站。

（四）养老服务体系创新发展已初步形成新局面

在市委、市政府领导下,卫生健康委、民政局密切合作,卫生健康委扩大了老年人慢病服务的范围;民政部门实行了公建民营,增强了为老年人服务的能力,加强了对于养老机构的监督管理,进而使老年人的医养服务质量得到了全面提升。通过促进医疗机构和养老机构双向合作,建立起康复护理、预约就诊、急诊急救等双向绿色通道;推进社区卫生服务机构开展上门医疗卫生服务,优先做好老年人家庭医生签约服务;支持日间照料中心、社区养老院、社区嵌入式养老服务主设施等加强助医功能;大力发展中医药健康养老服务;鼓励发展家庭病床,做好老年人健康管理;推进“互联网+”养老服务创新,支持养老服务机构、社区、社会组织和企业利用物联网、移动互联网和云计算、大数据等信息技术,开发应用智能终端和居家社区养老服务智慧平台、信息系统、APP应用等,为老年人提供紧急呼援、家政预约、健康监测、居家护理、走失定位等服务。推进智慧健康养老示范基础设施建设,探索智慧养老社区建设。依托“天府市民云”崇州版块,促进老年群众享受一站式服务。

我们认为,医养结合示范市与医养结合示范县的根本区别就在于“医养结合示范市”必须建立“康养社区”,并把康养社区作为医养结合示范城市的基本单元,以之作为社区养老与居家养老相融合的最基层医养结合机构。建设康养社区的基础就是在所有的社区均建立中医康复医院,内设养老院、医院、康养中心、日间照料中心和健康管理中心等,承担医疗、养老、康复、文化、健康管理、日照中心、上门服务、绿色通道等八项任务,达到治未病、疗慢病、促康复、抗衰老的目的。

第四节 医养结合示范镇·湖北省武汉市天池雅园康养小镇模式

一、天池雅园康养小镇模式的规划特色

天池雅园小镇北与木兰天池毗邻,南与院基寺水系相依,距武汉市城区中心约60km,距天河机场38km,地理位置优越,交通十分便利。从规划目标而言,天池雅园拟为老年人提供“以养为主,度假养生相结合”的新型退休养

老养生地产项目，是武汉市率先打造的特色康养退休小镇，设计以“生态养生、有机生活”为理念，目的是为当地居民建造现代乡村康养集居环境，打造田园康养休闲旅居胜地，同时也落实国家提倡的美丽乡村建设和田园综合体，创建社会主义新农村的样板。

武汉天门天池雅园小镇模式规划理念见图 13-4-1。

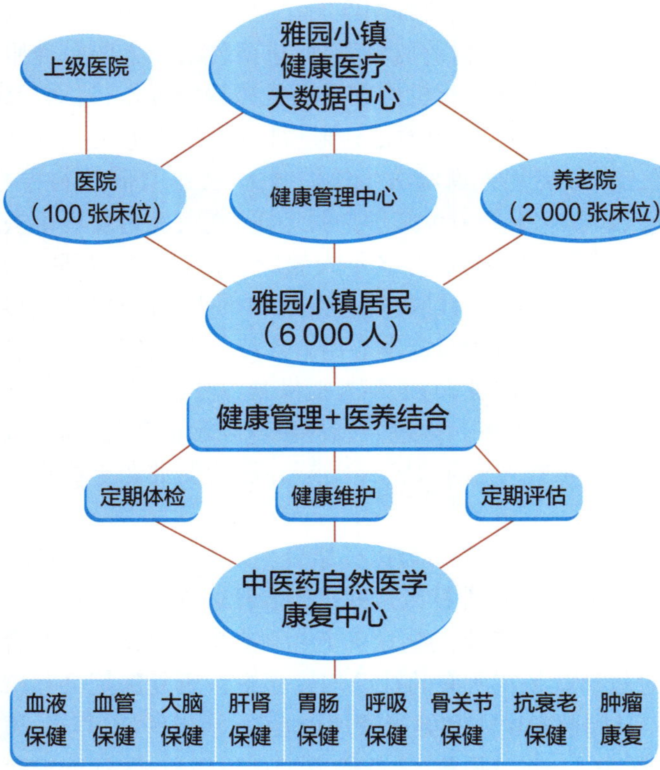

图 13-4-1 武汉天门天池雅园小镇模式规划方案示意图

为了更好地体现规划理念，天池雅园康养小镇设计了促进规划具体落实的服务总纲，其设计理念见图 13-4-2。

二、天池雅园小镇模式的内涵建设

武汉天池雅园小镇模式的基本做法，主要表现在按医养结合的需求规划建设和管理，强化医养结合的模式理念。

（一）创建康养社区

天池雅园小镇的康养社区建有设置 160 张床位的二级中医康复基层医

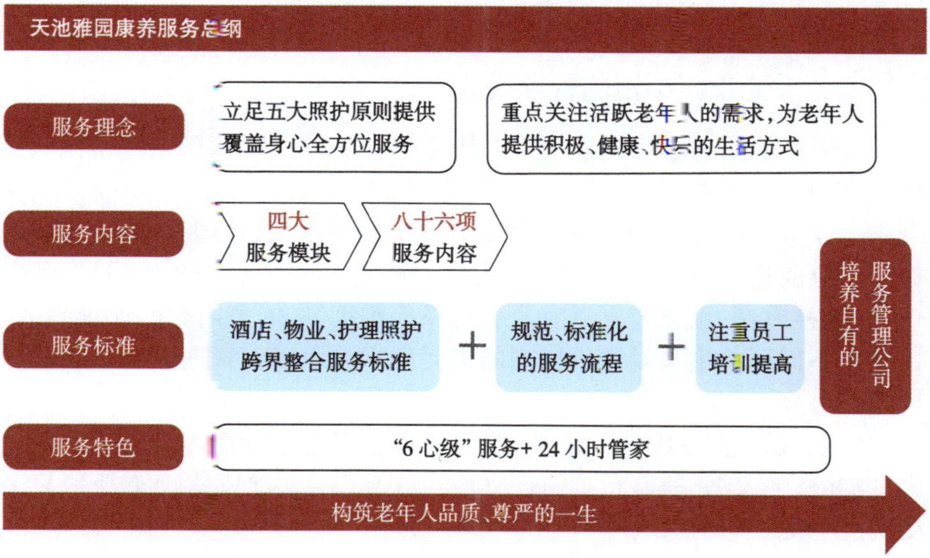

图 13-4-2　天池雅园康养服务总纲示意图

院，配置有240张床位的养老院，设康养旅居床位2 000张，还设有健康管理中心，包括中医药自然医学康复部、体检部、日间照料中心。社区周边建有70年产权住宅2 500套，可入住居民8 000名左右。

健康管理中心贯彻国家“大健康”理念并落实“预防前移”战略，具备优秀的专家团队、专业的医疗技术、先进的诊断设备以及人性化的服务流程。饮食食材全部来自小镇的自有资源，从源头上保证食材品质。中心根据全生命周期健康管理理念和大众需求，设计多种类型体检套餐，由专业团队分析体检报告，并提供个体化健康保健方案。

（二）独特服务内涵

从老人的全方位需求出发，提供包括健康管理、智慧小区、舒适生活、尊荣享受四大服务模块和86项具体服务内容；通过“6心级”服务，用心为长者。形成一套严格的标准和体系，通过以上的理念和实践为长者提供品质尊严的一生。

（三）美化养生园区

为打造乡村田园康养休闲旅居胜地，满足退休人员田园生活要求，一是创建“记忆乡村”环境，构建历史经典场景，二是创建现代田园风光，三是创建商业小街，满足生活需求。

为了与小镇建设理念配套，社区从完善功能的目标出发而建设了商业中心。石门商业街集学校、幼儿园、通信银行、农贸市场、土特产商店及土特产加工等功能于一体,其基本的设计理念即是方便养老生活。

三、天池雅园小镇的管理模式

从天池雅园的运行过程中可以体会到,运营管理是十分重要的因素。天池雅园立足于构建“三位一体”的智慧康养服务评价体系,积极拓展养老服务评价指标范围,通过养老服务评价数据的采集、处理,分析影响智慧康养产业链整合的因素,参考国家出台的相关文件,设计出生活照料、医疗保健、精神慰藉、服务要素以及服务链条等维度共86条内容的评价体系,以满足不同评价主体对评价模型的多元要求。用以下管理原则形成管理模式。

1. 层级管理、逐级负责原则。天池雅园按照确定的组织架构,对各职级人员实行层级管理、逐级负责的管理原则,工作指令逐级下达,每位下级只接受直接上级的管理指令。

2. 职责分工、沟通协作原则。天池雅园的每个职级、每个部门、每一位员工按照职责分工,对自己分担的业务负全面责任,并有义务与其他部门人员协作。

3. 严格考核、坚持奖优罚劣原则。天池雅园每个职级、每个部门、每一位员工的工作都将纳入会馆绩效考核体系,实施严格的监控考核,成绩将受到表彰或奖励,过失者亦将受到相应的处罚。

4. 越级检查、越级申诉原则。天池雅园的每一位上级虽不越级下达管理指令,但可越级检查工作;每位下级虽不可越级汇报工作,但可以越级进行申诉。

5. 服从命令原则。天池雅园要求员工应服从上级工作分配,执行工作指令。确有问题亦可在恰当的时候向直接上级提出质疑或建议,必要时再行使越级申诉权利。

6. 紧急事态指挥原则。天池雅园规定,当服务过程中出现紧急事态时(如火警、财产安全事故、宾客或员工人身安全事故等),在现场的最高职级人员担负指挥职责,现场每个人员必须无条件地服从其指挥、调度。

第五节 区域化医养结合养老模式之特征

虽然以上这些机构分别由政府、企业等不同的主体主导,其规模大小不等,风格也不尽相同,但他们都已经是建设和运行比较成熟的区域化医养结合示范机构。对这些不同的模式进行比较研究,可见其已经显示出以下一些共性特征。

一、服务理念重在面向基层

本章介绍的4个区域化医养结合养老模式的典型代表,不论是作为医养结合示范县的湖南省桂阳县模式、陕西省黄龙县模式,还是作为医养结合示范市的四川省崇州市模式、作为医养结合示范镇的武汉天门天池雅园小镇模式,其共同的特征都是立足于为全体居民服务,属普惠型养老服务机构。

二、战略规划重在资源整合

前述已经建成的4个区域化医养结合养老模式,其战略规划都特别注重结合当地各种资源的整合,包括医疗资源、社会资源、专家资源等。充分利用当地的自然资源和文化资源,在此基础上不断完善有利于促进医养结合工作快速发展的倾斜政策,如加强规划用地保障,完善投资融资和财税支持渠道,优化医疗服务政策,强化保障服务和信息支撑,加大人才培养力度,落实老年人权益,不断提升医养工作水平和健康养老幸福指数等。让有限资源充分发挥作用,达到事半功倍的目的。

三、经营策略重在弹性平衡

作为典型案例,上面介绍的4个区域化医养结合养老模式示范机构,都是突出知识管理内容和要求的轻资产运营,着重通过加强人力资源管理而建立良好的管理系统平台,充分利用已有的社会资源和自然资源,一般不需再行投资新建医疗机构。事实证明,运用这样的弹性策略比较容易平衡运营过程中的投入与产出关系,可以靠“薄利多销”获取收益,虽然不太可能形成高利润,但也基本上没有太大的风险。

四、运行机制重在政府主导

各个示范机构的规划、建设和运营都不能脱离政府主导,而区域化模式尤其依赖政府主导的原因在于:①只有政府主导的区域化模式,才能真正实现稳定的全覆盖,确保90%以上的老年人得到政府的照顾和帮助。②只有政府主导,才能真正体现政府的责任,体现党和国家以人民健康为中心的执政理念和社会主义制度的优越性,这也是人民群众最关心、最放心的模式。③只有政府主导,才能充分调动政府、社会、专家等各方面的资源,实现利益和效益的最大化,切实体现真正的轻资产运营。④只有政府主导,才能实现医疗与养老服务保障体制机制的创新。⑤只有政府主导,才能真正落实党中央国务院要求的建设覆盖城乡的养老服务体系,为“全民健康”和“健康中国建设”奠定基础。

五、决策程序重在系统周密

任何社会实践都需要进行周密的统筹计划，区域化医养结合尤其如此。上述项目在决策过程中综合统筹了以下因素：①项目选址，这是项目工程规划许可的必要前提，须充分考虑与之相关的自然因素、社会经济条件以及项目规模情况等，同时还要考虑到选址区域的环境约束以及项目目标，因地制宜地开展功能规划。②规划设计，必须坚持以人为本，满足居民居住舒适方便，这是最重要的原则。③项目定位，不能脱离定位的需求而盲目追求不现实的目标，尤其应合理执行规划设计方向框定的内容。④便于管理，项目策划必须充分考虑包括后期物业管理在内的各种问题。⑤项目营销，营销规划设计须充分考虑卖点和外观，要严格遵循专业规范和技术要点。

第十四章

医院办养老院医养结合养老模式

中国步入老龄化时代已有二十多年，通过“医养结合”实现周全的老年健康服务已经成为人们的普遍共识，养老院办医院或医院办养老机构已成为医养结合的普遍模式。最理想状态的医养结合，就是将医疗资源和养老资源、将生活照料和康复关怀有机地融为一体。为此，我们在长期的老年健康服务过程中进行了通过医院办养老院而实现医养结合模式的探索。

第一节　市级公立医院办养老院模式
——石家庄市中医医院“医联体”养老模式

纵观我国的医养结合现状，不管是趋于地产化的机构养老还是趋于家政化的居家社区养老，存在的一个共同问题就是缺乏优质的医疗服务，而医院办养老院则是有效解决这一难题的公认良策。为此，公立性质的石家庄市中医医院办养老院的做法为养老行业提供了行之有效的经验模板。

一、石家庄市中医医院基本情况

石家庄市中医医院始建于1956年，是一所在石家庄市建院最早且全国著名的中医医院，具有集医疗、教学、科研、预防、保健为一体的三级甲等中医院资质，是河北医科大学附属医院、河北省示范中医院，已成为石家庄中医药集团的牵头单位。

建院半个多世纪以来，医院围绕“中西医并重，突出中医药特色，聚集学科优势，提升综合实力”的发展战略，依托厚实的中医药文化、成熟的中医药技术和优秀的中医药人才，积淀了深厚的学术底蕴和人文资源，形成了院有专科、科有专病、病有专药的名院、名医、名制剂的专科发展优势。医院拥有10多个国家级和省、市级重点专科，还拥有两个市级中西医结合诊疗中心（石家庄市中西医结合肛肠病诊疗中心、石家庄市中西医结合肿瘤防治中心），是国家信息化建设示范单位、国家中医文化建设试点单位。

二、石家庄市中医医院医联体养老模式的内涵与特色

为了贯彻落实党中央国务院关于推进中医药特色为养老健康服务的要求，石家庄市中医医院以医联体合作的方式向周边社区、农村养老机构拓展中医药健康服务，不仅在老年健康服务中突出了中医药特色，而且有力地帮扶了周边社区和农村的养老机构，对于落实党中央国务院关于把中医药健康服务送社区、送农村、送家庭的战略安排有重大意义，也能有效推动中医药事业的发展。

由石家庄市中医医院牵头组成的医养结合医联体实质上是一种院外院结构体系，具体表现为城市社区医养模式和农村乡（镇）-村医养模式两种形式，这种医养模式的设计理念详见**图 14-1-1**。

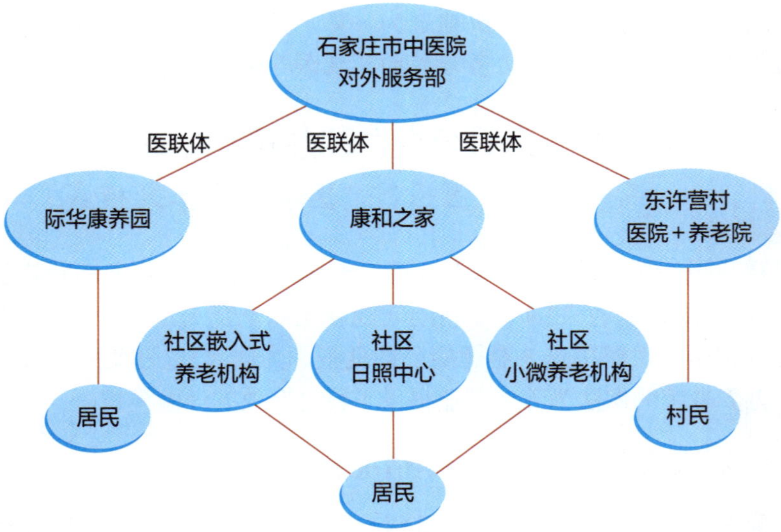

图 14-1-1　石家庄市中医医院医联体模式示意图

从示意图中可以看出，以石家庄市中医院为医联体统筹主体，下辖三个分支机构，即际华康养园、康和之家和东许营村医养机构，其中际华康养园与康和之家属于城市社区模式，服务对象是城市居民；东许营村的“医院+养老院”属于农村发展模式，服务对象是农村居民。在两种城市社区模式中，际华康养园是直接面对居民，而康和之家则是社区嵌入式养老机构、社区日照中心以及社区小微养老机构作为媒介为居民提供服务。下面对城市社区模式和农村发展模式分别作简要介绍。

（一）城市社区医养模式：河北康和之家与际华医养

河北“际华康养”与“康和之家”是两家以城市社区养老为主业的民营养老机构。“际华康养”本着“爱老从际华出发，为老从家庭开始”的理念，依托自身服务资源，主导嵌入式养老的理念，打造“15分钟”养老服务圈，构建社区居家养老新模式，助力老年健康服务事业；“康和之家”是集教学、医疗、康复、养老为一体的新型医、教、养综合养老服务机构，长期秉承“老吾老以及人之老”的传统孝老文化，矢志为老年人创造温馨生活家园的理念，着力打造社区居家养老新模式，为广大老年人提供环境优越、服务优质的居家养老服务。

热衷于养老事业的企业家骆亚南在政府支持下，通过以租用街道办事处以及大小不同的民房住宅起步，先后兴办了20多个大小不等的微小型养老机构，并逐渐将其通过互联网串连起来，现已成为石家庄市颇有知名度的一家社区养老品牌。这种微小型养老机构小巧玲珑，其体系的基本架构包括：市中医医院→机构养老院→街道养老服务中心→社区嵌入式微型照护中心，由此形成四级养老服务体系，并通过“互联网+”实现健康服务数据的互联互通，依托大数据智能服务平台实现信息共享。机构养老院收容接收失能、半失能老年人；街道养老服务中心主要服务居家老年人，服务措施为上门服务；社区嵌入式微小型养老机构通过深入社区，租用民房住宅楼一层办起来的微型家庭式照护机构，主要服务对象是本社区行动不便，又没有经济能力住进大型养老院的老年人。

立足于为社区居家老年人提供更好的服务，养老中心不仅开设有助老餐厅，而且还设有多功能厅、阅览厅、书法厅、按摩及理疗厅，并定期开展瑜伽班、象棋班及书法班等各类文娱活动班。养老中心可为社区数千位老年人提供老年营养餐、日间照料、康复护理以及家政心理辅导等服务，实实在在地解决了“空巢”老年人无人照料、生活无趣及没有活动场所等问题，真正实现了“为老从家庭开始”的高品质养老目标。

市中医医院定期派出专家到各医联体养老院坐诊、巡诊，进行人才培训和技术指导，同时为医联体养老院提供绿色通道。

（二）农村乡村医养模式：河北东许营村的医养

河北省石家庄市栾城区楼底镇东许营村，是我们指导建设的第一个农村“互联网+医养结合”示范村。全村3 600多位村民，其中有60岁以上老年人600多位。东许营村地处石家庄市南部城乡接合部，村民住宅在政府主导下由破旧平房改造成宅基地小产权楼房，村民居住比较集中。为提高村民的健康水平，尤其为老年人创造比较舒适的养老条件，村长穆文娟特邀我们与她一起研究规划并建成了一所有10张床位的村医院，80张床位的养老院，还有价值一百多万元体检设备的健康管理中心和中医药康复楼（图14-1-2）。

图 14-1-2 侯惠如与穆文娟村长签约仪式

东许营村与解放军总医院建立了远程医学会诊关系，利用“互联网+”技术把所有村民家庭信息与医院和养老院数据实现了互联互通、信息共享、远程咨询和动态监控，形成了医养康一体化服务的运行机制（**图 14-1-3**）。这种模式运营 10 年来，受到村民广泛欢迎和好评，养老院一床难求，许多外村老年人也十分希望入住这一养老院。

三、探索医联体服务模式的经验体会

1. 农村有强劲的养老需求和广阔的养老服务市场。东许营村医院、养老院和健康管理中心三个版块的业务中，养老院发展最好，是三个版块中盈利水平最高的。而养老院能够盈利，最根本的原因是有村医院的医疗支撑，医生每天来查房，老年人的各种慢性疾病都能得到及时治疗。有比较充分的医疗照护，老年人在接受服务的过程中心情愉悦，家人也感到放心，因此受到社会各方面的欢迎。

2. 村医院虽然盈利低微，但作为养老院的功能配套却极为重要。如果没有村医院承担医疗保障，养老院就不会有生存与发展的前提条件。村医院虽然做不大，但却可以支持养老院做得更好，两者结合更有利于医养结合养老事业的发展，至少可以解决农村普通村民的医养问题。

3. 健康管理中心在农村比较难以运行，主要原因是员工缺乏专业培训，对于健康体检、健康评估和健康服务都很难进行规范操作。这种情况说明，在农村要实现“全民健康管理”确实有很大的难度，因此需要政府主导并且实行由上而下的健康管理系统，对基层的健康管理人员要进行系统的管理、培训、考核和指导。

图 14-1-3　石家庄市中医医院副书记冯涛、东许营村村长穆文娟与课题组侯惠如等

4. 村办医养结合机构不仅解决了村民养老问题，有效地提高了广大农村老年人的健康水平，更改变了农民养老的观念，许多老年人老有所靠，老有所依，老有所乐。养老院成了社会主义新农村一道快乐幸福的风景线。

5. 要解决农村老年人的健康养老问题，必须大力强化政府的主导作用，必须以县-乡-村医疗机构为依托，旁边建立养老机构，构成县-乡-村三级医养结合养老机构体系。只有对基层医疗机构和养老机构实行统一指导、统一培训、统一监管，才能落实党中央国务院提出的建设覆盖城乡养老服务体系的目标和任务。

以上是我们为解决农村养老问题而在河北石家庄东许营村研究实践10多年得出的经验和体会。实践证明，要切实解决农村医养结合健康养老问题，唯有强化县委、县政府的主导作用，以县-乡-村现有医疗机构为依托，在近旁建养老机构，形成覆盖城乡的医养结合养老服务体系。

第二节 县级公立医院办养老院模式

——河北省沧州市南皮县人民医院“医共体”养老模式

社会的人口老龄化催生了一系列与之相关的新生事物，医养结合就是在老龄化时代背景下新创的一种养老服务社会机制，而开展公立医院办养老院的医养结合，则是我们在老年健康服务过程中积极探索而形成的一种全新服务模式。根据2019年5月国家卫生健康委、国家中医药管理局《关于推进紧密型县域医疗卫生共同体建设的通知》，河北省南皮县被遴选为全国紧密型县域医共体试点县。其后历经数年努力，南皮县建成了南皮县人民医院县-乡-村一体化“医共体”养老模式。

一、南皮县人民医院基本情况

河北省南皮县人民医院始建于1945年9月，是一所集医疗、教学、科研、预防保健、急救和康复为一体的三级综合性医院。医院建筑面积8.1万平方米，开放床位800张，在职职工近1 000人。年门诊量为101.9万人次，出院患者3.23万人次，手术总量10 532例。医院配备有核磁共振、螺旋CT、电子直线加速器、全自动生化分析仪、数字化彩超、磁控胶囊胃镜系统、移动医疗车、5G车载CT移动卒中单元等国内先进诊疗设备。在长期坚持为人民健康事业服务的过程中，医院先后获得全国精神文明建设工作先进单位、全国“五四”红旗团支部、河北省先进基层党组织、河北省首批“百佳医院”等百余项殊荣。2019年1月被河北省卫生健康委纳入三级医院管理。2022年1月被市政府命名“沧州市第四医院”。2021年二级公立医院绩效考核监测指标为全国第26名、全省第2名。

医院是国家首批“示范卒中防治中心”、河北省首批省级助理全科医生培训基地、沧州医学高等专科学校非直属附属医院、全市首家通过中国胸痛中心(标准版)认证的医院。拥有一支以河北省省管优秀专家、河北省有突出贡献中青年专家、河北省“三三三人才工程”人选、市县专业技术拔尖人才为代表的精英团队。心内科、神经内科、急诊科、神经外科、麻醉科、医学影像科被列入全市临床重点学科,耳鼻咽喉科被列入全市重点发展学科。作为首批省级医联体建设试点单位,与中国人民解放军总医院、北京协和医院、北京积水潭医院、北京儿童医院、中国康复研究中心建立远程会诊,并与河北医科大学第四医院建立对口帮扶关系。河北省南皮县人民医院全景见图14-2-1。

图14-2-1　河北省南皮县人民医院全景

南皮县人民医院以院中院格局建有康复养老大楼,用于失能、半失能人群的康复养老;以县域医共体为载体,依托成员单位医疗资源,在乡镇卫生院嵌入养老院;在双庙文旅小镇设立村级医养结合服务中心;在离医院最近的阳光豪庭小区,打造日间照料中心;对于没有入住医养机构的老年人,开展护士到家、康复到家、上门助老等服务,为行动不便的老年人提供周到的服务。

二、南皮县人民医院“医共体”养老模式架构体系

南皮县通过县级综合医院、乡镇卫生院医养结合服务中心、村级“幸福院”、社区日间照料以及家庭医生的上下联动,将医疗技术检查、先进设备与康复训练、养老服务等相融合,形成可移植推广的县-乡-村建设一体化和

"医-康-养"服务一体化的新型医养结合服务体系，实现对城乡老年人健康服务"全覆盖"的目的。

南皮县人民医院作为河北省第一批医共体试点单位，从2018年8月14日就组建了以县人民医院为主体，大浪淀卫生院、潞灌乡卫生院及其所辖村级卫生室为成员的医疗共同体试点。试点的目标是探索实践出一套基层首诊、双向转诊、急慢分治、上下联动的分级诊疗机制，能够实现优质医疗资源不断下沉，使群众就近便捷就医、获得优质服务、节省医疗费，是一项惠民、利民的改革工作。最终的改革目标是实现县-乡-村建设"一体化"，健康管理"一张网"，医养服务"一条龙"。

南皮县人民医院医养结合基本架构体系示意如**图14-2-2**所示。

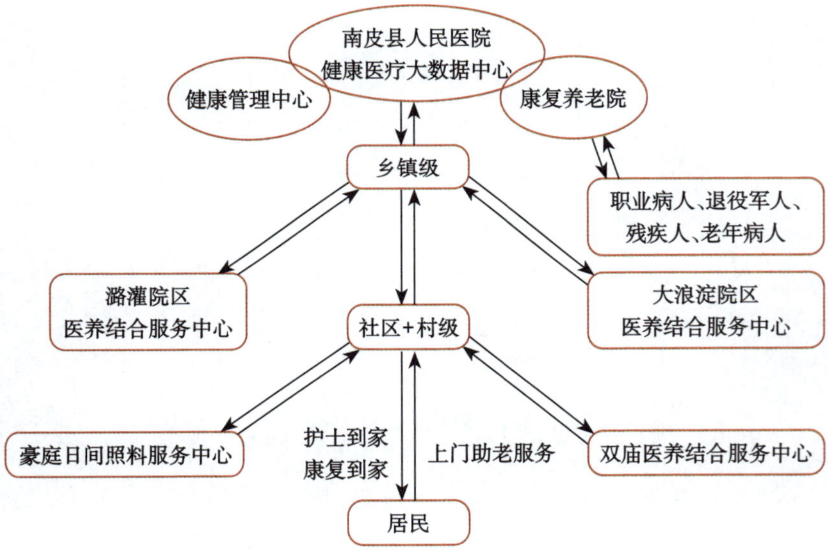

图14-2-2　南皮县人民医院医养结合基本架构体系示意图

医院坚持以医疗为保障、以康复为支撑、以生活照料为基础的积极干预措施，使老年人能够切实通过完善的综合治疗和周全的生活照料，实现"医养一体化"的养老模式。其中，医院的医疗措施包括医疗、康复、保健服务，具体有医疗服务、健康咨询服务、健康检查服务、疾病诊治和护理服务、大病康复服务以及临终关怀服务等；而对老年人的养护措施包括生活照护服务、精神心理服务、文化活动服务等。医院一直不断完善运行机制，强化医养职能，健全和完善养老保障体系和养老服务体系，积极为处于大病康复期的患者，慢性病、易复发病患者等无法在传统养老模式中得到良好照料的失能、半失能老年人提供优质服务，为老年群体的养老生活提供完备的医疗保障和生活保障，确保他们在养老过程中健康无忧。

三、南皮县人民医院“医共体”养老模式主要特征

（一）医养结合机构建设“一体化”

在南皮县医院内，建设了康复大楼（养老院），为全县及周边人群创造更便捷更优质的康复养老环境；在医共体成员单位潞灌卫生院区，建设康复大厅，辐射南皮县东南部3个乡镇；在双庙村“幸福院”建成医养结合服务中心，由经过专业培训的人员为住养老年人提供康复服务（图14-2-3）；在豪庭社区建有日间照护中心，配备了康复设备，由县人民医院专家为老年人开展康复理疗、针灸、中医诊疗及中药配送等服务。努力将县人民医院的医养功能延伸到乡村所有老年人，形成县乡村老年健康服务“一体化”。

图14-2-3　南皮县乡村级医养结合“幸福院”外景

（二）全县健康管理“一张网”

南皮县人民医院将互联网、物联网与康复技术有机融合，形成支撑平台。通过自研的慢病管理系统，覆盖全县中老年人，形成全县健康管理“一张网”；建立了全县65岁以上老年人健康档案数据库，可穿戴物联网设备实时与管理网络同步，当出现危机值时，慢病管理中心接到报警，根据精准定位，第一时间就能及时进行危机干预。

每周组织医护专家进行巡诊、开展健康养生及疾病预防等方面的健康宣教。老年人入住时，家属与医院签署协议，授权医院在紧急情况下免签字，直

接开展救治，由医院垫付医药费。“免签绿色通道”机制大大提升了救治效率，避免了因等待家属而延误治疗的情况出现。

（三）做好医养服务“一条龙”

对于居家的老年人，开展“护士到家”“康复到家”等服务项目，为行动不便的老年人提供上门服务。对于已入住老年人，根据老年人的兴趣爱好、身体情况、学习需求等特点，在各级医养结合服务中心，组织开展各种文化娱乐活动。比如送戏进社区、书法联谊会、春游赏景、给老年人举办生日庆祝……通过这些丰富多彩的活动，尽可能满足老年人多元化的服务需求。

四、南皮县人民医院“医共体”养老模式主要经验

（一）坚持高位推动，精心谋划部署

党的二十大报告提出，“积极应对人口老龄化国家战略，发展养老事业和养老产业，优化孤寡老年人服务，推动实现全体老年人享有基本养老服务”。在党的二十大精神指引下，南皮县人民医院成立了以刘玲院长为首的“创建全国医养结合示范机构·南皮模式”领导小组，决定将推进医养结合作为优化老年健康和养老服务供给的重要举措，在县、乡镇、农村、社区构建“医中有养”“分级分类”“医养牵手”嵌入式服务模式，并以此覆盖全县，让老年人在家门口就能享受到质优、便捷、多元的医养结合服务，安享幸福晚年（图 14-2-4）。

图 14-2-4 南皮县人民医院院长会议

（二）依托优质医疗资源，提供高品质养老服务

自 2019 年被确定为全国首批县域紧密型医共体建设试点县以来，南皮县人民医院不断加快急诊、急救和慢病管理专科能力拓展，引进全国县级医院首个 5G 车载 CT 移动卒中单元，强化康复医学服务能力提升，推进高标准医养结合试点机构建设。

（三）服务突出精准化，关爱突出暖心化

南皮县人民医院始终把"医者仁心，服务患者"理念贯穿于医养结合的具体行动。有的住养老年人身患多种疾病，服用多种药物，有的药物之间互相冲突，疗效无法保障。针对这一问题，医院组织各专科专家进行会诊、讨论、综合分析，明确疾病诊断，制定合理的诊疗用药方案，尽量减少不必要用药，确保疗效，为住养老年人解除烦恼。医养结合服务中心确保适老化和无障碍化，符合消防、卫生等安全规定和相关标准。根据需要配置监控设备、定位设备、呼叫系统等。根据老年人的兴趣爱好、身体情况、学习需求等特点，定期组织老年人进行棋牌、歌咏、唱戏、健身手指操等健康娱乐活动，做到活动常态化、形式多样化，满足了老年人多元化的服务需求。

在党的二十大精神鼓舞下，南皮县人民医院将在助推养老事业高质量发展的道路上扬帆远航，依托医院和医共体成员单位的医疗资源，不断扩面提质，做好普惠服务，带动南皮全域包括农村医养结合均衡发展，努力打造县-乡-村-居家服务四位一体的养老服务模式，积极创建以医养结合为特色，全民健康为目标的全国医养结合示范县，在全国发挥引领和示范作用。

第三节　市立医院办养老院模式

——四川省彭州市人民医院"院中院"养老模式

早在 2018 年，成都市发布的《老年人口信息和老龄健康事业发展状况报告》显示，成都市的老龄化水平已高于全国平均水平。而分析成都各区、市、县的老龄化状况，占比排在第一位的即为彭州市，可见彭州市的老龄化趋势较其他地方更为严峻。针对老龄化程度不断加剧，老年人对医疗和养护的需求与日俱增，传统养老机构医护能力不足，现有医疗机构又不具备养老功能的社会现实，彭州市人民医院根据党中央国务院关于推进医养结合，创建全国医养结合示范机构的要求，决定以彭州市人民医院为支撑，创建"院中院"养老院模式。经过几年的努力，这一探索已经取得了很好的效果。

一、彭州市人民医院基本情况

彭州市人民医院最早可追溯于 1908 年的仁济医院彭县分院，经过百余

年的建设和发展，已建设成为一所集医疗、教学、科研、预防、保健、康复、养老为一体的三级甲等综合性医院，拥有价值近 3 亿元的先进医疗设备，并享有全国十佳互联网医院殊荣。医院的布局坐落已形成城南院区、金彭西路院区、祥福院区等“一院三区”格局，三个院区占地面积 250 余亩，实际开放床位 1 106 张；现有职工 1 335 人，其中卫技人员 1 195 人，具博士或硕士学位者 121 人；拥有高级专业技术职务者 204 人。人才优势和硬件设施为开展医养结合和医养融合奠定了坚实的基础。

现有 4 个国家级中心（胸痛中心、综合防治卒中中心、房颤中心、高血压达标中心）。四川省医学重点专科 2 个（妇产科、骨科），成都市中医重点专科 1 个（康复科），成都市医学重点专科 3 个（呼吸内科、康复科、临床药学科），成都市医学重点专科建设单位 3 个（肛肠科、急诊科、心血管内科），成都市县级临床重点专科建设单位 3 个（普外科、消化内科、重症医学科），成都市市级临床重点专科建设单位 2 个（眼科、心血管内科），彭州市医学重点专科 8 个（心血管内科、老年医学科、重症医学科、呼吸与危重症医学科、神经外科、肝胆胰外科、消化内科、急诊科）。雄厚的学科建设资源为发展以医养结合为核心的老年健康服务事业奠定了良好的学术基础（图 14-3-1）。

图 14-3-1　彭州市人民医院城南院区全景

彭州市人民医院是四川省第一批老年友善医疗机构、四川省第一批医养结合服务示范机构，2021 年被评为“成都市老年照护区级培训基地”；荣获全国第二批医养结合远程协同服务试点和成都市安宁疗护试点单位；荣获天府榜样传媒大奖“最佳服务养老机构”，“最佳服务养老机构”，2022 年成为雅安职业技术学院“医养示范性产教融合实训基地”。作为今后的发展战略，医院将以国际视野建国内一流县域综合性医院为目标，创建医院重点特色专科，加强精细化管理，全面提升医疗质量和服务能力，促进医院高质量发展，提升患者就医的获得感和安全感。建有温度的医院，做有磁性的人，为建设健康彭州、幸福蓉城而不断努力！

在彭州市人民医院的结构布局中，最具健康养老服务特征的专业化机构即祥福照护中心（也即养老院），它是彭州市唯一一家公办公营的医养结合型养老机构（图 14-3-2）。中心位于彭州市天彭镇寂光社区，占地面积 5 万平方米，建筑面积 1.2 万平方米，绿化覆盖面积超过 70%。中心有养老床位 280 张，其中独栋四合院床位 160 张，医疗床位 99 张。中心由医疗区、养老区和颐乐区组成，医疗区设有老年医学科、康复科、检验科、放射科、超声科等；养老区分为失能区、半失能区、完全自理区；颐乐区则按照古典庭院式景观打造，古色古香，景色宜人。中心不仅条件优越，并且配备有彭州市人民医院的专业医生，以及经验丰富的养老服务团队，可以满足老人们各方面的需求，让天下老人老有所依、老有所养、老有所乐。中心已被四川省卫生健康委员会认定为“四川省第一批医养服务示范单位”。

图 14-3-2 彭州市人民医院祥福照护院区全景

祥福照护中心自成立以来，始终坚持悉心为老人服务，由此获得了社会的广泛赞誉：2018 年，中心被评为“四川最佳康养目的地”，荣获天府榜样传媒大奖“最佳服务养老机构”；2019 年 1 月在《养老大数据：2019 成都市养老机构评价报告》中，中心被评选为成都市养老机构综合排名第一名；同年在中国国际养老产业发展高峰论坛上，彭州市人民医院祥福照护中心被评为“2019 中国养老十大品牌”之一；2020 年获得四川医养融合创新服务示范单位和 2020 抗击新冠肺炎疫情先进养老机构荣誉称号；2021 年被成都市老龄委授予“成都市老年照护区级培训基地”，为成都市三家区级培训基地之一（图 14-3-3）。

图 14-3-3　创建全国医养结合示范机构工作协调会

二、彭州市人民医院“院中院”养老模式体制建设基本特征

（一）“医养康护”覆盖全市

彭州市人民医院“院中院”养老机构接受成都市老年医学质控中心的统筹指导，据此，彭州市人民医院与彭州市 24 家基层医院建立了“1+1+N”的医联体模式，推进彭州区域老年疾病防控“养护医康”工作走深走实。医院配合民政部门定期到彭州公立敬老院等养老机构上门健康体检，建立健康档案，解决部分老年人看病就医存在的困难。医院还充分发挥在彭州天然具有的地域技术优势，积极联系彭州全域基层乡镇医疗机构开展业务查房、健康巡诊、双向转诊以及接受基层医疗机构的专业技术人员进修学习，促进医联体单位之间互相学习，取长补短。医院组织具高级专业技术职务的医护人员主动下沉，逐步实现医疗水平同质化管理。实践证明，唯有让乡村、社区、敬老院的老人在家门口就能享受到高品质的“养护医康”服务，才能从根本上较好地解决老人们面临的实际问题，使其老年生活更加踏实舒心。

（二）“一院三区”高效互通

彭州市人民医院由城南院区、金彭西路院区、祥福院区构成的“一院三区”总体布局，既有利于人、财、物统筹互济的强力支撑，又能充分调动各方面资源而为老人们提供精细化、专业化、多样化的养老服务。以祥福养老院区为例，祥福照护中心专注于将老人健康档案全部实现电子化管理，老年医学科的医生全面受理养老区老人的健康维护，固定值班医生每日在养老区查房并进行心理辅导，各专科高级职称医生定期巡诊解决面临的专科需求。正是由于全院32个临床科室以及各辅助科室紧密协作，做到医疗养老各项功能无缝衔接，健康管理不留死角，从根本上保证了祥福之地的温馨和谐，进而让入住老人们更加放心地享受养老生活，并确保其家属安心。

(三)“四好优势”关爱备至

彭州市人民医院充分利用祥福照护中心好环境、好医疗、好保障、好生活的“四好优势”，尽可能将老年健康服务品质提升到应有的高度。这里有古朴典雅、凸显川西风格的四合院和古典庭院园林，设置有健身广场、清风回廊、健身绿道、文化景墙、芳香疗养花园、颐心亭、艺术浮雕、开心农场等专为老人精心打造的住所及活动空间，让老人们充分体验环境与人文相辅相成的温情、贴心和细致。老人们如果出现健康方面的问题，随时都可享受到三级综合医院提供的高水平诊疗服务。中心定期对入住老人进行自理能力、精神状态、感知觉与沟通、社会参与能力等各项评估，个性化地确定不同的照护级别，给予不同的医疗巡查和生活照料。经常组织健康讲座、主题联欢、八段锦、肩颈操、棋牌比赛、看电影等各类丰富的康体活动，在丰富老人们物质生活的同时，使其精神生活也更加丰富多彩，进而快乐、自在地享受人生。

三、“院中院”养老模式主要服务优势

(一)医养服务高质快捷

彭州市人民医院为确保老人在养老院得到高品质的养老生活，为养老院配备了心电图、B超、X线机等医学影像仪器设备，其运行机制上允许养老院与彭州市人民医院本部共享CT机、磁共振等大型医学检查设备。医疗区开放有99张诊治床位，分别设置有老年医学科、中西医结合病房、内外门诊、妇科门诊、康复门诊及治疗等；养老区设280张养老床位，24小时开放运转，接收在传统养老模式中无法得到良好照料的长期卧床患者、晚期姑息治疗患者、慢性病患者、生活不能自理的老年人以及其他需要长期护理服务的老年患者，为其提供医疗护理、康复促进、临终关怀等高品质服务。

(二)绿色通道优质高效

彭州市人民医院养老院分失能区、半失能区、完全自理区，专业人员对入住老人的身体状况及个人需求进行专业评估后办理入住手续，为入住老人开通了预约就诊绿色通道，同时依托院本部提供医疗技术、辅助检查等。入住老人一旦突发疾病，将立即启动医疗救治程序，与医疗区实行无缝衔接，病情严重者以急诊绿色通道收入彭州市人民医院本部治疗，疾病恢复后又回到祥福照护中心进行康养。

(三)“五位一体”齐头并进

彭州市地处国家级中心城市成都市管辖区域内，老年人口占比和规模皆

日益增大。以祥福照护中心为代表的市人民医院养老院功能和设施日臻完善,致力于为老人提供集医疗+康复+照护+养老+安宁“五位一体”的全方位服务。这一全新的功能模式明显减少了老人年平均住院次数,使肢体活动障碍的老人在进行康复训练后得到了有效恢复,护理等级降低,从而减轻老人的经济负担。部分老人在突发疾病后因得到及时救治而降低了并发症的发生,提高了老人生活质量,最大限度地满足了老年人健康养老服务需求。

(四) 医养康养无缝衔接

彭州市人民医院与其旗下的祥福照护中心上下联动,紧密配合,致力于加强服务细节的品质优化,全程贯穿老人生活照料,全面提升入住老人的幸福感和满意度。通过完善“医康养相结合”的服务机制,不断丰富康复调理、康乐活动、慢病管理、心理疏导等项目的服务内涵和品质;中心在医养区大力推进中医养生和现代康复,建设临终关怀病房,注重医疗和照护人才的综合素质培训,注重医养无缝衔接和流程优化。为了更好地服务老人及其家庭,中心申报并获批而建立了成都市首批安宁疗护病房,这一项目主要是针对预计临近生命终末期的患者和老人提供的一项人性关怀服务,从而提高生命末期的生存质量,使患者和老人能够安宁、有尊严地度过生命末期,并且使家属的身心健康得以维护。

四、“院中院”养老模式对医院整体发展的推动作用

(一) 智慧医疗推动了智慧养老

智慧医疗普遍走在智慧养老前面,“一院三院区”模式有力地带动了智慧养老的发展。彭州市人民医院积极发展新型移动互联网技术,探索建立智能化医养结合服务体系,以物联网、移动互联网、云计算为核心技术搭建智慧健康养老综合服务云平台。

智慧养老服务云平台系统正在逐渐应用于居家养老、机构养老、社区日间照料、医养结合、旅居养老、老年辅具租赁等领域的高新技术,它不仅可以全天时动态收集、分析与养老服务相关的各种信息,而且系统在运行过程中会自动产生并实时更新各种数据,进而通过对基础数据、动态数据、服务数据等进行处理后以其系统性、灵敏性和准确性指导养老机构各项工作,同时还能通过对各种数据的分析,对入住老人的生活习惯、行为方式、兴趣爱好、健康状况进行精准监测。老人入住后,采用无线感知监护,在给老人提供日常行踪监测的同时,不会暴露老人隐私。同时,老人在不需要佩戴任何监测设备的情况下,就能实现呼吸、心率的精准监测、以及是否在床或是离床监护、监测数据异常报警等,保障了老人的安全,同时方便了护理人员的管理,真正的达到智慧化养老。

（二）医疗专业强化了养老专业

彭州地处成都平原与龙门山过渡地带，北部群山争拱，南部一马平川，历来素有“天府金彭”的声誉。彭州市人民医院养老院，属于远离城市喧嚣的彭派之城，与彭州的自然优势和人文底蕴融涵交会，是发展养老服务事业的胜地。

为了充分发挥自然和人文的双重优势发展老年健康服务事业，彭州市人民医院在养老区内设置了 2 000m² 的配套棋牌娱乐设施，从老人的心理、生理、社会适应等层面出发，将老人置于情随境悦、心随境安的忘我情境中，满足他们对积极人生的认知、情绪调节和社会功能需求。由于传统的养老模式缺少专业技术含量，彭州市人民医院推行医养结合后，以医院本部标准化、规范化的医疗服务，定期派专业技术骨干轮流到养老院坐诊，从而带动了养老服务的标准化和规范化。养老院还定期与学校、志愿者团体、老年协会联谊、老人的家人互动，开展失智干预、文娱活动、节日庆贺、手工制作、兴趣爱好活动等多种服务内容，丰富老年人业余生活，让老人处于生动活泼的情境生活中，减少负性情绪和老年心理疾病的发生，体现了全方位、多角度的身心健康养老。

（三）医养结合促进了医养融合

彭州市人民医院依托本部院区国家三级甲等医院的综合实力，将与老年人疾病诊疗密切相关的临床科室设置在祥福照护中心，这是彭州地区唯一一家公办公营且实现“医院+养老院”医养结合机制的老年健康服务机构。医院将家庭化的环境设施、专业化的医疗康复、亲情化的服务品质统筹结合，使医疗养老、慢病监管、家庭生活有机地融合为一个整体，充分保证老人们既能享受到高品质的医疗资源，又能感受到家庭化的温馨服务。中心坚持管理程序简化，医疗服务周全，处处渗透着家一般的温度，全心全意使入住老人身心愉悦、老人家属放心安心。社会实践效应充分证明，祥福养老院已成为彭州推行医养结合的一张名片，且正在推动养老服务事业进一步标准化、规范化并辐射到全市。

彭州市积极推行智慧健康养老、结合实际发展不同主题的嵌入式医养融合模式。近年来逐步运行成熟的“医疗机构+养老机构”综合体，以一流的设施、一流的服务、一流的环境、一流的品牌打造新型医养结合养老机构，已成为当地能满足老年人多项需求的不二之选；已经初具特色的“家庭医生团队+居家养老”协作体，充分利用乡镇卫生院（社区卫生服务中心）医疗卫生服务网络，积极推进家庭医生签约服务，根据签约老年人的年龄、健康状况、生活自理能力及保健需求，制定个性化的健康指导方案，同时积极创建“百变”家医工作机制，让家医服务贴近村民生活，开创了全民健康融入式服务新格局。

第四节　混合制中医医院办养老院模式
——河南省登封市中医医院“自然医学康复”养老模式

为了破解日趋严峻的老龄化困境，河南省登封市中医院，为混合制医院。近年来积极探索以“嵩山扶正自然疗法”为主要内容的“自然医学康复”养老模式，坚持以中国传统中医扶正理论为基础，汲取嵩山地区禅、道、武、医文化精髓，结合现代医学理论，以“医、养、炼”为主要手段，通过“正身、正气、正源、正心”等综合性措施，提升老人先天和后天的整体机能，从而激发和增强其自愈能力和自我修复能力，实现治未病、疗慢病、促康复、抗衰老的目的。

一、登封市中医院基本情况

登封嵩正中医院创建于1982年，2020年12月17日由原名称登封市中医院变更为嵩正中医院，现已发展成为一所“中医特色优势突出，综合服务能力完善”的三级中医（综合）医院，设置床位1 500张，由三个院区组成，包括嵩正中医院、嵩正康复医院和慢病康复医院（自然医学研究院）。嵩正中医院以综合性中西医诊疗为主；嵩正康复医院为以传统中医药康复诊疗为主；慢病康复医院以自然医学研究应用和活力老人医养旅居为主。2018年跨入全国县级中医医院500强行列，并蝉联河南省县级中医院综合实力前3名，是河南中医药大学、河南科技大学和黄河科技大学的教学医院，并已被批准为国家药物临床试验基地（图14-4-1）。

图14-4-1　登封市中医院外景

医院建筑面积12万平方米，总开放床位1 500张。配备有多种常规的大型诊疗设备。

目前医院设有专业科室53个。其中已有12个临床科室开展三级、四级手术，更突出的是中医特色科室，包括针灸康复科为国家中医药管理局农村医疗机构中医特色优势重点专科；颈肩腰腿痛科、耳鼻喉科为河南省、郑州市特色中医专科；肝病科为郑州市中医重点专科；肛肠科、骨伤科为郑州市特色中医专科。

医院拥有强大的专家团队对口帮扶：包括依托中国老年保健医学研究会与301医院7个专业的专家团队建立的帮扶关系；糖尿病大庆实验研究首席专家李光伟教授团队建立的帮扶关系；河南省肿瘤医院刘仁民教授团队建立的帮扶关系等。还有与军事医学科学院、中国中医科学院、北京中医药大学、北京空军总医院、河南中医药大学、河南省高血压防治中心、中国人民解放军联勤保障988医院(原153医院)等专家团队建立的合作关系；有与河南中医药大学第一附属医院、第二附属医院(河南省中医院)、第三附属医院，河南省中医研究院、郑州市中心医院、郑州市人民医院、郑州市中医院、齐齐哈尔市中医院等建立的协作关系。

二、自然医学康复模式研究与应用

嵩山扶正自然疗法以中国传统中医理论为基础，汲取嵩山地区内蕴深厚的医、道、禅、武文化之精髓，与现代医学理论有机结合，形成了颇具自身特色的理论基础和操作方法。这套理论基础和操作方法以“四正”(即正身、正气、正源、正心)为核心，通过“三道”(即医、养、炼)进行综合施治，整体提升人的身体机能，激发人的自愈潜能，并增强机体的修复能力，为实现治未病、疗慢病、促康复、抗衰老探索了一条新的路径。

(一) 以“四正”为特征的理论体系

嵩山扶正自然疗法的指导思想和特征可概括为“四正”理念，它所奉行的服务宗旨即坚守以病为友，让慢病患者通过合理锻炼并优化生活方式而调动自身的生物修复潜能，从根本上摆脱药物困扰，最终远离医院，在此过程中读懂自己、认知生命、自医医人。通过医学专家指导下的扶正措施，让老年人老有所用，老有所养，颐养天年。所谓“四正”理念具体可包括：正身、正气、正源、正心。

(二) 以“三道”为核心的操作系统

嵩山扶正自然疗法的操作策略可概括为“三道”方案，这是付诸实践的根本方法。“三道”操作系统的具体内容包括：

1. 医　这里的“医”，既包括自然医学，也包含传统中医医学和现代医学，其主要思想着重体现为靶向精准、纠偏扶正。操作过程即按照传统中医四诊合参和现代医学检测技术相结合的方式，对患者进行中医体质辨识和理化指标检查，专家医师团队进行全方位评估诊断后，制定出个体化的医疗康复方案；尔后针对骨骼病变和寒湿瘀堵造成的经络不通，通过传统中医正骨、经络推拿等手法技艺、脐疗、针灸、特色热疗（盐疗、蜡疗、麦饭石疗法）等中医治疗手段及现代理疗技术的综合施治，使湿寒淤堵自除，达到骨正筋柔；再根据辨证论治，采取相应的中药外敷或名方验方内服调理，提高疗效。

2. 养 “养”包括两个方面：①从具体方法而言，既指养生，也指调养。养生的出发点在于颐养生命、增强体质、预防疾病，而调养的落脚点则在于通过调治保养，增进身体健康。②从预期目标而言，既指养身，又指养心。养身即根据患者病情，结合不同体质，运用医学药膳配方，调整肠胃菌群，补充氨基酸，增加细胞营养，提高细胞活性，提升机体免疫力，而养心则在于通过静修、音乐疗法、情志疗法等嵩正养心功法训练，使人体处于轻松活泼的自然状态，全身协调平衡，消除健康隐患。

3. 炼 “炼”主要指修炼，包括身体锻炼和心智修持，其意义在于提升先天机能。一是通过饮食干预和呼吸调节，配合嵩正内养功法，排除身体毒素和垃圾，达到身体脾胃和健、气血通畅的目的。二是通过持续的少林禅武健身运动、中医、道医养生功法、现代医学运动疗法等养生手段进行全方位身心锻炼，达到身体气机通畅、脏腑功能协调，提升正气、祛除疾病。三是通过有氧运动锻炼身体，培养积极向上的心态，达到心平气和状态，通过禅修、诵吟经典等方法来调理情绪、修炼心智。培养良好的生活方式及处世态度，增加正能量，减少负能量。

三、“四正·三道”扶正自然疗法的探索历程

2010 年，嵩山扶正自然疗法吸纳南怀瑾先生有关生命科学的理论研究成果，并与中医临床实践相结合，在嵩山地区组织受试者接受体验。

2012 年，研究团队又把道家养生和自然疗法的理论和技术融入嵩山扶正自然疗法，并组织大批慢性病患者和健康需求者开展系统化临床应用验证。经过一批致力于禅道武医养生文化研究和探索生命科学的专家学者共同努力，逐渐构建起了嵩山扶正自然疗法理论体系，并制订了一套简略的临床应用规范。

2016 年 4 月 23 日，中国老年保健医学研究会在河南省登封市隆重举行了“登封嵩山现代医疗保健研究基地揭牌仪式暨嵩山扶正自然疗法研讨会”，并形成了《嵩山扶正自然疗法研讨会意见》（图 14-4-2）。

图 14-4-2　嵩山现代医疗保健研究基地揭牌仪式

2016 年 5 月，国家卫计委副主任兼国家中医药管理局局长王国强专题听取了嵩山扶正自然疗法相关情况汇报，把项目名称由“嵩山扶正疗法”改为“嵩山扶正自然疗法”。

2016 年 9 月 19 日，以“医-养-炼”综合运用为慢病防控治疗模式的慢病内科成立，使慢病防控进入临床实践模式。

2017 年 6 月，《嵩山扶正自然疗法临床应用指南》正式发行。

2017 年 10 月 30 日，“第二届嵩山扶正自然疗法基层慢性病防控成果与推广研讨会”在河南登封顺利召开。国家卫生计生委家庭发展司副司长莫丽霞参加研讨会并作重要讲话（图 14-4-3）。

图 14-4-3　第二届嵩山扶正自然疗法基层慢性病防控成果与推广研讨会

2018 年 11 月 11—12 日，首届全国自然医学与老年保健高峰论坛暨第三届嵩山扶正自然疗法研讨会在登封召开（图 14-4-4）。第十一届全国政协副主席李金华、国家卫健委老年健康司专员王谦等领导出席会议并讲话。

图 14-4-4　全国首届自然医学与老年保健高峰论坛暨第三届嵩山扶正自然疗法研讨会

2020 年 9 月 26—27 日，国家卫生健康委党组成员、全国老龄办常务副主任王建军赴河南省登封市中医院调研。王建军强调，要落实大卫生、大健康理念，提高人民群众特别是老年人的健康素养，让每个人都成为自己健康的第一责任人；要加快老年健康服务体系建设，打通居家和社区医养结合服务环节，提升健康养老服务质量；要加强社会公共服务设施适老化改造，满足老年人多方面、多层次服务需求。

经过专家团队较长时期的悉心研究，嵩山扶正自然疗法以其完善的理论体系和明显的临床效果逐步被医界同仁和社会公众所认可，并进入快速临床实践阶段，距总结科研成果和实现全国推广的目标越来越近。

四、嵩正自然医学扶正疗法的主要特征

（一）服务模式，具有广泛的群众性和普惠性特征

自然医学扶正疗法，是在“四正”理论指导下，以“医、养、练”三道形式展开的扶正提升自身康复力和自愈力的方法。由于它的简单易行，省钱省事而又有效，而倍受群众欢迎。因此具有广泛的群众性和普惠性，有利于创建“全国医养结合示范县（市、区）”，推进健康中国建设，实现全民健康。

（二）服务技术，具有传统性和现代性相结合特征

嵩正自然医学扶正疗法并不排斥现代高新技术，而是主张传统的和现代的有机的结合起来，共同开展治未病、疗慢病、促康复和抗衰老。如基因检测技术能及早查出潜在病因；靶向治疗，能使肿瘤得到精确治疗；细胞生物能使许多慢病得到精准修复和康复，而传统的自然医学的技术方法和产品，加上现代高新技术的助力，医疗康复效果也能更好更快。

（三）服务效果，既具个体性特征，又具有群体性和区域性特征

“四正”“三道”的自然医学扶正疗法，在个体身上有很好的效果，只要长期坚持“医、养、练”，身体就能得到很好恢复，甚至产生意想不到的效果。同

时，“四正”和“三道”又很适合组织大团队，甚至深入社区、农村，开展大规模的群众性“四正”“三道”活动，促使全民健康目标实现。

（四）发展前景，既为传统医学深入发展开辟了新途径，又为现代医学高科技应用创造了广阔天地

嵩山自然扶正疗法是一种综合性非药物疗法，既是医养结合性的，也是医养融合性的。它集中华 5 000 年文明历史中庸自然健康养生养老理念、智慧和丰富的实践经验，结合现代高科技的穿戴设备和检测设备，使自然医学的方法和产品更具科学性、精准性和有效性，也大大促进了智能穿戴设备和基因检测技术的广泛应用。因此，也推动了大健康产业的快速发展。

第五节　民营医院办养老院“医养融合”模式
——河南省巩义市阳光医院（医养院）

随着我国老龄化问题日益凸显，老年人对医疗和养老的需求日益增加。长期以来，我国养老服务机构和医疗服务机构衔接不够紧密，医疗机构不适合养老、养老机构不方便就医的问题比较突出。如何将就医与养老进行深度对接，构建医养融合养老新模式，是老年健康服务事业需要解决的一个重要难题，而河南省巩义市阳光医院通过建立医养院的形式实现医养融合，不仅取得卫生健康委和民政局的双重支持、双重管理，而且也获得了比较明显的社会效益和经济成效。

一、巩义市阳光医院（医养院）基本情况

河南省巩义市阳光医养院坐落在河南省巩义市新华路，其前身系创立于 2002 年的巩义市阳光医院（图 14-5-1）。作为河南省首批民办非营利性医疗机构，医院迄今已有 20 余年的发展历史，是专科特色明显、综合能力较强

图 14-5-1　河南巩义阳光医院外景

的二级综合医院。2015 年，在早期具备基本医疗功能的基础上进一步扩建至 400 张床位，并由民政部门批准注册为巩义市阳光医养院，成为河南省内首批“医”“养”两种资质齐备、集医疗和养老功能于一体的医养结合机构，在巩义市率先开始医养融合服务模式的探索与实践（图 14-5-2）。

图 14-5-2 巩义市阳光医养院

2021 年以来，医院采取自建自营兼托管运营的方式，先后建立起 10 多个社区养老服务中心及社区卫生服务站，针对特定的老年健康服务需求，积极构建“医-康-养-护”与“医-养-社-家”多维立体的医养服务综合体，努力打造具有可持续发展动力、多功能行业竞争力以及市县社区多层次区域影响力的健康养老服务品牌，并于 2023 年同时成为河南省医养结合示范机构和国家卫生健康委首批“全国医养结合示范机构”。

二、巩义市阳光医院（医养院）“医养融合”模式的内涵与特色

（一）巩义市阳光医院（医养院）组织架构

为了更好地适应老年健康服务对医养功能的需求，河南省巩义市阳光医院（医养院）探索实行多机构一体化管理。院委会下辖“业务科室”“职能科室”“后勤科室”“社区养老”以及“社区医疗”五大功能版块。“业务科室”主要包括门诊部、住院部、各医技科室和药剂科；“职能科室”主要包括承担党务和行政事务的机关科室和协调机构；“后勤科室”主要包括承担支持保障职能的后勤服务部门；“社区养老”和“社区医疗”则属于面向社会的延伸服务机构。在确保医疗功能正常运行的基础上，医院专门设置了若干个特征明确的老年健康服务科室，如门诊部和住院部均设有老年医学科和康复医学科。

除此以外，门诊部还设有主要为老年患者服务的慢性病科，住院部则专门开设有医养结合病区和安宁疗护病区。通过这样合理设计的多部门协同运行，努力实现机构职能联动高效、服务功能无缝衔接、医疗养老有机融合、

智慧赋能多重供给的运行机制。不仅如此，医院还以院内机构为核心，将老年健康服务功能延伸至社区居家，结合多样化的社会需求，充分调动服务资源，延展服务范围，为老年人提供更周全的服务。

（二）巩义市阳光医院（医养院）功能定位

1. 医养深度融合，塑造服务新品牌　河南省巩义市阳光医院（医养院）立足于医养结合机构的长远发展，着手机构的标准化建设和规范化运行。按照二级医院和星级养老机构的评定标准，完善全院的综合质量控制体系，为优质高效的服务筑牢制度基础（图 14-5-3）。

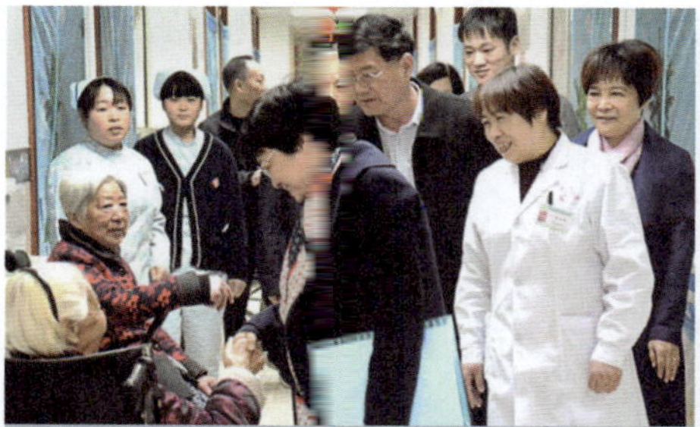

农工党河南省委副主委、省政协常委李新有一行到阳光医养院视察调研

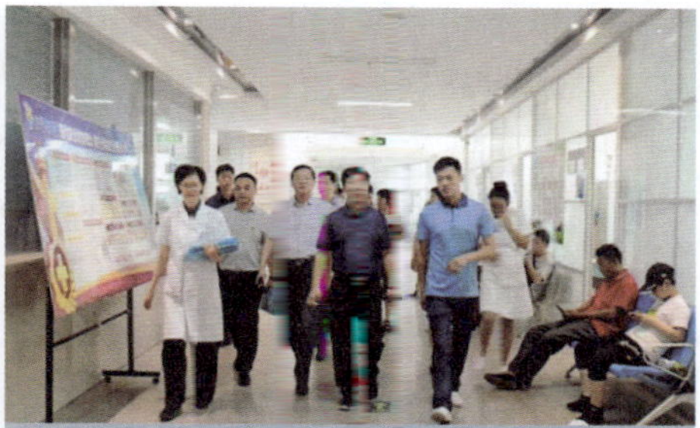

郑州市卫生健康委党组成员张中建、老龄健康处处长张浩、老龄健康处黄铁建一行到院视察调研

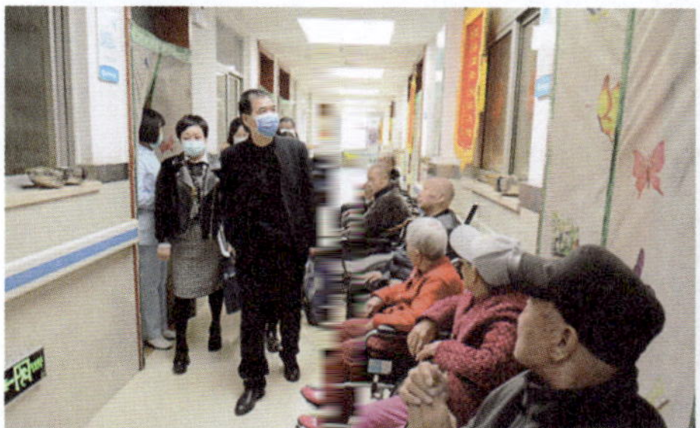

郑州市卫生健康委张中建、市卫生健康委老龄处黄铁建一行到院指导工作

市政协党组成员、副主席王继锋一行到院调研医养结合工作

图 14-5-3　省市领导视察阳光医养院

医养院特别重视各类评审对医院建设的促进作用，以评促建、以评促改，通过参评国家二级综合医院以及河南省医养结合示范机构、河南省示范性老年友好型社区、星级养老服务机构和社区养老服务设施等，不断提升服务内涵、优化管理团队，同时推进机构、社区、居家医康养服务的协同延伸，“全链式”医养结合服务模式的探索和实施，深受群众的认可和信任，使“阳光医养”的服务品牌深入人心。

2. 医养深度融合，强化学术支撑　河南省巩义市阳光医院（医养院）聚焦老年人的健康养老需求，健全相关专业、培育重点专科。门诊设置老年医学科、慢性病科、老年健康管理中心和老年人绿色通道，临床先后完善老年医学科、安宁疗护病区、老年康复护理型床位、医养结合床位和家庭病床管理办公室的标准化设置，为老年健康服务提供有力的学术保障。同时，坚持以维护老年人健康为根本，以加强老年疾病防治为使命，依据老年人健康评估结果，制定诊疗和健康管理方案，为不同场景（机构、社区、居家）的老年人提供专业连续的健康养老服务，提升老年人的生命质量和生活品质。

3. 医养康护联合，突显科创成效　河南省巩义市阳光医院（医养院）在强化老年疾病防治的基础上，大力优化康复照护措施，在老年健康服务过程中突显中医药优势和科技创新成果。针对老年人群体的特质，有序开展艾灸、推拿、针灸等中医药康复服务；引进高压氧舱、洗肠机、远程医疗、智能遥测、神经功能、语言功能、平衡功能等高科技、创新型的评估及康复设备，通过物理、语言、认知等康复服务，帮助老年人恢复功能、减轻病痛，使老年病、慢性病患者的身心健康和生活质量得到有效改善，还能帮助老年人保持预防疾病，延缓老龄化过程。

（三）巩义市阳光医院（医养院）服务特征

1. “医、养、康、护”服务一体化　河南省巩义市阳光医院（医养院）打造一站式、全方位的健康养老服务模式，全面保障老年人医养服务需求。“医、养、康、护”四位一体服务的实施可以实现相互之间的无缝衔接和高效协同，前端的疾病预防、急危症救治、医疗保障和后端的康复促进、生活照护、安宁疗护等功能有机融合，提供贯穿老年生命周期各阶段的服务需要，免除老年人和家属的忧虑和负担。

2. “医、养、社、家”管理一体化　河南省巩义市阳光医院（医养院）坚持以老年健康服务需求为导向，将医疗、养老以及社会资源相整合，打破部门、机构之间的壁垒，先后托管运营 11 家街道及社区养老服务中心和 3 家社区卫生服务站。通过统一、专业的服务团队，借助智慧化网络平台的支撑，实现资源整合、协同调配，满足为老年人提供助餐、助洁、助行、助医、助急、助乐等“六助”服务，最大限度满足老年人与医养相关的综合性、个性化需求。在实现区域内多维供需网络覆盖的同时又贯穿服务供给通道，充分满足机构、社区、居家老年人多元化、多场景的健康养老服务。

3. “中西医结合”诊疗一体化　河南省巩义市阳光医院（医养院）积极从老年健康服务管理入手，为老年人建档立卡、定期进行健康和能力评估，注重老年人整体健康的维护和疾病的预防。充分发挥中西医各自的优势，采取多学科会诊的方式，围绕老年人、老年病提供综合性、个体化的诊疗方案，科学实施诊疗流程、实时研判诊疗次序，使老年人的健康状况能够得到持续的改善。

4. “产、学、研、用”功能一体化　河南省巩义市阳光医院（医养院）与当地政府部门、上下级医疗机构、养老机构及专业院校建立起长期密切的协作机制，不仅积极接受上级医疗机构的帮扶和指导，而且积极为下级医疗机构提供技术支持和经验交流。医院曾派遣专人到郑州大学第五附属医院学习医养结合质量控制体系建设和康复护理专业技术，并与河南大学联合开展医养结合科研课题研究，开展养老护理员培训工作，为医养结合模式提供更具权威性的学术指导和更具专业素养的新生力量（**图 14-5-4**）。多措并举、统筹兼顾，持续提升健康养老服务能力，同时发挥好承上启下的纽带作用，引入优质先进的技术和理念，并在老年健康服务过程中认真贯彻落实，促进医养业务、教学功能、学术研究、新技术应用在功能与资源上协同互补，驱动理念创新和服务升级，助推区域健康养老服务产业的持续发展。

图 14-5-4　河南省巩义市阳光医院（医养院）积极开展业务培训

第六节　民营老年病专科医院办养老院模式
——成都老年康疗院“五元共构”医养结合模式

成都老年康疗院自 20 世纪末开展老年健康服务以来，长期恪守初心、砥砺前行，已形成以高级专家及学术骨干为代表的多学科专业团队，建成了品质优良、特色鲜明、系统完善的老年健康服务体系。医院秉承“帮天下儿女尽孝，替世上父母解难，为党和政府分忧”的服务理念，立足于改善老年人群生存质量和生活品质，不断探索，为失能、失智、多病的高龄人群提供多学科、多专业的医养服务，以形成“五元共构”医养结合模式为标志，通过人文策略和科学措施，实现对老年人精细贴心的身心关怀和无微不至的生活照护，全天时对老年人的生活细节实施全覆盖的精准服务，在为高龄老年人全面提供健康服务的理念和策略方面取得了明显的成效。

一、成都老年康疗院的基本情况

成都老年康疗院又称东虹老年病医院，位于成都市东虹路48号，是我国最早专门从事老年健康服务的机构之一（图14-6-1）。医院创建于1997年，当时定名为成都老年保健院；2005年5月更名为成都市老年康疗院；2014年经四川省卫生厅评审后确定了其二级甲等老年病专科医院的执业资质，由此成为四川乃至我国西部地区唯一一所二级甲等老年病专科医院；2020年，成都市卫生健康委将医院更名为成都老年康疗院。医院长期专门从事老年健康服务工作，以仁心仁术为失能、失智、多病的高龄人群提供多学科、多专业的医疗、康复、照护服务，成为融医疗、护理、康复、生活照护、生命关怀、教学、科研等多元要素为一体的省市定点医保机构。经过20多年的艰苦奋斗，医院已拥有学科门类齐全的高水平专家队伍，完善配套的临床和辅助机构以及一大批先进的医疗设备，是一所服务功能涵盖各种老年病临床诊疗和照护需求，集多种医养功能为一体的老年医养健康服务机构。

图14-6-1　成都老年康疗院门诊部外景

医院开设床位400张，其中医疗床位299张，养老照护床位101张，以此从体制机制上将老年医疗与老年养护有机地融入一个整体。在为老年人提供健康服务的过程中，同时接受民政系统和卫健系统的双重指导和管理，其中卫生健康委负责医疗业务的监管，民政局则负责养老工作的监管，两方面职能珠联璧合，相得益彰。尤其值得肯定的是，医院经过长期不懈的艰苦奋斗和努力探索，总结形成了以“五元共构”为特征的医养结合服务模式，并形成了独特的理论体系和服务品牌。

二、“五元共构”医养结合模式的内涵与特色

成都老年康疗院经过长期的艰辛探索和社会实践，将集中表现社会政治、经济、文化、习俗以及“高龄”这一特殊阶段的生物、心理、社会适应能力乃至于医养策略等诸多因素进行综合概括，由此提炼出可广泛指导养老实践的社会行为模式，即“以医养结合为核心理念的‘五元共构’体系”，亦可称为医养结合“五元共构”模式。

（一）“五元共构”医养结合模式的基本结构

“五元共构”医养结合模式的精髓即是在系统整体思维的基础上，以老年营养为基本理念而与“高龄养老”这一社会现实问题关系非常密切的五大要素有机结合而形成的社会实践模式，亦即在老年营养整体观念指导下将老年医疗、老年照护、老年康复、老年健康服务人才培养以及老年健康问题研究等五个方面系统融合所形成的有机体系，这一体系的基本结构如图 14-6-2 所示。

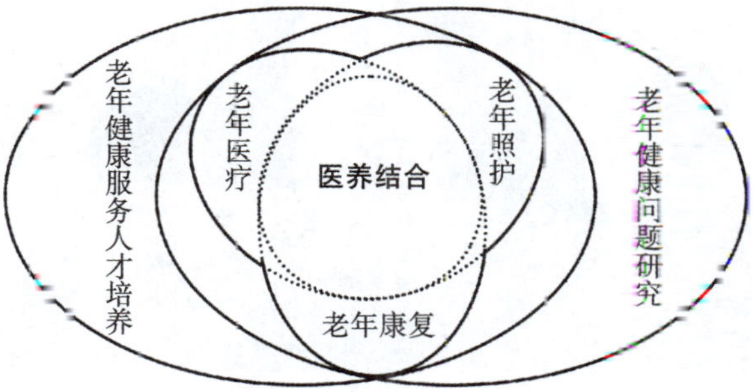

图 14-6-2　“五元共构”医养结合模式基本结构示意图

很多高龄老年人已接近丧失适应能力，而且大多长期处于多病共存、失能失智的极度羸弱状态，他们自身已基本失去，甚至完全没有能力自主生活，其生命的延续必须更多地借助于外力。成都老年康疗院创建的“五元共构”医养结合模式较好地解决了老年人的医养难题。

“五元共构”医养结合模式的基本元素集中表现为一个核心理念，五个关键要素和六个基本原则。所谓一个核心理念，即针对高龄老年人而建基于合理营养基础上所特有的医养结合思想，这是“五元共构”模式的灵魂，其他一切讨论都是在这一基本理念基础上的展开和诠释。所谓五个关键要素，即是在老年医疗、老年照护、老年康复三个学术相位的基础上延伸出老年健康服务人才培养、老年健康问题研究，这是“五元共构”模式的完整体系。所谓六个基本原则，即是着眼功能、系统辨证、多科联动、综合评估、整体干预、积极姑息，这是确保五元共构医养结合模式得以顺利运行的思想方法。

（二）“五元共构”医养结合模式的基本内涵

1. “五元共构”医养结合模式的核心理念 “五元共构”医养结合体系是指根据高龄、多病、失能、失智老年人的特殊需求，将老年医疗、老年康复、老年照护等功能在一个平台上进行有机融合，由多学科团队从不同的角度和侧面提供强有力的专业支撑（图 14-6-3）。对突出的老年常见疾病、老年综合征以及因“老年”而产生的各种问题进行系统研究，有针对性地制定个性化系统干预方案，再由多学科团队中有经验的医师、康复师、营养师、药剂师、护师、心理师及照护人员等负责落实，由此也带动了全流程全方位的人才培训，达到提升学术水平的目的。

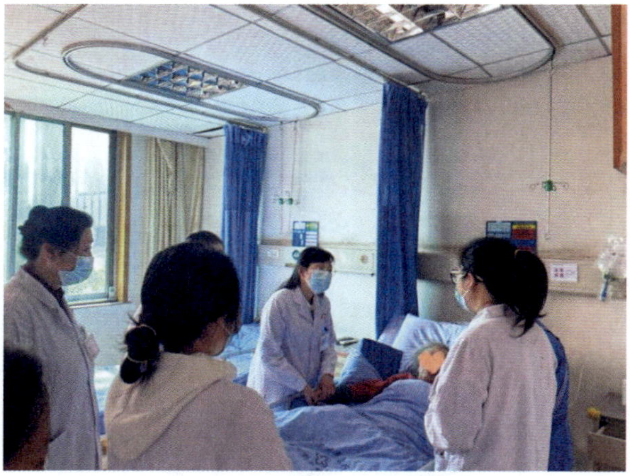

图 14-6-3 成都老年康疗院组织多学科专家查房

2. “五元共构”医养结合模式的五大要素

（1）老年医疗：主要解决高龄老年人病有所医的问题。针对高龄老年人大多表现为多种慢病长期共存而常有急性发病这一特殊情况，医院经常组织内科、外科等综合性学科与中医、老年认知功能障碍等专科相结合的多学科团队，为有效解决老年人群急性期疾病的医疗及稳定期慢病管理问题提供充分的机制保障。全面关注老年人的生理状态、情感状态和认知状态以及日常生活活动能力，从医养等多个角度提升老年人整体生存质量和生活质量。

（2）老年照护：成都老年康疗院有专业的照护队伍，从老年人慢病调养、营养康复到心理安慰、临终关怀等全过程进行精心陪护和照料，既从专业上保障了老年人的医护安全，降低了不良事件的发生率，同时也可以保证生活照护的周到与及时。在这里，老年人的医疗、护理、康复及日常生活照料等工作一应由医院切实具备相应素质的专业人员承担，从而为充分实现系统整体的医养结合思想提供了完整的机制保障。

（3）老年康复：成都老年康疗院始终以“老年康疗”为重要的服务宗旨，组建有完备的老年康复专业队伍，秉持“老年康复越早越好”的科学理念，以“无缝链接”的方式解决康复与医疗、营养、护理以及生活照料的衔接问题，以期达到最佳康复效果，多方面、多维度地促进老年人疾病恢复及生活自理能力的提高。

（4）老年健康服务人才培养：成都老年康疗院根据老年医疗、老年照护及老年康复的实际需求，全面加强人才培养，具体途径包括结合工作实际加大在职培训的频度与力度，与成都医学院等高等院校及职业教育机构合作，作为成都医学院等多所高校的教学基地，以参与学校教学实践，如主编讲义与教材、安排专家学者走上讲台授课、组织学生实践教学以及创造条件争取培养研究生等方式培养老年健康服务人才。实践证明，培养老年健康服务实用型人才，不仅是实现人才培养短平快效应的最佳途径，其紧密结合老年医疗、老年照护与老年康复的实际需求，人才培养成为“五元共构”医养结合体系中当然而不可或缺的结构要素。

（5）老年健康问题研究：由于老年人群预期寿命的延长，老年期生理、心理状态的特殊变化，社会因素的多重影响以及越到高龄越普遍表现出的多病共存现象等，一系列需要研究的老年健康问题凸显出来。成都老年康疗院正是在对各种老年健康问题的研究过程中构建出“五元共构”医养结合体系的。社会上缺少成熟的运作模式及操作经验可资借鉴，医院组织团队研究解决实践中遇到的难题，自己设立研究项目进行研究，申请成都医学院课题或成都市科研课题，参与由成都医学院牵头的四川老年与健康协同创新中心承担的省级重点攻关课题，不断攻克所面临的一个个学术难关，破解所遇到的一个个技术难题，正是对老年健康问题的不懈研究，才使得医院成功地构建起了以医养结合为核心理念的“五元共构”医养结合体系，也因此而使“老年健康问题研究”成为了“五元共构”医养结合模式的关键要素。

3. “五元共构”医养结合体系中的六大原则　医养结合核心理念所追求的目标是合理营养基础上的科学“医养”，而实现目标的主要途径则在于“结合”，这种结合所依据的观念基础即确保高龄老年人有效医养所必须把握的六大原则。

（1）着眼功能：所谓着眼功能，即是说对高龄老年人的医养目标不能在“治愈”方面太过理想化，而应当以尽可能少丧失或不丧失生活能力和生活质量为出发点，精心呵护其基本的生活功能，这既是“五元共构”医养结合体系的出发点，又是高龄老年人医养所追求的目标。

（2）系统辩证：所谓系统辩证，即是说对于高龄老年人所表现出的医养需求，应当在尽可能全面地掌握其身心素质、平素生活习性、既往健康状况、家庭经济条件、儿女所能提供的赡养状态等综合因素基础上，通过系统分析、全面权衡而做出各个方面均“恰如其分”的养护措施，切忌因简单化地片面处理而形成只见症状、不见因高龄而处于特殊状态下的“人”。

（3）多科联动：所谓多科联动，即是指多学科团队联合行动。当前社会上处于探索过程中的高龄老年人医养，主要是以医疗、养老、康复、照护等功能自成单元，各环节由不同的社会主体分别承担，彼此之间“各自为政”、互不相干，这样其实是把一个完整的老年人拆分成不同的功能对象，因而非常不利于老年人的生活质量和健康状态在系统辩证的原则指导下得到有效的保障。成都老年康疗院以“医”与“养”有机结合为核心理念的“五元共构”健康服务体系，立足于从高龄老年人的疾病治疗、生活照顾到临终关怀的整个过程都以多学科团队联合行动，所涉及的医师、康复师、营养师、药剂师、护师、心理师以及护理人员等均在统一的思想原则指导下从不同的角度和层面共同确保医养目标的实现。

（4）综合评估：所谓综合评估，即是指在系统辩证原则理念的指导下，把老年人作为生物学、社会学等诸多方面有机结合的一个特殊个体，采用特定的科学方法与手段，对其躯体、精神、心理、社会适应能力以及生活自理能力等各个方面进行多维度、多层面的综合考量，从而全面、科学地评价老年人整体健康水平和生活质量的一种方法，这是“五元共构”医养结合体系的核心策略，也是开展老年人健康管理、实现医养目标的关键措施。

（5）整体干预：所谓整体干预，即是指对待高龄老年人的医养并非局限于单纯、片面地考虑某种疾病能否痊愈，而是将老年人作为一个集生物属性、社会属性和人文属性为一身的功能整体，全面关注其生理状态、情感状态和认知状态以及日常生活活动能力，在此基础上思考并逐步实现医养方案的优化，同时积极争取社会、家庭对其实现医养策略的支持力度，以追求老年人整体生存质量和生活质量为目的，最大限度地提升老年人的生活质量。

（6）积极姑息：所谓积极姑息，即是指当老年健康服务者在面对长期多病共存、失能失智的高龄老年人时，医护人员往往面临“有痛不能止痛”“发热不能退热”“脱水不能补水”“泄泻不能止泻”的尴尬困境，这时的老年人犹如风中残烛、浪里纸舟，命悬于游丝一线，稍有不慎即会酿成无法挽回的后果，因此行医施护只能是姑息、姑息、再姑息；然而，这种姑息又不能局限于绝对的消极姑息，而更应该是在经过科学评估且确保生命安全的前提下尽可能采取积极迁就、呵护其身心的策略，如能半卧者则不全卧，能坐着者则不躺着，能下床者则不卧床，能自主饮食者则少用或不用输液进行营养支持……如此才有利于尽可能地恢复、重建老年人的生活功能。

以上六大原则及其相互之间的有机结合是支撑医养结合核心理念乃至于整个“五元共构”医养结合体系的思想基石，这六个方面的整体缺失或部分缺失都将导致高龄老年人医养结合理念的瓦解或“五元共构”医养结合体系的崩溃，因此完全可以充分理解由六大原则支撑的医养结合核心理念是贯穿、渗透于整个“五元共构”医养结合模式的灵魂。

（三）“五元共构”医养结合模式的实践平台

针对社会上客观存在着的高龄老年人医养难题，医院经过长期的艰辛探索和社会实践所形成的“五元共构”医养结合模式，在较好地统筹各种资源的前提下，有效地解决了医养分离的现实矛盾。在此基础上，医院致力于推进老年健康服务进一步向纵深发展，经常组织学术造诣精良的多学科专家团队进行全面综合分析，不断研究、解决实践中出现的新情况、新问题，进而形成了一系列专业性突出的特色科室和功能平台。

1. 认知障碍科　成都老年康疗院开设的认知障碍科是西部地区最早专注于研究认知障碍的专业平台，主要服务于伴有精神行为异常的中度、重度老年痴呆患者。医院本着全人、全过程呵护生命的服务理念，立足于改善和延缓病情进展，从医疗、护理及专业的生活照料等方面，采用非药物干预和药物干预相结合的方法让患者得到良好的治疗、康复和生活照料。

2. 康复医学科　成都老年康疗院的康复医学科相对开设较早，且近年来有了更具特色性的发展。其服务理念立足于重建或恢复老年人的生理功能，主要针对年迈体衰或因伤、因病而致功能受损且有康复需求的患者提供综合的专业服务。通过现代与传统康复治疗技术相结合，采用运动疗法，作业疗法以及传统针灸、推拿等康复技术，以最大程度恢复和改善老年人功能，提高他们的生活质量。

3. 老年营养科　老年健康，营养先行。医院很早就建立有营养科，通过较长时期的不断探索，现已发展为在业界响当当的特色科室。2017 年首度在全国营养风云榜崭露头角，2019 年获全国首批“老年营养示范病房”殊荣；曾连续三年荣获四川省“优秀临床营养科”表彰；连续两届参加全国老年营养配餐大赛均荣获“一等奖”和“最佳人气王”奖励。

4. 缓和医疗病区　这是成都老年康疗院针对社会需要而专门开设的特色科室，立足于为患者提供积极的整体关怀，特别是为临终患者提供以全人、全程等为基本内涵的“五全”照护。坚持以多学科团队为技术支撑，通过精细化的照护体系，提供生理、心理、精神和社会适应等方面的悉心照料和人文关怀，改善服务对象的生命质量及生活质量，帮助患者实现最后的安详和尊严。

5. VIP 病区　医院为适应老年健康服务的特殊需求开设了 VIP 病区，通过打造精致的医养康护环境，为老年人提供超五星级水准的健康服务。病区秉持“乐享·尊严”的人文关怀理念，以造诣精深的多功能专业团队和高水准的人文护理理念、精细化照护技术等有机结合，全面提供细致入微的高品质个性化服务，使老年人充分乐享生命尊严与人生价值。

（四）“五元共构”医养结合模式的示范意义

作为社会发展不可逾越的必然阶段，21世纪上半叶的老龄化是怎么也迈不过去的一道坎。“未备先老”的社会形态在匆匆来临的老年健康服务需求面前显得十分仓皇失措，特别是面对众多的高龄、多病、失能、失智老年人，如何有效地为他们提供科学合理的医养保障，是整个社会、各级政府乃至无数家庭不得不努力破解的时代难题。成都老年康疗院作为探索老年健康服务策略的先行者，长期致力于老年健康服务医养问题的研究，形成了富有学术特征和专业特色的“五元共构”医养结合模式，从系统性的角度对当今时代有效化解老年医养难题形成了积极的示范效应。这些示范意义包括：

1. 强烈的社会责任感　首先必须充分肯定，缺乏社会责任感是做不好老年健康服务工作的。

老年健康服务事业涉及的内容非常复杂，其中高龄、多病、失能、失智老年人的医与养是老龄化时代最为凸显的旺盛需求。然而比较尴尬的是，在这个日渐紧迫的急需领域，一直没有健全的社会机制规范，没有明确的投资动力保障，没有成熟的人才队伍支撑，没有科学的学术思想指导……总之，老年医养所涉及的一切元素，都需要置身其中的仁人志士去进行艰辛的探索。正是在这样的社会背景下，成都老年康疗院义无反顾地肩负起那副沉甸甸的社会责任，从20世纪末期以来便一直在老年健康服务领域负重砥砺、不懈前行。作为一家自筹自建、自营自养的弱小民营机构，始终以坚守社会规范所获取的微薄收入承载着高尚的社会责任，不论是耄耋老年人的医养，新冠疫情的防控，以及政府主导的社会危机救助，成都老年康疗院都是无怨无悔积极参与，每每都是非常出色地完成各种任务，进而在此过程中总结出了具有较高学术品质和内涵的“五元共构”医养结合模式。

2. 敏锐的机遇洞察力　成都老年康疗院提炼并践行“五元共构”医养结合模式的事实证明，对机遇的发现和把握必须依赖于具先见之明特质的精敏洞察力。

所谓“机遇”，通常是指决定事物朝着趋利避害方向发展和转化的契机，包括导向成功的有利条件以及于艰困环境中孕育转机的潜在因素。在现时代的社会实践中，“机遇与挑战并存”“机不可失，时不再来”，以及“抢抓机遇”等说法已经成为各行各业常用的高频词汇。任何单位、任何个人，要想在自己的实践领域取得成功，首要的前提即是要能够及时把握住那一丝一缕稍纵即逝的历史机遇，而能否精准把握住机遇的前提，则是决策者是否具备敏锐的机遇洞察力。

根据学术界比较公认的观点，我国1999年以60周岁以上老年人口占总人口10%的结构比为标志而进入老龄化阶段。然而早在此之前，老龄化的社会形态尚处于比较模糊的孕育阶段，而成都老年康疗院的领导则早已洞察到老龄化社会即将来临，并将引发老年健康服务事业兴起的行业信息，毅然于1997年以建立成都老年保健院为初衷，非常明确地率行业之先启动了老年健康服务工作，充分体现出"吃螃蟹者"们对潜隐机遇的敏锐洞察力。在其后的事业发展过程中，成都老年康疗院根据老年健康服务特定阶段的特殊需求，不断调整经营策略，完善体系结构，优化品质内涵，每一次重大调整和变革，无疑都是决策者洞察先机、准确把握机遇的成功探索。

3. 周全的战略结构谱　成都老年康疗院自从跻身于老年健康服务以来，就一直把为失能、失智、多病的高龄老年人提供医疗护理和生活服务作为自己的特定使命，并据此制定各个阶段的发展战略和建设规划。

医院的各级领导和专家学者充分认识到，不论是大概念的老年健康服务，还是小概念的医养结合，都是由多元要素构成的复杂体系，医院的发展战略、运行机制都必须有机地兼顾到各个要素所涉及的方方面面，包括系统的组成单元、支持系统生存和发展的组织结构、彰显系统活力的信息流以及控制系统运行的动力机制等。正是基于这样的考虑，成都老年康疗院在构建"五元共构"医养结合模式时，对医院发展战略所涉及的各种要素都进行了充分的考虑和妥善的设计。

在老年健康服务领域，关于"医养结合"、"医养融合"的理念和提法，有据可考的学术源头最早仅可追溯到2013年。然而，早在此之前十多年，成都老年康疗院根据高龄老年人生理、心理和社会适应方面的特殊性，在老年健康服务的起步阶段即已经尝试将老年医疗、老年照护、老年康复作为业务建设和医院发展战略的三大专业性支柱，并以此为基础优化人才队伍，构建学科体系，设计体制结构，强化运行机制等。可以认为，这是"五元共构"医养结合战略谱系的最原始雏形。以此为基础，在实践过程中又根据老年健康服务人才匮乏的现状，在医院的发展规划中增加了老年健康服务人才培养这一重要功能；根据老年健康服务学术研究方面的缺陷，在医院的战略结构中增加了老年健康问题研究……经过如此一系列的努力，最终形成了独具特色的"五元共构"医养结合模式。

第十五章

风景区医养结合养老模式

风景区医养结合养老模式主要由企业家特别是房地产企业家创建，目的是解决活力型老年人对高品质医养康旅的需求问题。随着人们生活水平的提高，全国各地喜欢医养康旅的活力型老年人越来越多。老年人非常希望到风景区医养机构以旅游休闲的方式，在享受观光雅趣的过程中调理慢病，这是催生风景区医养结合机构建设的主要动力。

第一节　医养旅居示范机构·成都“中国青城国际颐养中心”模式

成都“中国青城国际颐养中心”，包括成都青城山医院、乐龄居养老院、健康管理中心等机构，主要承担以医养结合为核心的养老服务。该项目是由崇州市委、市政府主导，中国老年医学学会及中国人民解放军总医院专家全程指导，四川省人民医院托管支持，而由成都圣沅集团规划建设的四方主体合作重点项目。

一、成都“中国青城国际颐养中心”基本情况

2014 年 9 月 25 日，中国老年医学学会会长范利教授在时任全国政协主席俞正声主持的双周协商座谈会上，对“中国青城国际颐养中心”医养项目的模式作了专题介绍。“中国青城国际颐养中心”被中国老年医学学会确定为全国医养结合实践示范基地，并被纳入《四川省医疗卫生与养老服务相结合发展规划（2018—2025 年）》中，确定为推进医疗卫生、养老服务与旅游融合发展的重点建设项目，同时也是成都市“西控”战略中发展康养旅游产业的重点项目。

成都“中国青城国际颐养中心”位于青城山脉 36 峰之一的凤栖山下（**图 15-1-1**）。占地面积 1 000 余亩，按照中国工程院付小兵院士提出的“三养”理念规划建设，形成集医院、养老院、健康管理中心于一体的医养结合机

构。医养康功能一体化集中在同一组大楼,两端为医院和养老院,中段为健康管理中心,后面为一群高端别墅颐养院。颐养院以寿字湖为中心,布局30幢别墅,可供1000人医养旅居,此区域主要承担颐养功能。周边配置6000套高端住宅社区,主要承担怡养功能。作为项目的配套功能,小区还设有会议中心、五星级宾馆和文化活动场所,形成独具特色的医养结合机构,并与青城山和旁边的街子古镇共同构成可以面向全世界服务的中国西南地区高端医养旅居特色小镇(图15-1-2)。

图15-1-1 “中国青城国际颐养中心”主楼全景

图15-1-2 成都“中国青城国际颐养中心”全景效果图

创建“中国青城国际颐养中心”可以推进医养结合,加快老龄事业和产业发展,落实省、市、区三级政府规划的医养康旅重点项目,为创建“全国医养结合示范机构”青城模式,在全国同行业发挥示范和引领作用,作出更大贡献。

二、成都“中国青城国际颐养中心”模式的基本架构

作为践行健康中国行动的成都样本，“中国青城国际颐养中心”始终坚持“以人民健康为中心”，坚持“党政主导、部门联动、社会参与、共建共享”的大健康格局，在崇州市政府、中国老年医学学会、四川省人民医院和圣沅集团四方主体支持下，引进国际持续照护养老社区（continuing care retirement community, CCRC）模式，于国家5A级景区青城山下，打造约1 000亩健康产业大盘，有效地整合了高端医疗和养老资源，同时秉承“交付房子前先交付生活、交付友邻、交付健康”的运营理念，为整个大成都乃至西南区域的老年人提供健康教育、生活照护、医疗保健康复、体育锻炼、文化娱乐、高端居住空间等服务。

成都“中国青城国际颐养中心”作为中国老年医学学会长期指导的西南地区大型医养旅居示范机构，对旅居式养老服务已经形成独具特色的模式和实践经验，其架构理念如图15-1-3所示。

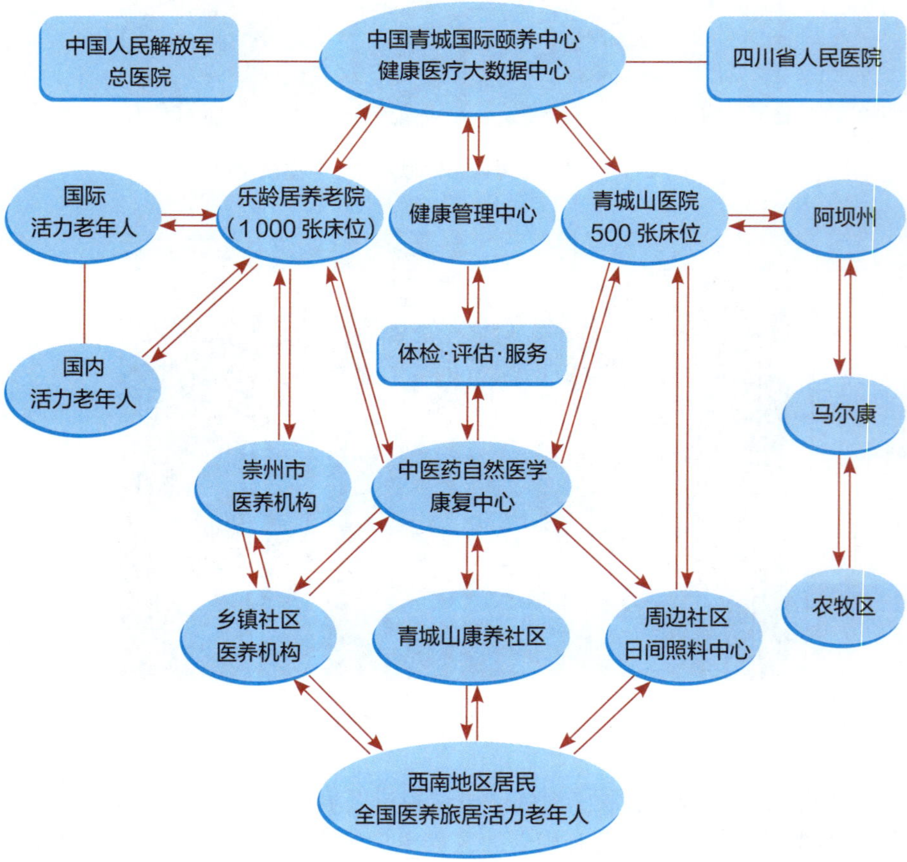

图15-1-3 成都“中国青城国际颐养中心”模式示意图

(一) 成都青城山医院

成都青城山医院接受四川省人民医院托管(图 15-1-4),按照国家三级综合医院的标准要求,设置床位 500 张,是“医养”版块的核心,并为“颐养”和“怡养”功能提供支撑。医院根据“三养”理念的要求积极进行组织建设、多学科建设以及适老化环境改造等,形成学科精细划分(包括心脑血管病、呼吸病、内分泌等)和全天候医院服务模式。搭建形成社区居民、基层医院和青城山医院的区域协同医疗健康服务体系,尤其是对青城山沿山区域住户和“候鸟式”旅居居民形成契约式医疗健康服务关系,初步形成以健康为中心、以医院为枢纽的医疗健康服务体系。

图 15-1-4　受四川省人民医院托管的成都青城山医院

(二) 乐龄居颐养公寓

成都“中国青城国际颐养中心”的乐龄居颐养公寓规划养老床位 1 000 张,已经展开 208 张。公寓配置有地暖、公共活动区及单元独立活动区、公共厨房及单元独立厨房,以及保姆房等;配置有生活顾问团队、护理团队及医护团队,立足于为有中高端需求的老年人提供全天候多维度日常生活需求保障,形成医中有养、养中有医的老年健康服务特色。乐龄居颐养公寓的设施及服务如图 15-1-5~图 15-1-7 所示。

(三) 健康管理中心

成都“中国青城国际颐养中心”健康管理中心(图 15-1-8)是体现颐养功能的重要版块,拥有上亿元医疗体检设备和 30 名员工,是一个高水平的健康管理团队,面向社会开展健康体检,累积接受体检人次已超过 10 万人。

图 15-1-5　乐龄居颐养公寓外景

图 15-1-6　乐龄居颐养公寓养老服务设施实景

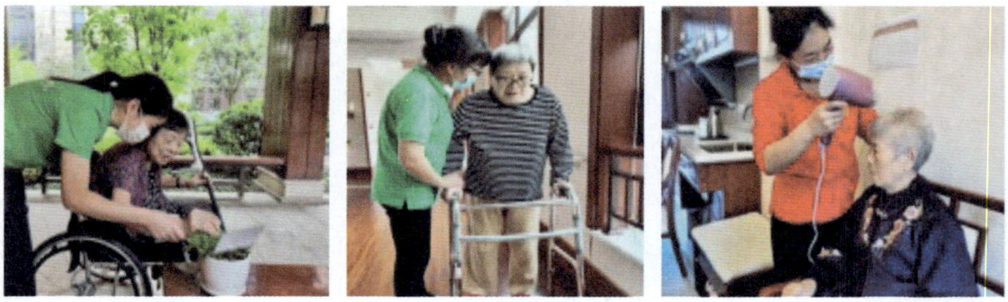

图 15-1-7　乐龄居颐养公寓养老生活服务

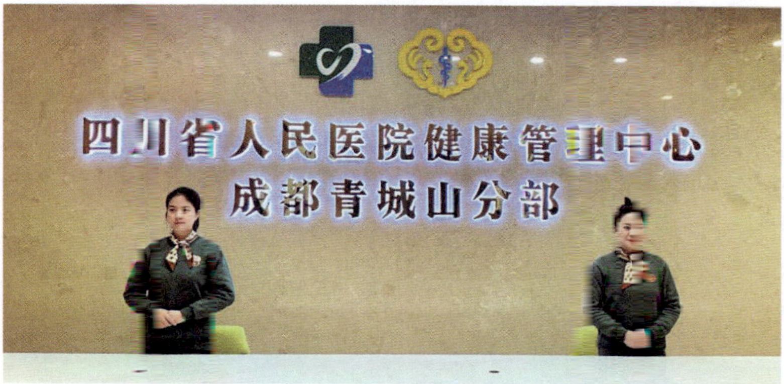

图 15-1-8　成都青城健康管理中心运行实景

健康管理中心建有功能强大的健康管理信息化系统和健康医疗大数据中心，面向全社会开展慢病管理合作和信息交流。不仅如此，成都“中国青城国际颐养中心”还成立了中医药健康服务培训中心，中国老年医学学会也授牌建立了医养结合培训基地，面向全市和全国开展医养结合服务人才培训。

（四）居家养老凤凰栖

“中国青城国际颐养中心”（图 15-1-9）周边有 6 000 套高端康养住宅，居家养老凤凰栖第一期 400 多套住宅已开始投入运营，第二期、第三期正逐步开放。居家养老凤凰栖配备有客户服务中心、健康服务中心、物业服务等，还开设了青城会·青青学堂等六大兴趣社团。家舍即学堂，邻里亦同学，以此丰富老年人的退休生活，在陶冶情操的同时亦增进邻里感情。

图 15-1-9　居家养老凤凰栖外景

(五) 社区与居家养老综合体

为进一步扩大颐养中心服务范围,大力开展社区医养服务,中国青城国际颐养中心除了做好周边社区服务外,还将服务延伸至圣沅集团开放的唐人街和后花园社区(图 15-1-10)。这两个社区居民多达万人。以这两个社区综合楼为平台,建立了门诊部、康复部、日照中心,实现了居民全覆盖,有效地开展了健康管理和健康服务。

图 15-1-10 历史底蕴深厚的社会环境

三、成都"中国青城国际颐养中心"模式主要特色

(一) 现代化的硬件与软件配套

在"三养"理念指导下,构成"中国青城国际颐养中心"的三个版块,相互依存,互为配套。引入"互联网+"、5G 技术,使各版块互联互通、信息共享,形成健康医疗大数据中心,展现浓厚的现代气息。

(二) 学科建设以独特形式创一流

以四川省人民医院托管为依托,以中国老年医学学会专家团队为指导,引入付小兵院士工作站，刘敏如国医大师工作站，创建一流专科中心或专病中心，确保以一流的医疗水平服务来自全国的老年人。

成都“中国青城国际颐养中心”的健康管理中心服务定位比较高，并以拥有价值1亿元以上的体检设备为硬件支撑。健康管理业务由四川省人民医院托管，以全国活力型老年人为主要服务对象。为了提升老年健康服务的学术品质和内涵，中心还建有以国医大师刘敏如教授主帅的中医药研究和康复中心（图15-1-11），在积极促进老年康复的过程中加强中医药应用的学术研究。

图15-1-11　中心引入国医大师刘敏如教授合作建立研究基地

（三）服务延伸周边城市社区和边远农牧区

除了医疗、养老和健康管理三大职能以外，“中国青城国际颐养中心”还成立了居家养老上门服务部，周边还建有总量达6 000套住宅的高端养老社区，整个院区高度信息化，除了延伸到成都管辖部分社区，如街子古镇，唐人街、后花园等，还延伸到西南地区农村和牧区。除了颐养中心近处建有的40多个乡镇社区健康服务站，远处已延伸到了阿坝州马尔康地区的医院、乡镇卫生院和农村牧场卫生院（图15-1-12），中心配置有远程医房移动车和便携式智能体检箱，目的是打造以青城国际颐养中心为枢纽与边远山区农村或牧区协同发展的医养结合服务模式。

（四）积极创新引领养老服务事业

医院、养老院、健康管理中心三位一体的建设模式，是中国老年医学学会为贯彻落实党中央国务院“推进医养结合”要求而推行的创新理念和实践。

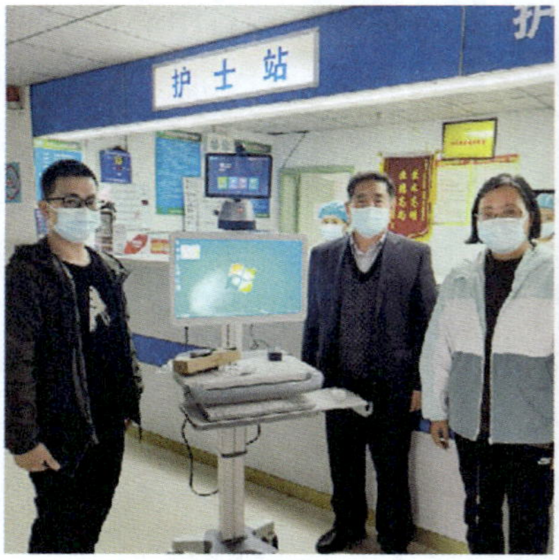

图 15-1-12 “中国青城国际颐养中心”阿坝州的延伸服务

为创建全国示范的医养结合“青城”模式,我们提出了“医养康养齐头并进”的发展战略,即以医院为支撑,以养老院为后托,以健康管理中心为前锋,形成“品”字形的老年健康服务体系结构并全面推进。目前,健康管理中心体检服务对象正迅速从成都拓展至全国范围的老年人,医院的重点专科中心正在形成,养老院老年人入住量正在迅速增长。

四、成都“中国青城国际颐养中心”模式的主要经验

(一) 四方主体的建设模式

成都“中国青城国际颐养中心”的所谓四方主体建设模式指的是由政府积极主导,中国老年医学会强力支撑,四川省人民医院业务托管,圣沅集团投资建设所构成的运作模式。这种模式整合了各方的资源,调动了各方面的积极性,加速了工程建设速度。事实证明,这是一项十分有效的模式,对于推进医养结合促进老年健康服务事业和产业发展有着重要的意义。

(二)“三养”规划的理念

成都“中国青城国际颐养中心”紧傍山清水秀的街子古镇和野生熊猫自然保护区。丰富的人文历史、幽美的自然环境,奠定了项目作为康养胜地的优势基础。

根据中国工程院付小兵院士倡导的“三养”理念建设而成的“中国青城国际颐养中心”,从建设之初就得到国家领导人、中国老年医学学会、中国人民解放军总医院、四川省人民医院及各级政府的支持指导,先后接待来自国内外 1 000 多家医院及养老机构参观考察。“居家-社区-机构 O2O 服务模式(指将线下的商务机会与互联网结合)”、5G 远程医学应用等,在业内具有较强的推广示范意义。颐养中心为“颐养”“怡养”两个版块的老年人建立健康

档案,配备私人家庭医生,进行动态健康管理,已取得了初步的成效。项目正在积极申报"全国医养结合示范机构"。

(三)紧密托管模式

作为项目"医养"版块的成都青城山医院建设过程始终得到中国老年医学学会、四川省人民医院、中国人民解放军总医院在人才、技术、学科建设、学术交流等方面的全力支持。四川省人民医院托管使项目实现了高起点建设,高标准技术服务。付小兵院士工作站、刘敏如国医大师工作站、中国老年医学学会会长工作站等入驻,作为科研合作机构参加了科技部"医养结合支持解决方案研究项目"的研究工作,参与中国老年医学学会医养结合促进会主导的《医养结合机构衰弱老年人多重用药安全管理中国专家共识(2022版)》编写和四川省科技厅"基于区块链技术的新型数字化健康档案构建及应用示范"课题研究等,助推医疗、教学、科研高起点协同发展(图15-1-13)。

图15-1-13 中国老年医学委员会与成都圣沅国际颐养中心项目投资签约仪式

成都青城山医院形成了医疗和健康管理"双轨并行",机构、社区(乡镇)、居家养老"三养一体","线上管理、线下服务两结合"的建设体制和运营机制。依托"互联网+医养结合"健康管理系统,建立了以"中国青城国际颐养中心"为主体的平台,辐射至周边县市50多个社区康复站,覆盖了包含阿坝马尔康市在内的城乡牧区150余万人口的医养结合服务。

(四)医养旅居资源的有机结合

青城山具有国家5A级景区的生态环境,医院、养老院、健康管理中心、风景古镇、多个高端社区的有机结合,使街子古镇焕发了青春,增添了活力。

"中国青城国际颐养中心"的规划已将七分之一的面积用于全天候生活

配套建设，目前80%的设施已完工，包括成都青城山医院、餐厅、咖啡馆、发廊、农场、便利店和公寓等。其中，成都青城山医院自2021年5月开业，已多次承办医疗健康领域学术会议、教育培训（包括中国老年医学学会、省医院培训）会议。医院运行第一年共收治患者3万余名，揽获“四川省十大影响力品牌民营医院第一名”等殊荣。乐龄居颐养公寓开业至今，一年时光也已经成功打造咖啡吧、书吧、健身中心等颐养配套，多种国际领先理念落地实践，凭借专业的设备、一流的技术、贴心的服务、温馨的环境等，获得老年人与家属的认可和赞誉。

不仅如此，青城会·青春学堂作为“中国青城国际颐养中心”业主专属专享的文化交流、资源共享、邻里互动社交平台，现已成立涵盖行云书法社、牛仔器乐社、留声合唱团、知新朗诵社、雅风花艺社等9大社群，经常不定期组织社群活动，使老年人享受到丰富的精神文化生活。

第二节　康养旅居示范机构·海南省五指山市仁帝山养生基地模式

海南省五指山市仁帝山康养基地位于海南省中部五指山市郊，成立于2017年，是一家大型康养旅居基地。基地位于海南省五指山市6 000平方千米国家森林公园绿色核心区，占地面积5 000多亩，总规划用地1.8万亩，其中建设用地200亩，建筑面积25万平方米，规划建设3 000余套公寓。康养基地有5 000多套养老房，可容纳万余名老年人养生旅居，可供10万名会员的家庭成员使用。

基地以“让热爱生命的人尽享天年”为目标，提供“未病先防、慢病疗愈、旅居度假、会议餐饮、培训教学”等多种服务，是目前全国规模最大的国家雨林康养基地。基地通过专家指导的饮食、运动、睡眠、心理疏导、康养“五大处方”，使老年人享受健康生活。

一、仁帝山养生基地基本架构

五指山仁帝山养生基地项目启动以来，坚持一边建设，一边运营，目前已基本建成约2 000套。这里文化设施丰富、交通设施配套齐全，气候四季如春，是能够满足老年人养生养老需求的好地方（**图15-2-1**）。

仁帝山养生基地的核心结构是“上医时光康养医疗中心”。宗旨是利用海南中部五指山区域独特的森林、空气、温度、湿度、阳光等自然环境，加上独特天然药物调理，达到提高免疫力和人体自愈力，实现“治未病、疗慢病、促康复、抗衰老，延年益寿的目的。海南仁帝山养生基地设计架构见**图15-2-2**。

图 15-2-1　仁帝山国家雨林康养基地总体布局示意图

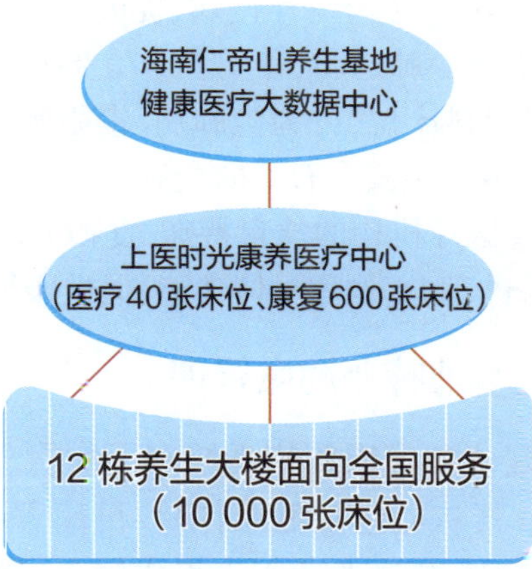

图 15-2-2　五指山仁帝山养生基地设计理念示意图

二、仁帝山养生基地主要功能设定

仁帝山养生基地（图 15-2-3）的医疗核心机构“上医时光（海南）康复医疗中心”，是经海南省卫生健康委批准设立的康复医疗机构，展开使用面积约为 1.8 万平方米。医院大楼功能分区包括：一层为运动中心，二层为营养中心，三层为医疗服务中心，四层为康复中心。

1. 医疗服务中心设立门诊部和住院处，提供基本医疗和院前急救服务，包括内科、外科、中医、中西医结合、康复医学、药剂、营养、心理等专业科室，技术团队初步形成高、中、低三级技术人才合理搭配；具有可开展住院治疗的

图 15-2-3 五指山仁帝山养生基地外景

床位共 40 张、康复康养床位 600 张。

2. 康复中心除了常规中医药服务项目外，还配备氢分子免疫健康舱、高压氧舱、负氧离子人体净化舱、电磁治疗仪、艾灸舱等现代康复设备。利用高科技与中医药相结合的方法，对于“疗慢病、促康复”常有奇效。

3. 运动中心主要进行心肺运动、骨关节运动及中医药泡脚、泡澡、推拿按摩等，并设有日间康复照料床位，可为尘肺病、慢阻肺、肺癌、慢性心衰、心脏术后康复等心肺疾病患者提供安全有效的全病程康复医疗服务。

4. 营养中心。康复医疗机构的饮食特殊，食物大多是基地自己种植和养殖的。再配合药食同源的理念，调理身体功能，促进康复。

三、仁帝山养生基地特色健康管理

仁帝山康养中心建成的健康管理系统和慢病管理平台，现已覆盖全国的该康养中心的会员，其功能包括健康体检、健康评估和健康服务。该基地的突出特点是面向全国的活力老年人提供服务，服务对象慢病多、病种杂，对健康的要求高因此配置了智能的健康管理系统，能够有效管理好不同人群的各种疾病，以及实现慢病康复的评估干预服务。健康评估由中国老年医学学会专家承担，健康服务以中医药为主，对多种疾病的康复有良好效果。

四、仁帝山养生基地的服务特点

（一）提升自愈力

人类在长期与大自然长期斗争中具备了强大的身体自愈力和免疫力。仁帝山养生基地组织中医药专家进行深入研究，从理论、方法、技术和实际应用方面进行探索，创建了一套“上医九养”和“九品九供”的服务方法，具体如下：

合理饮食，均衡营养。

雨林散步，增氧运动。

充足睡眠，稳定生物钟。

放松心情，平和心态。

自然功法，早晚勤练。

推拿按摩，足疗艾灸。

健康生活，自愈调理。

持续滋补，细胞修复。

抱团养老，集体养生。

（二）自然医学疗法

我们一般认为“自然医学”是一种利用自然界中的物质和方法来预防和治疗疾病的医学体系。它强调的是使用各种自然手段，让身体获得最高健康水平。仁帝山养生基地对此也进行了深入研究和应用，常用的主要是物理疗法，包括温热疗法、干式水疗、高压氧或负氧离子疗法、富氢水疗、富氢药浴及中医药疗法，如足疗、推拿按摩、针灸等。

（三）平衡营养

主要是利用五指山特有的环境和条件创建了调理餐厅，森林餐厅。在营养师指导下制定了科学方案，严控食材质量，包括自采野菜，自种有机食材，饲养土鸡、土猪等，保证每个会员的营养平衡，维护身心健康。

（四）运动疗法

仁帝山养生基地根据五指山市周边高山峻岭多和老年人骨关节病多的特点，设置了运动医学中心，主要目的是为了解决老年人骨关节病的康复问题，同时也是保障活力老人喜欢爬山时有扭伤的问题，并且指导培训会员如何应对和利用五指山山多水多的优势，促进自己的健康。

第三节　医养康旅特色小镇·海南省白沙县“四季春天温泉小镇”模式

海南“四季春天温泉小镇”是由海南省春天房地产公司与泰安市中心医院合作共建的医养结合示范机构，采用将医疗、养老、健康、旅游等多个领域融合在一起的综合性发展模式。该模式以提供全方位的医疗、养老、健康和旅游服务为核心，旨在为居民提供高品质的生活环境和全面的健康管理。随着我国进入人口老龄化阶段，医养、康养及旅居小镇开始兴起并迅速发展。特别是自2016年国家住建部倡导特色小镇建设以来，我国的医养康旅小镇得到了进一步的推动和发展。

一、海南省白沙县“四季春天温泉小镇”基本情况

“四季春天温泉小镇”（图 15-3-1）项目所在的邦溪镇是海南省十大旅游风情小镇之一，“四季春天温泉小镇”于2010年开始建设，占地面积2 900亩，围绕芭蕉湖，依山傍水，建有6 000多套住宅养老社区。已经完成了多层住宅区、高层住宅区、洋房住宅区和别墅住宅区等四期养生养老住宅开发，并配建了有260张床位的康复医院，以及商超、会所、酒店、老年大学、书画院、商贸城等健康养生养老配套设施，各功能区建筑面积累计达30多万平方米，初步形成集居家养老、社区养老和机构养老为一体的全新养老模式，吸引了全国23个省份的老年人。除海南外，集团公司还在山东泰安、林都伊春汤旺河旅游度假区等地探索康养连锁经营模式，通过架起南北中三大养生养老度假基地大通道，实现优势资源互补，努力打造“文化养老、智慧养老、科技养老、绿色养老”等特色服务，致力于将自身打造成为中国特色小镇建设运营的创新品牌。项目基础设施配套齐全，可同时接纳多个大小会议，以及多个康养旅居团队，近年又新建了可容纳5 000人居住的五星级宾馆和别墅养生住宅群，已经成为成熟运行的康养小镇。

图 15-3-1 海南“四季春天温泉小镇”全景

二、海南省白沙县“四季春天温泉小镇”内涵与特色

（一）“四季春天温泉小镇”策划理念

海南“四季春天温泉小镇”项目致力于建设以机构养老为体系支柱、以老年医疗为区域核心、以旅居社区服务为实施基础的医养结合老年康旅服务。集团公司的康养服务分为三大版块：机构康养服务、社区康养服务和“候

鸟”居家康养服务，各个版块一体化运营，为老年人提供多样化的医养康旅服务。其设计理念是建成一种将医疗、养老、康复、旅游等多个领域融合在一起的综合性发展模式，总体规划和策划理念如图 15-3-2 所示。

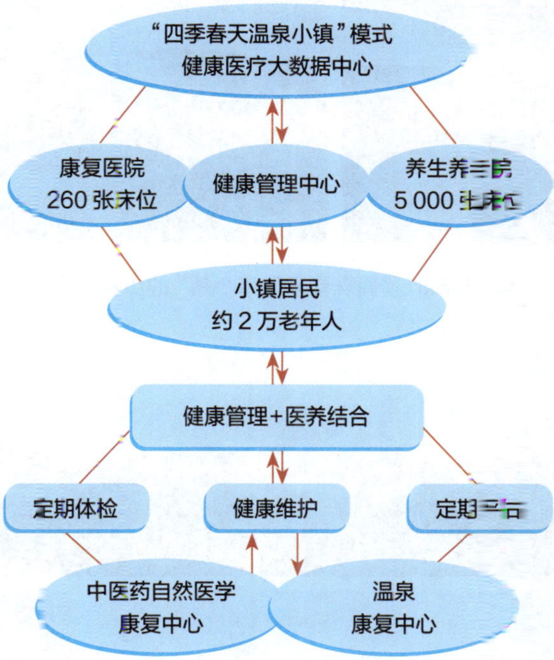

图 15-3-2　“四季春天温泉小镇”设计理念示意图

(二)“四季春天温泉小镇”的品牌优势

海南“四季春天温泉小镇”项目的品牌优势主要表现为区位环境、功能规划和服务配套等，这些都有其自身鲜明的特色。

1. 交通便利，环境独特　小镇所在地邦溪镇位于白沙县的西北角，有高速公路和高铁通过，交通极为便利，距海边直线距离 15 千米，是绿色旅游“承山接海”的通道。这里群山环绕，水系纵横，植被覆盖率高达 83%，年均气温 23℃，是海南岛生态核心保护区，邦溪镇处于海南岛的半干旱地区（图 15-3-3）。

2. 医养设施完备、配套齐全

（1）配套酒店：“四季春天温泉小镇”配套酒店建筑面积 5.98 万平方米，拥有 618 套客房，温泉入户，酒店还有附属度假旅游用地，现已做规划建设百果园、休闲农业基地。

（2）配套社区医院：“四季春天温泉小镇”项目与山东省泰安市中心医院合作共建白沙分院，院区总建筑面积 1.6 万平方米（图 15-3-4），拥有医疗床

图 15-3-3 “四季春天温泉小镇”的山水风光

图 15-3-4 “四季春天温泉小镇”的医疗配套设施

位160张，设有内科、外科、妇产科、中医康复科、五官科、预防保健科、医学检验科、医学影像科、麻醉科等；配置养老床位100张，主要为失能、失智老年人及疗养人员提供专业照护服务，并与中国人民解放军总医院远程医学中心合作，为社区养老养生人群提供远程会诊、医疗保健、慢病预防与治疗、急救、健康管理等服务。同时，小镇作为中国老年医学学会副会长单位，得到了中国老年医学学会的大力帮助和指导。

（3）文化、商贸等设施配套："四季春天温泉小镇"在区内配建约 3 800 平方米多功能会所，提供老年大学、书画院、电影院、健身中心、台球室、乒乓球室、咖啡厅和各类棋牌室等服务；配建约 3 900 平方米综合商超，有农贸市场、超市、各类商店、多用途餐厅等商家。

3. 政府重视，拓展空间广大 "四季春天温泉小镇"的建设需要专业机构和组织的技术支撑，也离不开政府的统筹规划和政策支持。

（1）自贸区域环境好：习近平总书记在庆祝海南建省办经济特区 30 周年大会上宣布，支持海南全岛建设自由贸易试验区，同时提出海南要以发展旅游业、现代服务业、高新技术产业为主导。从经济特色来看，自贸区是一个具有综合功能的经济体，不仅注重发展环岛旅游、拓展国际旅游贸易，而且重视发展其他现代服务业，比如与国际旅游相对应的国际健康养老产业。未来已来，"四季春天温泉小镇"正致力于抓住机遇，不断提升服务水平，把风景区里的医养结合康旅小镇创新模式做成养老服务知名品牌。

（2）政府的利好政策多：海南"四季春天温泉小镇"项目自 2010 年在海南立项以来，得到了海南省、白沙县、邦溪镇三级政府领导的密切关注和大力支持，不仅明确提出了促进医养结合康养小镇发展的意见，而且在制定市政建设规划时，把发展社区医养结合模式作为康养小镇建设的重要内容，积极推进医养结合康养社区的构建。医养康旅小镇归根结底是要提供高质量的养老服务，服务过程中要确保各环节不出差错，政府在这一过程中承担了统筹及监督的责任，不仅推动了相关政策的落实，还积极协调各方之间的关系，引导"医养结合"康旅小镇创新模式推进，提升了社会对该模式的信任。

（3）学术帮扶水平高："四季春天温泉小镇"作为中国老年医学学会副会长单位及医养结合基地，多年来得到了中国老年医学学会及相关专业委员会领导的亲临指导。中国老年医学学会曾多次组织相关专家来小镇开展老年医学研究和学术交流，包括人才培养、业务指导、健康教育、慢病防控、专家义诊以及相关标准制定和医养结合模式创新等工作，把最优质的医疗资源引入社区，从而提升了项目的核心竞争力，使居住在小镇的老年人健康可切实得到大医院、大专家的充分保障。

三、海南白沙"四季春天温泉小镇"的发展愿景

1. 打通南、北、东三通道，创建三级医养康基地。在海南、伊春、泰山都规划创建了医养康旅特色小镇，形成了三级连锁。目前三个小镇都已建成，即将打通南、北、东三通道，老年人可生活在不同地域，信息互联，健康共享，助力老年人实现健康医药之梦。

2. 围绕会员健康，创建百岁俱乐部。如何保障小镇主康养会员顺利实

现健康百岁的愿望，小镇成立了百岁俱乐部，实行三个小镇直通，自由往来；医养康服务一体化，健康管理和健康服务统一管理，统一标准，定制服务；急重病医疗以泰安市中心医院为主，慢病康复康养则可以在三个小镇间自由选择。逐步建立“健康托管制”，尽早享受“治未病、疗慢病、促康复、抗衰老”服务，轻松健康活过100岁。

3. 以哈尔滨职业技术学院为基础，打造全国医养康旅人才培训中心和学术高地。民营国管的“哈尔滨职业技术学院”已有20多年历史，由6个学院组成，其中护理学院、药学院等与医养康养服务密切相关，并计划进一步扩展医养康培训专业。自三个小镇建成之后，又联合泰安市中心医院，进行深度合作，大大增强了医养康旅技术实力，同时形成了一系列的人才培养方案。从招生、培训、毕业、分配、使用提升以及科、教、研一体化。把这些资源整合好，利用好，打造成为全国医养康旅人才培训中心。

第十六章

医养集团式养老模式

在积极应对人口老龄化的社会实践过程中，人们陆续探索出许多促进老年健康服务的新理念、新思路、新方法和新措施，“医养集团式养老”便是诸多社会实践创新中重要策略之一。这种策略坚持“以老年健康为基础，以产业实力为支撑，以系统集成为平台”，按照“集中资源、优化配置、协同发展”的总体原则，建立起将多元要素融为一体的集约化管理新型养老服务体系，有效地推动医康养产业实体化、规模化、优质化、品牌化，使得资源配置更加合理高效，养生养老与支柱产业协调发展，形成多产业齐头并进的新格局。

第一节　泰康之家·高端医养连锁模式

泰康之家是全国开发最早、发展最快、规模最大且以医养融合为特征的高端连锁医养社区。现已在全国各地布局建成了 30 多家分支机构，成为我国体量最大的医养集团体系，在我国的医养事业中发挥了重要的引领作用。

一、泰康之家的基本情况

泰康之家是泰康保险集团下专注养老、护理、康复实体建设运营和创新服务的专业品牌，采用国际标准照护模式，独创医养结合特色，打造大规模、全功能、高品质的连锁社区。泰康保险集团于 2009 年率先获得国家保险机构投资养老社区试点资格。

目前，泰康之家已在全国 35 个核心城市布局养老社区，规划总地上面积约 484 万平方米，可容纳老人约 8.5 万人，可提供 5.6 万个养老单元，医疗床位 4 300 张，成为全国最大的高品质连锁养老集团。其中北京、上海、广州、成都、苏州、武汉、杭州、南昌、沈阳、长沙、厦门、南宁、宁波、合肥、深圳、南京、重庆、郑州、青岛 19 个城市的 20 家医养社区已投入运营，在住居民超 1.3 万人（**图 16-1-1**）。

图 16-1-1　泰康之家

二、泰康之家的发展历程

泰康之家的指导理念是“医养融合”，提供全方位全生命周期的高品质健康服务。经历了三个发展的阶段：

1. 泰康医养融合 1.0 版　标志是“一个社区，一家医院”。也是泰康医养融合落地的基础。每个社区建有 1 500~3 000 套养老房，配有一所二级康复医院。

2. 泰康医养融合 2.0 版　标志是构建“紧急救助-健康管理-老年康复”三重安全防线。搭建起了从疾病预防、健康管理、急救、基本诊疗、全面康复的全方位健康保障，把医疗和养老做到了深度结合和融合，让社区居民足不出户便可享受到高品质的医养配套服务。

3. 泰康医养融合 3.0 版　标志是医养园区-综合医院-养老社区“无缝衔接”。目前正在运营的有 3 个医养园区。分别是泰康仙林国际医养园区、泰康天府医养园区、泰康宁波国际医养园区。其中泰康仙林国际医养园区是泰康在全国打造的首个“医、教、研、养、康”五位一体的旗舰医养综合体。泰康仙林鼓楼医院将和苏园“无缝衔接”，把优质医疗资源和苏园养老资源紧密结合，充分发挥协同优势，共同开启泰康医养融合 3.0 模式。

三、泰康模式的建设特征

1. 紧密型医养联合体　致泰康医疗旗下综合医院与泰康之家养老社区共同组成医养园区，实现立体化布局。每个养老社区配建一家以老年医学、康复医学为重点学科的康复医院。泰康医疗综合医院则发挥在急重症诊疗上的专业能力和老年医学科群的特色优势，打通健康管理、就医通、急性期治疗、康复、护理、养老照护的全过程服务，搭建起“无缝式”整合医疗体系，为居民提供更高层次的医养融合服务。

2. 同城型医养联合体　既同一城市不同区域的医疗与泰康之家养老社区结合，专家定期会诊，老人定期完成专科诊断和治疗。

3. 共享型医养联合体　依托五大医学中心［泰康仙林鼓楼医院、泰康同济（武汉）医院、四川泰康医院、宁波泰康脑科医院、深圳前海泰康医院］的在线诊疗服务和远程医学会诊查房，为泰康之家养老社区提供高品质医养服务。

这三种医养结合建设模式，为泰康之家各医养社区提供了全天候、全生命周期的营养服务，居民足不出户也能享受到高品质的医疗健康服务，奠定了坚实的基础。

四、泰康模式服务特征

1. 一站式服务　泰康之家服务以“活力养老，文化养老，健康养老，智慧养老”为特色，围绕满足老人“社交、运动、美食、文化、健康、财务管理和心灵的归属”七大核心需求，实行一站式服务，为居民打造“温馨的家，高品质医疗保健中心，开放的大学，优雅的俱乐部，长辈心灵和精神的家园”五位一体的养老生活方式。

2. 标准化服务流程和质控标准　泰康之家引入国际标准持续照料模式，遵循“医养融合”的理念，围绕老年人的实际健康需求，在社区中配建以康复、老年医学为特色的康复医院，打造泰康国际标准康复体系（TKR）和泰康国际标准长期照护体系（TK-LTC），提供包括独立生活、协助生活、专业护理、记忆照护、老年康复及老年医疗，安宁疗护在内的覆盖老年人全生命周期的连续健康服务，实现一站式持续关爱。

3. 构建“三重安全防线”，确保老人生命安全和健康。泰康之家通过首创“一个社区，一家医院”的医养结合模式，为长者构建了“紧急救助—健康管理—老年康复”三重安全防线，使医疗、养老深度融合，确保老人生命安全和健康稳定，打造真正的泰康之家，健康之家。

4. 实现了智慧医养的质变　泰康之家在智慧医养领域深耕多年，用科技武装养老社区，打造出了具有泰康特色的“智慧医养体系”。目前泰康之家的智慧养老服务蓝图已覆盖智慧安防、智慧健康、智慧生活、智慧运营等多个领域，涵盖了 30 多个服务场景，形成了泰康特有的大健康产业生态体系，并通过此体系享受全国优质医疗康养资源，全方位满足了居民高品质医养服务需求。

以泰康自主研发的紧急定位报警卡为例，一张小卡片，能够实现一键报警、定位、通话、门禁、消费等多项功能。当老人需要呼救时，只需要轻轻按动报警卡，泰康之家的管家、安保、医生就会第一时间收到求救信号，及时赶到现场采取紧急救助措施。2023 年，泰康保险集团凭借 352 件专利，蝉联中国智慧养老运营企业专利排行榜首。持续引领了我国智慧医养行业的高质量创新发展。

5. 突出“文化养老”特色 泰康之家独创了“活力养老、文化养老”特色，受到全国各地老人青睐。他们围绕老人们的精神文化需求，打造了一整套成熟的文娱服务体系和银发智慧“价值再创造中心”。截至 2023 年底，泰康之家全国已开业社区共开设了 400 余门课程，拥有居民俱乐部 240 多个，让长者享受到更多精神层面的价值感、获得感、幸福感。在这里，北大教授身心放松，连续创作出书；著名导演给居民选电影；国家队教练教大家学游泳；舞蹈教授教大家学芭蕾；90 岁清华奶奶线上开课成为主播…… “文化养老”促享老年生活在泰康之家重新启航。

第二节 国投健康·大型医养集团多形模式

一、“国投健康”基本情况

国投健康是国务院和中央直接管理的骨干国有企业，国投健康聚焦养老产业瓶颈与短板，以服务民生福祉为责任担当，致力于为国人提供全方位全周期健康养老整体解决方案。国投健康从解决失能失智高龄老年人养老刚需入手，积极探索人民需要且面向大众的、适合中国国情的健康养老模式，打造经营连锁化、布局网络化、服务标准化的养老服务体系，提供“健管、预防、康复、照护、乐享”五位一体的健康养老服务。依托国投的综合优势，探索发展医疗服务、老年用品及康复辅具、医疗器械、健康养老人才培训、老年文化产品等健康产业。

国投健康积极推动国家重点区域布局养老项目，截至 2022 年底，在全国 13 个省份及直辖市的 21 个主要城市，拥有医养康养项目近 30 个，床位约 8 500 张；已运营养老项目在住老年人平均年龄 85 岁以上。同时，国投健康是国家党政机关和国有企事业单位培训疗养机构改革转型发展养老服务承接单位，已累计推动16家培训疗养机构转型发展养老服务，初步树立了国投健康养老品牌，形成了一定的社会影响力。目前国投健康在北京、广州、上海、常州、贵阳、盐城、苏州等地的养老项目已陆续投入运行。2021年12月15日，由人民网主办、人民健康承办、中华预防医学会提供学术支持的首届人民健康大会暨2021健康中国创新实践案例总结大会在北京举行。大会现场发布了“2021健康中国行动创新实践案例”，国投健康提交的《为认知障碍老人提供科学系统的综合性锻炼，长者公寓建造多感官环境活动室“助老”》成为优秀案例之一（图16-2-1）。

图16-2-1　国投健康的作品获“2021健康中国行动创新实践案例”称号

国投健康作为系统旗舰平台公司对各地机构进行统一管理，实现标准化和精益化的运营管控。版块上下协同在体系内形成合力，主要包括运营管理、风险控制、质量管理等。数字化平台将各项管理制度落地到日常管理系统中，提升内部管理效率，驱动业务升级；版块内多种服务和产品实现协同，例如面向老年人和家属的康养服务、面向老年人特殊需求的健康产品服务等。在一系列综合措施的推动下，国投健康品牌的影响力不断扩大，行业知名度和大众品牌美誉度不断提升。

二、国投健康·大型医养结合机构多形模式内涵与特色

国投健康立足于发挥国有资本投资公司的功能作用，积极探索国有企业健康养老产业的可持续发展模式，坚持居家养老、社区养老与机构养老相协

调，“医-康-养”相结合，面向全体老年人提供健康养老整体解决方案。从服务失能失智高龄老年人入手，布局重点城市中心区域，发展城区养老，提供高品质的医养服务，并辐射居家养老和社区养老；以家庭为单位，积极探索健康休闲、养生保健、慢病管理等康养服务。同时，稳步拓展教育培训、养老金融等服务，更好地满足覆盖全生命周期的“乐老-享老-养老-终老”需求。经过不断的探索和实践，形成了“医-康-养”相结合、产教产融相协同的发展格局。

（一）国投健康·大型医养结合机构多形模式基本内容

国投健康通过在中心城区设立专业健康养老机构，搭配医疗资源，引入欧洲、日本养老服务理念和国内外专业养老服务企业运营经验，将中国传统文化与养老服务有机结合，形成国投健康养老服务标准，为入住老年人提供全面的医疗服务、亲情式贴心照护以及精细化的专业服务，并以健康养老机构为基础，向社区养老、居家养老延伸，向老年人家属、活力型老年人延伸，为各年龄段老年人提供丰富的医养康养服务。经过长时期的实践探索，已经形成自己独特的医养结合模式（图 16-2-2）。

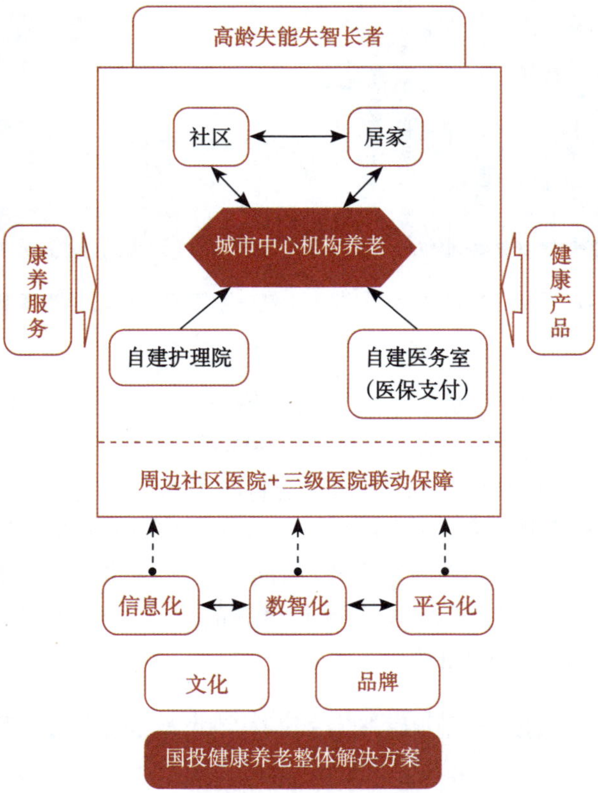

图 16-2-2　大型医养结合示范机构·国投健康模式示意图

高龄失能失智老年人对医疗和照护需求较高，医疗和照护是老年健康最重要的两大服务要素，虽然分别属于“医”和“养”两个不同的服务体系，但是老年人在养老院的生活，同时需要在相对固定的同一空间接受一站式服务，在养老院中增加医疗服务、实现医养结合，就成为国投健康必须攻克的难题。

为满足老年人的医疗需求，国投健康多措并举，创新思路，形成了自己对于医养结合模式的理解和探索（**图 16-2-3**）。一是内设护理院，在当地政策和养老院硬件设施许可的条件下，优选自建护理院，实现“养老院+护理院”的内循环机制，老年人小病不出院，大病后恢复期即可回院康复，切实提升养老院的医疗服务能力。二是内设“医务室+医疗机构”合作，医务室提供基本的内科、中医和康复服务，其他服务通过和医疗机构合作进行补充。养老院配套设置护理院或者医务室后，只是增加有限的医疗服务项目，依然需要与医院和社区卫生中心保持紧密联系，依靠公立分级诊疗体系提供更为丰富的医疗服务项目，特别是要在急危病症情况下获得医院的绿色通道支持。

图 16-2-3 国投健康积极开展社会合作

护理院和医务室都需要获得当地医保定点资质，切实解决老年人医疗费用支付问题。在医疗服务能力加持情况下，拓展周边社区和居家养老服务，扩展服务半径和增加客群数量。

（二）国投健康-大型医养结合机构多形模式服务特色

“国投健康”是国家央企大型医养结合机构，为国家承载了老年健康服务的重大责任，共建设或承接了 29 家各式各样的医养服务机构，主要有以下特征：

一是机构来源多样，有自己投资建的，有接收国资委的，有通过地方政府或社会招标接收的，这些服务机构分布在全国 13 个省份 21 个城市。

二是规模大小不同档次多样。北京、上海、广州的机构多是自己投资建的，档次比较高，规模比较大；承接国资委的多是培训机构改转而来，共有 6 家，大多为老式疗养院；从地方政府招接的养老院大多比较小，城市农村的都有。

三是服务对象不同，大型的机构多在大城市，建筑品质大多显得“高大上”，服务对象主要面向中高端人群。位于社区农村的小型机构服务对象则以普通居民为主，属普惠型养老服务机构。

四是医养模式不同。有的机构同时具有医疗和养老资质，有的只有养老资质，医疗服务则通过与其他医院签约合作解决，基层养老机构多由乡镇卫生院派驻医疗团队解决。

总之，国企医养机构有国家责任的担当，在“以人民健康为中心”思想指导下，国投健康作为央企养老机构，承担了许多最麻烦、最难办、最难产生效益的养老事业。目前国投健康旗下在北京、广州、上海、常州、贵阳、盐城、苏州等地的养老项目已陆续投入运行。通过在中心城区设立专业健康养老机构，搭配医疗资源，引入欧洲、日本养老服务理念和国内外专业养老服务企业运营经验，将中国传统文化与养老服务有机结合，形成国投健康养老服务标准，为入住老年人提供全面的医疗服务、亲情式贴心照护、精细化的专业服务；并以健康养老机构为基础，向社区养老、居家养老延伸，向老年人家属、活力型老年人延伸，为各年龄段老年人提供丰富的医养康养服务。

三、国投健康养老服务的协同关系

国投健康旗下北京和上海两个养老机构分别试点了自建医务室和自建护理院两种医养结合模式，均与当地医疗机构形成了良好的协同关系。

（一）国投健康北京养老机构

北京国投健康长者公寓采取“养老院+自建医务室+公立分级诊疗合作”模式运行，是国投健康独立开发运营的高品质医养结合的健康养老公寓，2018 年正式运营。长者公寓总建筑面积 3 万多平方米，有近 400 张床位，地处西二环阜成门，毗邻金融街；周边医疗资源丰富，紧邻中国医学科学院阜外医院。长者公寓尽享周边交通、医疗、生活资源，方便子女亲朋欢聚，贴近都市生活，延续社会交往（图 16-2-4）。

1. 长者公寓的适老化环境设计。引入欧洲先进理念，充分尊重老年人生活特点，设有宽敞的活动区域和屋顶露天花园，生活设施一应俱全；遵循亚洲精细化照护标准，以老年人为中心，全面照顾入住老年人生活起居，给予所需的医护支持，旨在让老年人朋友享受全方位、全周期的犹如家庭般温馨、幸

图 16-2-4　国投健康长者公寓外景

福、充实、快乐、健康的老年生活。

2. 国投健康长者公寓的服务内容。为入住老年人开展包括入住综合能力评估、健康例行评估、专项评估等评估服务；提供认知障碍症、慢性疼痛、尿失禁等老年常见疾病及其症状的护理。为入住老年人提供日常基础护理和专科护理操作，可开展血糖监测、心电图检查、吸氧、吸痰、雾化吸入、口腔护理、压疮护理、留置尿管、留置胃管和静脉采血等基础性护理操作以及造瘘口护理等专科护理服务。

3. 失智照护区特色服务，在公寓大楼的第三层设有两个多感官治疗室，社工利用声、光、电等特效功能，开展失智干预和康乐活动。同时，与国投所属中国电子院联合承接北京市科委课题，开展“失智老年人照护空间建筑环境及智能化设施研究”，完成了失智楼层智能设备安装调试及智能芯片测试，开展“沉浸式多感官干预活动”项目，在长者公寓内开展“脑健康”讲座，为公寓入住老年人实施筛查和干预工作。2020 年，机构荣获世界阿尔茨海默病防治协会典范项目。

4. 长者公寓运营同步取得医疗机构执业许可证，并获得北京市医保定点机构资质，服务期间不断以内部医疗保障服务体系为基础，持续深入与周边三级医院和社区卫生服务中心等优质医疗资源合作，深入推进“自建医务室-三级医院-社区医院联动保障”的三级医疗体系建设。

5. 长者公寓的医疗配置。医务室面积近 2 000 平方米，配置有诊室、输液室、健康评估室、药房、理疗室及康复大厅、水疗室等多种诊疗功能。配有多参数监护仪、心电图机等多种医疗设备设施，可为入住老年人提供日常诊疗和急救服务，另配备水中步态跑台、老年专用跑步机、辅助步行训练器低中频电脉冲治疗仪、磁震热治疗仪等多种康复理疗设备，配备了执业医师、护士、康复技师、中医理疗师、检验技师等专业人员，可为老年人提供全方位的康复理疗服务。

6. 老年人等级照护。定期为入住老年人开展巡诊服务，提供医疗咨询、风险判断、慢病管理、用药指导、体检等基础医疗保障服务。建立医护总值班保障制度：一线医生护士 24 小时值班，医务部负责人二线听班，楼层主管三线备班。老年人突发病情变化时，值班医护第一时间进行病情判断，提供急诊救护。

7. 上门服务和委托服务。为介助一等级（含）以上老年人提供药品委托管理服务，并按照每周一次的频率前往合作三级医院或社区卫生中心代购药品。长者公寓与周边三级医院签署合作协议，由三级医院指定全科、综合老年科专家在工作日来院巡诊。合作开设转诊绿色通道，如老年人出现急危重症，需要转诊服务时，及时由三级医院相关科室（全科、综合老年科、心内科、急诊）进行收住入院治疗。

（二）国投健康上海养老机构

国投健康上海养老机构主要依托上海彩虹湾老年福利院而建立，采取“养老院+自建护理院+合作三级医院”协同运作的模式。

1. 基本情况　上海虹口区彩虹湾老年福利院位于虹口区凉城路，是一家医养结合型的综合性老年福利院，是虹口区重点民生项目，也是目前上海中心城区体量最大的公建民营养老项目，2019 年正式运营，总建筑面积 3 万多平方米，设有医养床位 860 张，是一家集机构养老、医疗康复、社区养老和居家养老服务于一体的医养结合型养老服务机构（图 16-2-5）。项目地处上海市中心城区，邻近地铁 3 号线，交通便利。周边医疗资源丰富，邻近同济大学

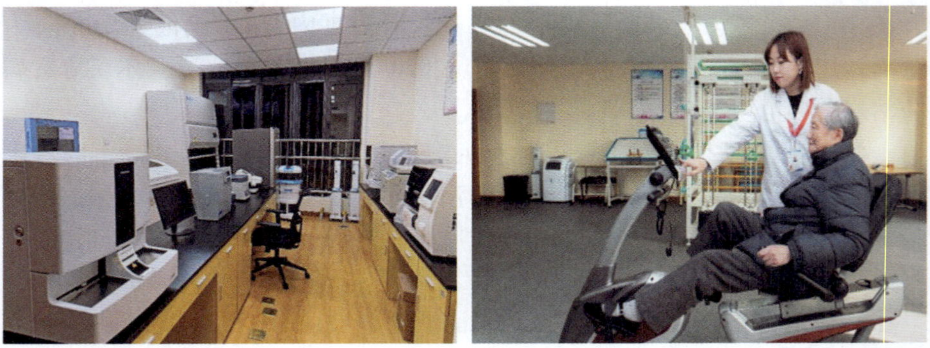

图 16-2-5　彩虹湾老年福利院的服务设施及服务活动

附属上海第四人民医院。

2. 服务对象　彩虹湾老年福利院主要为活力型老年人提供高品质的生活照护、健康餐饮、文化娱乐、未病防治、健康管理；为失能、认知障碍老年人提供专业的慢病管理、医疗护理、康复保健等专业服务。通过开展老年人照护非正式培训、提供日间照料服务、为周边社区老年人提供助餐服务等方式，将普惠型养老理念延伸至周边社区。

3. 服务模式　彩虹湾老年福利院环境优美，设置功能区域20余个，有老上海风情街、超市、网吧、阅览室、棋牌室、陶艺室、农家乐园区等。开设老年众创工作室，满足不同老年人的个性化需求。引进国际先进的理念和方法，打造特色认知障碍照护专区，满足失智失能老年人的专业照护需求。已完成对20个认知障碍照护单元、272个认知障碍照护床位的改造，重视发挥植物角、动物区等环境功能区的作用。完善认知障碍"非药物疗法"、安宁疗护服务体系。在国家、地方相关标准的基础上，彩虹湾老年福利院进一步形成了认知障碍"非药物疗法"干预手册，建立和完善安宁疗护标准化服务体系。

4. 医疗保障　2021年，彩虹湾老年福利院将部分楼层改建为护理院，获得医疗机构执业许可，随后获得上海市医保定点机构资质，设置内科诊室、中医、康复及其他相关科室。与周边三级医院签订"互联网+养老院"医养结合协议，依托护理院和与之合作的三级医院，进一步推动医养结合不断深入，打造"养老院-护理院-合作三级医院"的模式。由合作三级医院为护理院和养老院提供老年人慢病、常见病、突发疾病处置及临床护理技能等技术支持和指导。成立转诊小组，根据老年人疾病进展情况，在护理院和养老院间开展两院转诊工作。同时与合作三级医院形成紧密联系，承接康复期老年人入住护理院，急性期老年人通过绿色通道快速转诊到合作三级医院。

第三节　凯旋医养模式·山东临沂凯旋医养集团

山东临沂凯旋医养健康产业集团有限公司（以下简称"凯旋医养集团"）成立于2000年。近年来，集团认真贯彻落实《国家卫生健康委办公厅关于开展第一批全国医养结合示范县（市、区）和示范机构创建工作的通知》和《国家卫生健康委关于印发医养结合示范项目工作方案的通知》，进而按照山东省人民政府办公厅《山东省创建全国医养结合示范省工作方案》的要求，在国家、省、市各级卫生健康主管部门正确领导以及中国老年医学学会医养结合促进委员会的指导帮助下，以标准为引领，优化医疗卫生与养老服务资源配置，促进各种元素有机衔接并深度融合，使集团医养事业和产业迅速步入良性发展轨道。

一、山东临沂“凯旋医养”集团基本情况

凯旋医养集团公司地处沂蒙山革命老区，是一家集医疗、养老、健康服务、技能培训评价、能力评估认证、智慧健康管理、标准示范推广、商贸文化旅游、老年用品研发等多项社会功能为一体的大型综合性集团式公司。公司占地面积400余亩，总建筑面积20多万平方米，总资产达30多亿；已有开放床位2 600张，另有规划床位3 000张；拥有员工700余人。公司下设临沂凯旋医院（**图16-3-1**）、临沂凯旋老年养护院、临沂凯旋职业技术培训学校、临沂市康泰社会服务评估中心、临沂凯旋老年服务中心以及分布在李官、半程、枣园、汪沟、兰山等街道或社区的9个护理院、17个社区日间照料中心及所属网格化居家服务站。

图16-3-1　临沂凯旋医院外景

2014年12月，临沂市政府决定将民政局主办的9个公建养老院和50个社区卫生服务站交由凯旋医养集团托管，分别用于养老院运营和筹建日间照料中心。经过多年发展，到2022年，凯旋医养集团不仅成功运营了这些设施，还自建了一个高端康养社区，其中包括一个拥有480张床位的中医康复医院。加上原有的600张床位的老年病医院，该集团现已形成了一个以老年病综合医院为核心，10个养老院共约3 000张床位为支撑，以及50个社区日间照料中心为基础的三级医养架构。这一架构覆盖了兰山区和河东区为中心的300万人口区域，成为了民营医养结合的典型养老示范区。

2017年11月，凯旋医养集团被原山东省计划生育委员会确定为“山东

省首批医养结合示范单位”。以此为契机，集团组织医院认真总结前期试点建设经验，优化整合医疗卫生和养老服务资源，完善医养结合服务功能，巩固成果，进一步打造具有凯旋特色的医养结合发展模式。临沂市卫生健康委员会等主管部门十分重视凯旋特色的医养结合示范成效，专门召开现场会推广凯旋公司医养结合的经验和做法。

凯旋医养集团医养结合示范工作，得到国家、省(市)主管部门的充分肯定，在2020年养老机构等级划分与评定工作中，凯旋公司医养结合示范工作获得五星级评价，成为全国行业内的典型；临沂市人民政府发文对凯旋公司的标准化创建成效予以充分肯定。2021年5月，凯旋公司跻身国家级服务业标准化试点创建行列。凯旋公司先后被授予“全国敬老文明号”“山东省敬老文明号”“山东省十佳敬老企业”“山东民政标准化建设先进单位”“山东省重点服务业企业”“山东省高端品牌”“山东省服务名牌”“山东省知名服务品牌”“山东省优质服务品牌”“山东省最具影响力养老服务十佳品牌”“临沂市尊老敬老先进单位”等几十项国家或省市荣誉称号，国内慕名来访的交流团队络绎不绝。

二、“凯旋医养”集团模式的基本架构和布局

凯旋医养集团立足于优化医养资源配置，以临沂凯旋医院为核心，积极构建“三级架构、四种类型、多重保障、协同高效”以及“以医助养、以养促医”的区域化医养结合临沂“凯旋医养”模式，实现养老服务标准全覆盖、医养结合服务全覆盖、智能化服务全覆盖、标准化知识培训全覆盖。临沂凯旋医养模式建设规划和架构体系详见图16-3-2。

（一）凯旋老年病医院

凯旋集团已建成具有600张床位的凯旋老年病医院，作为凯旋医养集团的老年疾病医疗中心，同时也是凯旋医养集团的健康医疗大数据中心的依托，由此形成智慧医疗、智能养老服务的云平台。凯旋老年病医院外景见图16-3-3。

（二）公建托管养老院

接受政府部门委托，凯旋医养集团将9所具有医养结合能力、设备配置齐全的公建托管养老院组建为凯旋养老服务中心，合计2 600多张床位，中心所辖的养老院都是民政部门建设经营多年的成熟机构。凯旋医养集团养老服务中心见图16-3-4。

（三）公立社区医养服务体系

凯旋医养集团接受政府托管的50多个公立社区医养服务站，将其改造设置为日间照料中心，形成社区与居家养老综合体系，覆盖两个区居民约300

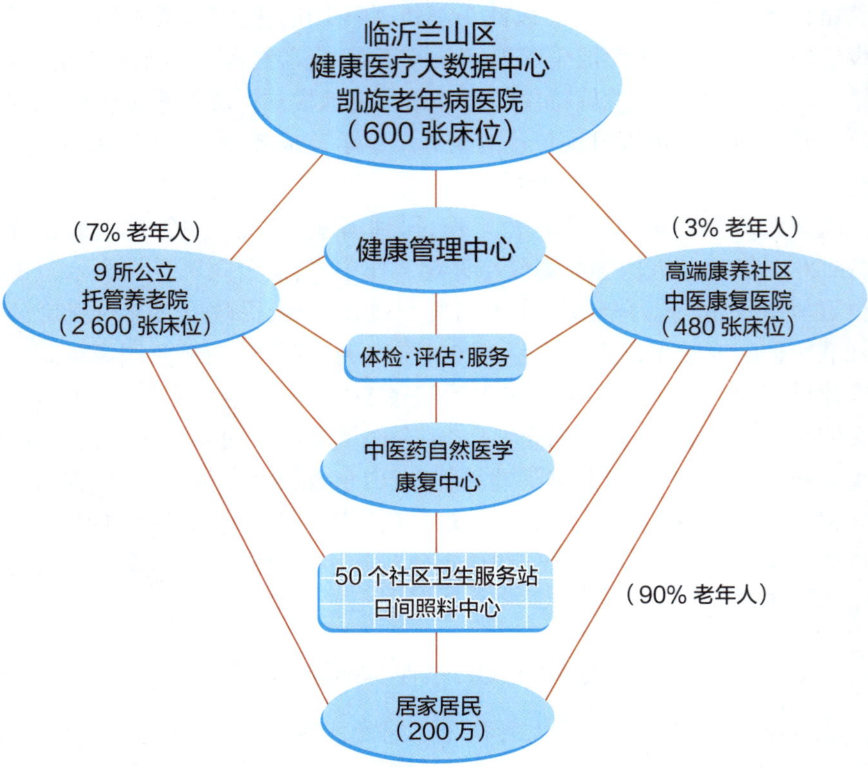

图 16-3-2 临沂凯旋模式之建设规划构架和医养机构布局示意图

图 16-3-3 凯旋养老院外景

图 16-3-4　凯旋养老服务中心

万。社区医养服务站运行情况见图 16-3-5。

图 16-3-5　社区医养服务站运行情况

（四）高端康养社区

凯旋医养集团自建的高端康养社区配置有一所中医康复医院，医院拥有 480 张床位，其周边建有 3 000 套典型的高端养老住宅健康社区，住宅社区与康复医院共同形成智慧养老中心。凯旋智慧养老中心外景见图 16-3-6。

以上四个版块是凯旋医养集团的模块架构，通过“互联网+”形成“天上一片云，地上一张网”，而实现所有医养机构的服务数据互联互通、信息共享，成为完全覆盖临沂市兰山区的医养结合养老服务体系。凯旋公司重视实施标准跃升工程，自主编制以医养结合为核心内涵的《凯旋医养服务标准体系》，用于自身医养结合服务的规范标准。

三、建立覆盖全区域医养结合基本养老服务体系

临沂凯旋医养集团经过多年探索，创建了一套适合民营企业运营管理并覆盖城乡的医养结合养老服务体系，这个体系包含以下四个方面的内容。

图 16-3-6 凯旋智慧养老中心外景

（一）完善的医养结合功能

凯旋医养集团以自建的老年病医院——凯旋医院为龙头，并以托管的 9 家公立养老院和 50 家日间照料中心为基本架构，形成了三级医养结合养老服务体系，覆盖了临沂市兰山区和河东区约 300 万人口。

（二）顶级的健康管理系统

凯旋医养集团以上述三级医养结合机构为依托，在凯旋医院增设健康管理系统，将健康管理中心设置在医院，以方便对全区居民进行体检和健康管理。

（三）独特的老年康复功能

凯旋医养集团在上述三级医养结合机构里，尤其在中医药康复医院内增设中医药自然医学康复机构，作为以治未病、疗慢病、促康复、抗衰老为主要任务的研究和服务机构。

（四）先进的智慧养老平台

凯旋医养集团创建了凯旋智慧养老云平台，其功能深度融入所有医养机构和社区居民家庭，提供能适应所有居民要求的医养结合服务，并有大数据中心作依托，实现全区一张网智慧医疗、智慧养老、智慧管理。智慧养老云平台运行状态见图16-3-7。

图16-3-7　范利会长在临沂市民政局领导陪同下考察临沂凯旋模式智慧养老云平台

（五）高端养老社区及医养服务综合体

为进一步破除社区与居家养老的壁垒，以解决高端人群的医养服务问题，凯旋医养集团投入巨资创建了一个拥有1 800套高端住宅的康养社区，配置一个有480张床位的中医康复医院。高端养老大楼，作为对外输出的康养社区样板，也是典型的居家养老与社区养老相融合的模式，履行8项服务功能，包括医疗、养老、康复、健康管理、文化生活、日间照料、上门服务和绿色通道。围绕“治未病、疗慢病、促康复、抗衰老”这四个目的开展工作。康养社区见图16-3-8。

四、健全区域医养结合基本养老服务体系运营的保障体系

为保障凯旋医养模式架构体系顺利运营，医养集团成立了如下配套机构。

（一）健康管理中心

凯旋医养集团成立了健康管理中心，面向辖区300万人口实行健康管理，包括健康体检、健康评估、健康服务。

（二）老年照护学校

凯旋医养集团成立有自己的老年照护学校，同时中国老年医学学会在此

图 16-3-8　临沂凯旋模式之高端康养社区

建立了医养照护培训基地，为医养结合高质量发展提供人才支撑。公司建立了临沂市规模最大的养老服务职业技能培训学校，获人力资源和社会保障部核准备案的省级企业技能人才自主评价资质。连续4年承办临沂市养老护理员职业技能大赛，承办全市养老院院长、养老机构社会工作师培训班。根据目前的统计数据，共培训各类医养结合服务人员近万名，学员遍布全市各级养老服务机构和家政行业，既有效地缓解了养老照护人才短缺的窘迫局面，又为从业者提供了大量的就业机会，连续4年实现岗前培训和在岗持证率两个100%。

（三）自然医学保健康复中心

凯旋医养集团在凯旋老年病医院、中医康复院基础上，成立了自然医学保健康复中心。结合现代科技展开治未病，疗慢病，促康复，抗衰老的研究和服务。

（四）智慧养老服务平台

凯旋医养集团创建了“临沂凯旋智慧、医养服务平台”，利用“互联网+”技术，使医院、养老院、中医康复院、健康管理中心、日间照料中心等实现数据互联互通、信息共享，利用智能技术作为整体运营保障体系的支撑。

五、临沂“凯旋医养”模式的主要特征

（一）广泛的覆盖效应

凯旋医养集团以医院+养老院为支撑，以社区卫生服务站（日照中心）为基础，对社区居民实现了医养功能一张网全覆盖。

医养结合示范县（市、区）通常只有政府主导才能成功。民营的临沂凯旋

模式，通过这种方法，也可以在省市区级实现区域全覆盖。临沂市政府支持凯旋医养结合示范区，切实实现了对该区域居民全覆盖，解决了辖区老年人的医养之忧。

（二）健全的运行机制

过去，民政部门为“三无”（即无劳动能力、无生活来源、无法定赡养人）老年人建立养老院，需要承担建房、维修、生活费和员工工资等高昂的运行成本，这给主管部门带来了沉重的负担。现在，通过引入民营托管模式，在确保“三无”老年人得到妥善照顾的前提下，将养老院向全社会老年人开放。民政局现在只需负责质量监督和划拨生活费，而养老院的房屋维修、水电供暖以及管理服务人员的工资等费用则由企业承担。这一转变大大降低了政府部门的运行成本。同时，该模式还解决了大量社会老年人的养老问题。通过整合医疗机构，养老院已经发展成为一个优秀的医养结合机构，实现了政府、企业和老年人的三方满意。

在临沂市政府的有力支持下，凯旋医养集团与民政局共同创新了对所有社会养老机构的监管方式，这不仅显著提高了管理水平，还优化了经济效益。通过构建全新的服务体制和机制，他们成功地打造了一个民营医养结合的示范区，这一成就无疑是一个值得借鉴的成功范例。

（三）规范的服务标准

临沂凯旋医养集团非常重视医养结合服务标准化，始终把医养结合服务标准化建设放在战略高度。早在 2015 年就开启了医养结合服务标准化的探索。2018 年，获批“山东标准”临沂医疗养老服务标准化试点单位，实施了“标准化+医养结合”战略，制定编印了以医养结合服务为核心内容的《凯旋医养服务标准体系》。2021 年，被国家标准化管理委员会列为“2021 年度国家级服务标准化试点单位”，将凯旋医养服务标准化上升到国家级层面。医养结合服务标准化建设有力地促进了凯旋医养集团的建设和发展（图 16-3-9）。

图 16-3-9　凯旋医养服务的标准化建设效益

第四节　圣德医养模式·河南信阳圣德医养集团

圣德医养集团是较早为老年人提供“医、养、康、护”系统服务的大型医疗康养企业，长期致力于医养深度结合，实行统一的标准化规范管理。河南省信阳市山清水秀，气候宜人，连续十次入选“中国十佳宜居城市”。信阳“圣德医养”坚持“以老年人为本”的服务理念，已形成集医疗、教学、科研、康复、养老为一体的老年健康服务机构，在学科设置、设备配置、医疗技术、管理和服务等方面形成了明显的优势（图 16-4-1）。

一、信阳市“圣德医养”模式基本情况

华信圣德健康产业发展集团是河南省信阳市一家以医疗、养老为主业的大健康企业。旗下有河南圣德医院、圣德康复医院、圣德老年医院（护理院）、河南圣德健康养老中心以及母婴护理、医疗美容、生物科技等多家企业。其中河南圣德医院总投资 20 多亿元，建筑面积 23 万平方米，拥有医疗床位 2 500 张，是河南省卫生健康委批准设立和执业登记的三级综合医院，也是河南省规模最大的民营医疗机构。

2021 年，国有资本收购集团 60% 股权，成为国有控股混合所有制企业，河南圣德医院移交政府管理，改为信阳市人民医院。养老等其他子公司由华信圣德健康产业发展集团自主经营。通过国有资本的加入和医院的公立化改造，养老机构企业文化运营，华信圣德健康产业发展集团实现了轻装上阵，确立了“以医院为依托，以康养为主业”的大健康产业布局。

河南圣德健康养护中心依托河南圣德医院（现为信阳市人民医院）设立，一期投资 10 亿元人民币，占地面积 80 余亩，建筑面积 13 万平方米，机构养老床位 500 张、居家养老 300 户，配套建立的圣德康复医院、圣德老年医院（护理院）拥有医疗床位 500 张，是一家集养老、医疗、商业配套为一体的医养结合持续照护养老社区（continuing care retirement community，CCRC），可以为自理、半自理、失能失智老年人提供生活照料、医疗康复、健康管理、安宁疗护等全方位的养老助老服务（图 16-4-1）。

近年来，华信圣德健康产业发展集团充分发挥体制机制优势，在医养结合养老产业发展上取得突出成效，2021 年 7 月获得国家普惠养老示范建设项目称号；2022 年 12 月成为国家四星级养老机构；2023 年 6 月成为河南省医养结合示范机构；2023 年 12 月成为国家第一批“全国医养结合示范机构”，并命名授牌表彰（图 16-4-2）。

图 16-4-1 河南信阳“圣德医养”机构全景布局图

图 16-4-2 河南圣德健康养护中心建筑群

二、“圣德医养”模式内涵与特色

(一)“圣德医养”模式基本架构

河南省信阳市“圣德医养”模式所依托的集团康养产业充分吸收国际先进的养老理念，探索符合中国国情的可持续发展养老新模式。其基本架构以信阳华信圣德健康集团健康医疗大数据中心为主体，通过河南圣德健康养护中心整合信阳圣德康复医院、信阳市人民医院、信阳圣德老年医院、信阳圣德体检中心、羊山新区龙飞山街道养老服务中心以及羊山新区前进街道养老服务中心的服务资源，为有不同需求的老年人提供医疗保健或生活照料等养老保障服务，确保老年人度过有温暖、有尊严的晚年。河南省信阳市"圣德医养"模式基本架构见图 16-4-3。

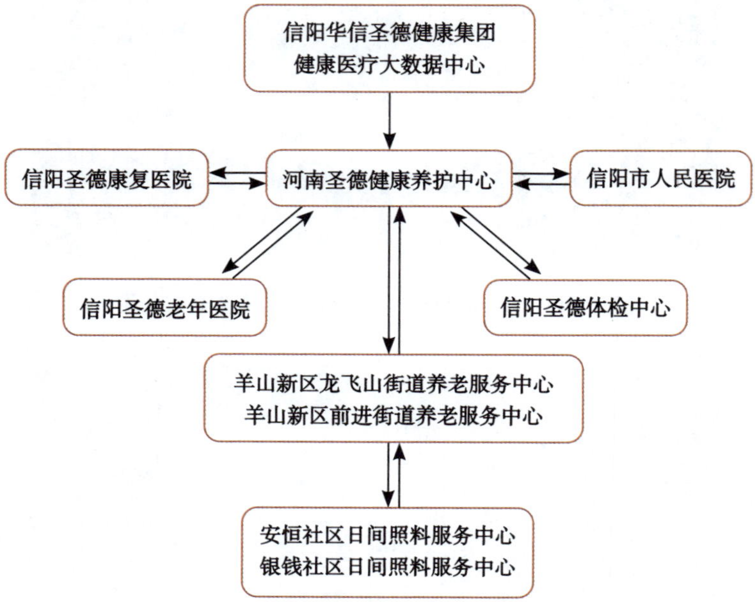

图 16-4-3 河南省信阳市"圣德医养"模式基本架构示意图

(二)"圣德医养"模式服务内容

信阳华信圣德健康产业发展集团康养产业创建伊始，就锚定医康养融合的发展目标，养老中心与三级综合医院一体规划、一体设计、一体建设，打造"335"医康养综合体。

1. 以"三所医院"为支撑，打造完善医养空间。中心与信阳市人民医院(三级综合医院)共处一个园区，目前又配套建设圣德康复医院和圣德老年医院(护理院)两家以康复和老年病为专业特色的二级医院。中心与三所医院共处一个园区，整体建筑连廊互通，四位一体。医与养无缝对接，真正实现了"小病不出楼，大病不出园"。

2. 以"三大单元"为保障，打造专业照料空间。中心机构养老建筑面积近 10 万平方米，根据老年人身体状况，分区设置自理、半自理、失能和失智等三大照料单元，按照医院病房标准，设置养老床位 500 张，有单人间、双人间和豪华套间不同房型。房间均配备有集中供氧、一键呼叫、紧急救助等系统。居住区配备接待室、评估室、护理站、心理咨询室等，可以满足老年人多样化的养老需求。

3. 以“五感花园”为主体，打造适老颐养空间。中心以生态性、科技性、安全性、适老性为原则，倾力打造出以“五感花园”为主题的庭院环境。各类绿植、亭台雕塑、阳光菜园、健身广场、红色文化长廊、适老化设施设备，构建了视、听、嗅、味、触五觉感官空间，营造环境悦人、生态养人、文化乐人的幸福康养家园（图 16-4-4）。

图 16-4-4　信阳市人民医院外景

(三) 信阳市“圣德医养”模式主要特色

通过多年的建设、发展、探索，华信圣德健康产业集团康养产业逐步建立起一整套运营、管理规范，形成了独具特色的养老产业模式。

1. 综合医院公立化改造　圣德医院集团的国有控股改制和圣德医院的公立化改造，体现了“强强联手，互利共赢”的鲜明特征。作为国有控股的混合所有制企业，华信圣德健康产业集团完全按照《中华人民共和国公司法》规定运作，建立了完善的法人治理结构。同时充分发挥国有企业规范在管理程序和民营企业灵活在运作效率方面的优势。对具有医养结合基础的大型三级综合医院采取政府托管的方式，改造为公立医院，有利于提升社会公信力，在医院自身发展的同时，也为养老产业提供了坚强保障。而作为社会一般服务项目的养老服务，则继续实行市场化运营，可以较好地保证服务质量，为群众提供了更优质的养老服务，实现了企业、政府、社会多赢的结果。

2. 医养机构企业化经营 中心内设两家以康复和老年病为特色的二级医院，并与信阳市人民医院（三级综合医院）共处一个园区，实现了“全过程”医养衔接。中心构建了“急症快医、慢病细养、失能近护、无病保健”的医康养一体化照护模式。急危重症老年人，可在 3 分钟之内直达人民医院接受治疗，为老年人赢得宝贵的黄金抢救时间；慢性病老年人，可直接入住康复医院、老年医院（护理院）接受治疗；对活力老年人，中心医护人员可随时提供基础医疗服务，并建立完善的健康管理机制，老年人可方便享受健康体检、健康咨询、健康评估服务，做到早预防、早发现、早治疗，为老年人的健康保驾护航。

3. 服务质量标准化升级 中心坚持把养老服务渗透到每一个细节。形成了三大承诺、六疗特色、九师团队、九防服务“3699”服务模式。

中心根据《养老机构服务质量基本规范》要求，针对老年人身体状况和需求，为每位老年人量身定制个性化照料方案，形成了“四化”保障模式。一是医疗服务专业化。做到急病快治、慢病调理、特殊照护、无病康养的全方位的医疗服务。二是生活照料精细化。中心按照个性化照料方案，把生活照料服务细分为助行、助洁、助餐、助浴、助乐、助医的 6 助，58 个细节。三是膳食服务个性化。中心根据老年人的身体状况及饮食需求，制订个性化膳食方案，对有慢性病的老年人专门提供糖尿病餐、痛风餐、高血压餐等；对有不同饮食需求的老年人，提供点餐、包桌餐、自助餐、代加工等餐饮服务。四是文化娱乐多样化。信阳是大别山革命老区，中心居住有许多老党员、老干部，对党情深，红色情愫浓厚。中心大力弘扬红色文化，成立了老年人功能性党支部。创办了“老年大学”，开设党史、古代文学史、保健养生、书法绘画等 8 个系别 30 余门课程。定期开展节日大联欢、康乐棋牌赛、怀旧影视赏析、花样腰鼓、快乐养生操、夕阳红大合唱、梨园春戏曲清唱等文化娱乐活动，丰富老年人健康文化生活（**图 16-4-5**）。

4. 服务内容社区化延伸 中心坚持“以机构养老为基础，以居家养老为外延，以社会养老为方向”，积极开展养老延伸服务。中心在积极探索连锁经营的同时，着力开创“养老+行业”“互联网+养老”的康养新模式。中心除机构养老外，设有居家养老公寓 300 套，已入住老年人 100 余位。同时中心面向周边社区上门为居家老年人提供“助餐、助医、助行、助浴、助洁、生活照料”等“六助”养老服务。目前养老服务已涉及周边多个社区。

图 16-4-5　信阳圣德健康养护中心外景

第五节　怀仁康养模式·湖南怀化怀仁康养集团

湖南省怀化市怀仁集团是怀化地区大健康产业的重要机构，长期坚持以全心全意为顾客健康服务为宗旨，一直秉承着普怀仁爱、惠民济世的企业宗旨，专注大健康领域，以服务顾客健康为己任，为怀化人民提供专业的健康咨询、健康管理服务。怀仁集团奉行机构社区居家养老一体化建设与医康养一体化服务，努力将企业打造成全市、全省乃至全国的健康管理机构标杆，立志于做中国健康管理行业的引领人，为构建中医特色的预防保健服务体系不断做出新贡献。

一、怀化市“怀仁康养”模式基本情况

湖南怀仁集团创建于 1996 年，目前已经初步形成社区居家养老服务体系，旗下健康运营的医养机构有怀仁社区养老服务公司、怀诚康复疗养医院有限公司、怀化美年大健康医疗服务有限公司、怀化仁康健康管理中心、怀仁晋源养老公寓等。同时与湖南中医药大学及其附属医院、湖南医药学院及其附属医院等多家三甲医院建立了良好的合作关系。2020 年 4 月启动建设的怀仁康养生态园坐落于怀化鹤城区池回村，位于舞水河畔。该项目规划总建筑面积 17.5 万 m^2，是国家发改委、国家卫生健康委、民政部支持的医养结合城企联动普惠养老项目，规划建设医疗养老康复床位约 4 000 张，项目总投资近 6 亿元。包括医院、养老院、健康管理中心等，开创“医、康、养、护、研、学、旅”

一体化养老服务模式，构建医疗保健、老年教育、康复护理、养生养老、研学旅行、休闲度假等产业布局，成为武陵山区域引领型智慧康养生活综合体，满足老年人在不同生理年龄阶段的需求(图 16-5-1)。

图 16-5-1　“怀仁康养”产业布局全景图

二、怀化市“怀仁康养”模式内涵与特色

(一) 怀化市“怀仁康养”模式基本框架

怀仁康养长期秉持“普怀仁爱、康民济世”的经营理念，恪守“颐享怀仁，康养万家”的服务宗旨，始终心怀仁德，潜心康养服务，打造机构养老、社区养老、居家养老上门服务“三位一体”养老服务体系。运用互联网养老服务平台，通过整合旗下丰富的康养资源，立足怀化，面向行业，打破养老时空限制和城乡壁垒，为社会提供智能化、信息化、数字化的健康管理和养老服务。

经过较长时期的努力探索，怀仁康养已经形成三大事业群、三大支撑中心、一个研究院的整体架构。三大事业群包括：生态康养园事业群、城乡一体化康养事业群、康养生态产业链事业群；三大支撑中心包括：平台运营中心、数字化运营中心、综合保障中心；一个研究院即为怀仁康养产业研究院。通过整合内部资源，联结外部生态，构建线上线下一体化平台，加强怀仁康养的居家、社区、机构三级养老体系，建设医疗、医养、医药相结合的老年健康服务模式，各个平台相互协调、相互支持，形成“康-养-医-享”相辅相成的怀仁康养体系整体效应。“怀仁康养”模式服务理念结构体系见图 16-5-2。

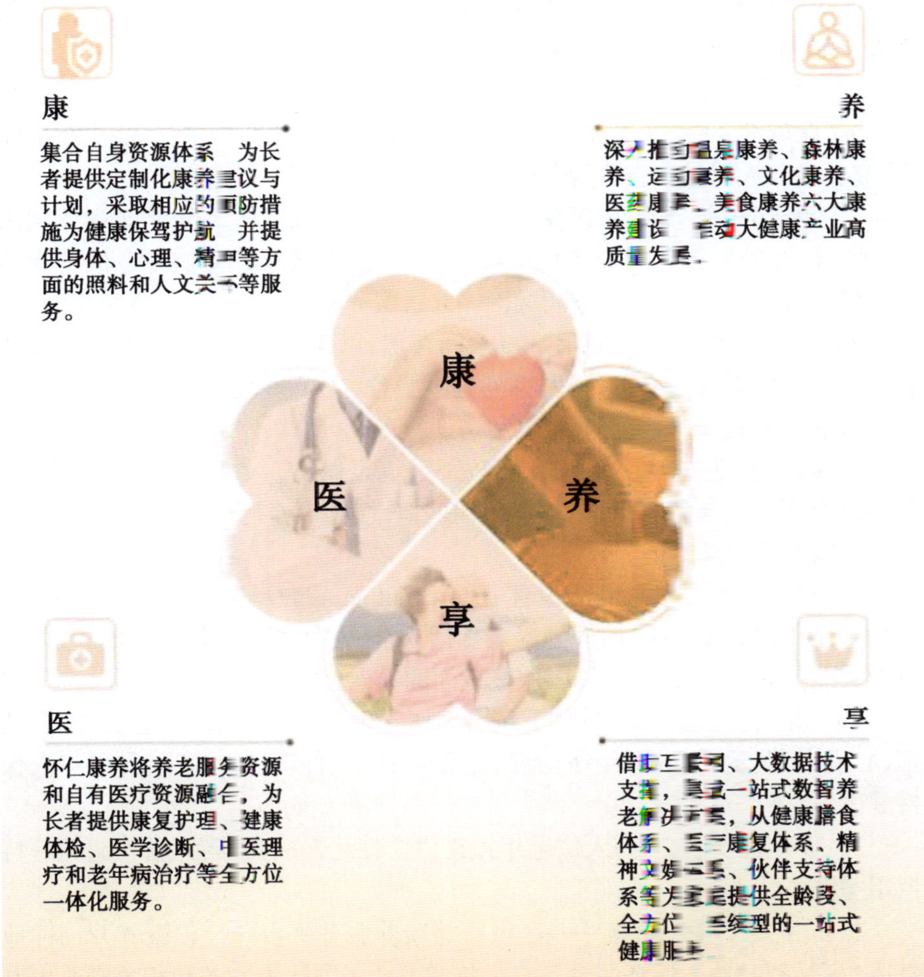

图 16-5-2 “怀仁康养”模式服务理念结构体系示意图

(二) 怀化市“怀仁康养”模式主要内容

1. 医药医疗医养结合——打造新型康养综合体 怀仁集团依托 20 多年的医药经营优势，开创性地将医药产业与医养服务深度融合发展，建成怀仁大健康产业园，打造新型康养综合体。怀仁大健康产业园占地近 200 亩，建筑面积近 30 万平方米，包括集团行政中心、中药工业区、生态康养园等多个分区，形成集中医药文化旅游、照护服务、医疗服务（老年康复医院）、持续生活退休社区（continuing life retirement community，CLRC）、康养酒店、康养学院、康养研究院等多个模块融合发展的新型康养综合体，为老年人提供“医、康、养、护、研、学、旅”等全方位、全周期的康养服务。

（1）中医药版块：构建了中医药文化博物馆、党建文化展厅、黄精主题展厅及体验中心、观光工厂等系列参观体验场所。

（2）医养康养版块

1）康养苑：可开放床位 1 400 张，主要为失能或半失能老年人、失智老年人、高龄老年人提供全方位的专业照护服务。

2）康养医院（老年病医院）：建筑面积 46 000m^2，最大容量可开放病床 750 张，打造中医特色的老年病医疗康复医院，为老年人提供专业的健康体检、老年病防治、康复医疗、慢病调治等健康服务。

3）酒店式康养中心：拥有 300 余间客房，可开放床位 600 余个。深度整合酒店客房具时代气息的舒适、系列健康服务、文娱服务，为老年人提供阶段性的康养疗愈服务，承接行业会议和培训教育。

4）康养学院：构建区域老年大学样板，满足老年人文娱、艺术、培训需求，开展老有所学老年教育；打造行业培训基地，培养康养行业人才，开展康养全产业链技能培训及认证。

5）康养公寓：持续生活退休社区（continuing life retirement community，CLRC），面向 50~60 岁提前规划养老生活人群、父母入住机构陪伴的人群、解放子女照护的人群提供高品质、服务全面的养老公寓。

6）“五调”健康中心：独创五调自然医学健康管理体系，即包括“膳食调理、心理调理、运动调理、经络调理、生活调理”五种调理内容，指导老年人保持健康。

7）康养膳食中心：为入住老年人提供个性化慢病营养餐、膳食调理等特色用餐服务。

2. 线上线下生态链接——区域智慧康养服务平台　怀仁康养开创性地打造“区域智慧康养服务平台”，充分将线下业务与线上业务和相关产业生态进行深度链接，为老年人提供全方位的便捷服务。怀仁康养区域智慧康养服务平台以信息中心为核心，借助强大的 AI 算力，成功实现了康养苑、康养医院等各康养实体模块的智慧信息化系统全面整合。此外，该平台还建立了康养呼叫平台和线上商城，实现了与居家养老相关的穿戴设备、呼叫系统的数据同步。同时，它深度联结了社区周边的家政、药店、餐饮、便利店等生活资源，以及各类健康及生活产品供应商资源。网络会员有需求可随时呼叫，平台即可就近安排服务队提供服务，实现“一键呼叫、便捷对接”。

3. 居家与社区医养综合体——城乡一体化解决方案　怀仁集团从 2015 年开始布局康养，借助怀仁药房在社区的布局优势，开创性打造“机构养老、社区养老、居家养老、药房助老”一体的养老服务体系，并结合农村空巢老人多的实际现状，将社区养老、居家养老服务覆盖至农村，借助信息化平台，实现城乡康养服务一体化。依托机构专业的医护资源和培训资源，整合社会康养服务人员及志愿者为老年人提供高品质的助医、助餐、助洁、助浴等“十助”服务（图 16-5-3）。

图 16-5-3 “怀仁康养”服务体系功能之一

三、“怀仁康养”模式基本经验

（一）文创品牌先行

怀仁康养制定了整体文创品牌大框架思路，打造集中医博览、沉浸体验、道医学堂、文创活动、线上综艺等多维一体的康养品牌序列。通过多渠道、多形态、多层次的传播“组合拳”，最大限度扩大怀仁康养品牌影响力和辐射引力，构建中国式康养示范标杆。以强大的影响力，形成强大吸引力，将怀仁康养的品牌、理念、产品根植顾客心中。

（二）教育培训引领

1. 强化怀仁康养老年大学办学特色。通过系统性的健康教育、模块化的文娱培训、文旅结合研学等多方向、多方式、多层次的老年大学课程，寓教于乐、寓康于乐、寓文于乐，让老年人深度接受健康快乐养老的理念，成为怀仁的终身客户。

2. 以怀仁五调康养园为培训基地，建立怀仁康养行业人才培养体系，构建人才培养新模式，为拓展全新的智慧养老体系培养人才。“怀仁康养学院”将把握政策机遇，深化产教融合、校企协同育人，促进养老行业教育链、人才链与产业链、创新链的有机衔接，发挥现代产业学院在养老行业的引领示范作用。吸引全国大健康行业的培训教育和行业会议落户怀仁五调康养园。

3. 组织五调康养研修，开展大中医五调高级研修训练营，让广大的老年朋友研究、学习、实践国内顶级的大中医五调康养技术，通过自然疗愈，全面提升自我免疫能力和自我康复能力，让老人的人生更有质量、更有价值、更有意义。

（三）健康管理抓手

依托怀仁康养医院，以健康体检为基础，遵循中医核心理念，结合怀仁配套的医护资源，通过科学的饮食调理、精准的经络疏通、适度的运动锻炼、宽慰的心灵引导、正确的生活规律，帮助中老年朋友达到身心平衡、脏腑和谐。形成“五调健康管理”模式，即饮食调理、经络调理、运动调理、精神调理、生活调理等五大体系，紧紧围绕人的生活场景、心中愿景，进行针对性、定制化开发，打造健康的宜居环境。帮助和引导大家树立正确的健康观念：“不但可以延长生命长度，更能拓展生命的宽度。”使不想生病的人来怀仁五调康养，生病了不想住院吃药打针的人来怀仁五调康养！自然疗愈，自我康复，真正实现“轻松多活好多年”。

（四）中药产业支撑

中药板块是怀仁集团重要的健康产业，董事长林承雄从事医药行业30多年，精心研发和生产中药材精品，以药食同源黄精系列产品为主，开发出酒黄精、黄精茶、黄精酒、即食黄精、黄精枸杞口服液等系列特色产品，深受市场认可、群众欢迎。怀仁集团将进一步以中药生活化的研究开发和实施推广为核心，整合天然健康饮用水等优质食品资源，打造康养生态圈，为老人提供全方位的康养服务。以黄精为核心产品，以中小连锁药店和社区养老服务中心为主要场景，组织全国药店高阶会员来怀仁五调康养园研学旅游，进行健康管理，让更多的老人实现少吃药、不吃药、得健康。

以中国道家文化为先导，创五调自然医学健康管理体系。紧紧围绕人的基本生活、健康理想、精神世界，帮助和引导人们树立正确的健康观念，养成健康的生活习惯，打造健康的宜居环境，达到健康的终极目标。

第十七章

社区与居家医养结合养老模式

2016年11月11日，民政部、财政部共同确定了北京市丰台区等26个市(区)作为居家和社区养老服务改革试点地区，其他地区也积极推进居家和社区养老服务改革工作。此后，党和国家对社区与居家养老服务改革这一重大民生工程的重视程度不断提升，下面即对已经运行成熟并具有社会影响力的几个案例进行简要介绍。

第一节　房地产开发标准化康养社区建设——湖南省株洲市"凤凰谷康养社区"模式

湖南中康置业将重心转向了大健康产业，将医疗与养老紧密结合，致力于解决社区养老与居家养老之间的衔接问题。通过构建融合新型健康理念的康养社区，贡献了富有创新性的实践模式和宝贵的经验。

一、株洲市凤凰谷康养社区建设模式基本情况

湖南省株洲市凤凰谷康养社区(图17-1-1)，由湖南中康置业与云发集团联合开发。项目位于株洲市云龙示范区磐龙生态湿地公园与仙庾岭自然风景区之间，属株洲市新城核心区域。项目占地面积500余亩，规划建设住宅6 000套，配套建设中医康复医院1.2万平方米。医院内设97张床位，一级医疗资质；养老院共304张床位；配有门诊、康复、药房、检验、放射、超声等科室；还配有日照中心、老年人食堂、老年大学、健康服务、康养中心等硬件设施。目前已经建成，逐步展开运营。

株洲市凤凰谷康养社区环境优美，新型康养社区所需的医疗、养老、康复、体检、生活、娱乐、教育以及健康管理等各种功能设施配套齐全。社区交通方便，距长沙南站车程35分钟，驱车40分钟即可到达长沙黄花机场。社区建设实现了社区养老与居家养老相融合、医养与家庭服务相结合的"5分钟

图 17-1-1 株洲市凤凰谷康养社区项目鸟瞰效果图

康养生活圈”。

二、株洲市凤凰谷康养社区模式的基本内涵

（一）凤凰谷康养社区的规划理念与目标

健康中国建设对养老照顾模式的基本布局是“以居家养老为基础，以社区养老为依托，以机构养老为补充”，亦即 90% 为居家养老，7% 为社区养老，3% 为机构养老。但是老年健康服务的社会实践告诉我们，社区养老是城市养老的基础，如果不切实解决以社区作为居家老年人实现健康生活的依托平台，90% 的居家养老就是一个虚空的概念。因此，想要解决 90% 的居家老年人能够踏踏实实地依托社区实现幸福生活，功能完善的康养社区建设就成了城市养老的关键环节。株洲市凤凰谷康养社区便是这方面的典范。

株洲市凤凰谷康养社区是一个综合性的医养结合社区，它集成了医疗、养老、康复、健康管理、日间照料、老年人食堂以及老年大学等多项服务。这样的布局，确保了从活力老年人到失能或半失能老年人，直至安宁疗护，都能在这里享受到全过程、全方位的医养康一体化服务。在这个社区，小伤小病无须出园区，大病时也有人及时送医；老年人可以在园区内安享晚年，慢病康复服务甚至可以送到床边。此外，社区还提供丰富多样的文体娱乐活动，并配备了全面的智能养老功能，真正打造了一个幸福、舒适的康养环境。这样的社区，无疑是一个名副其实的健康社区、康养社区。经过一段时间的运营与发展，株洲市凤凰谷康养社区的模式已经被视为国家健康社区建设的典范。按照这一标准建设新社区，或依此改造老社区，都有助于我国推进健康中国建设。

（二）凤凰谷康养社区规划架构与硬件建设

株洲市凤凰谷康养社区规划与硬件建设主要有六大板块，如图 17-1-2 所示。

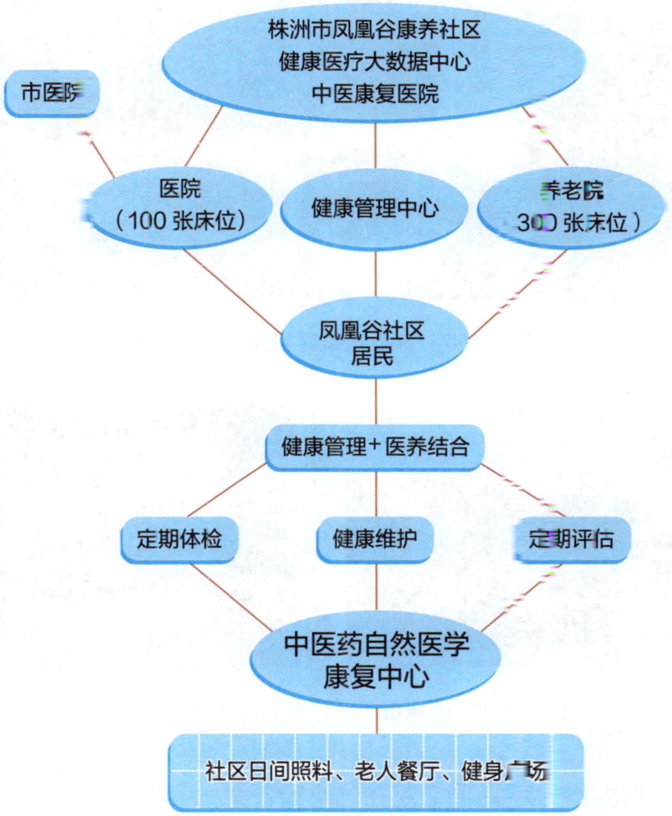

图 17-1-2　凤凰谷康养社区建设示意图

1. 社区居民住宅区　社区居民住宅是满足居民生活主要的基础设施，占据社区建筑面积的主体部分。按照规划，社区居民住宅区分四期建设，总共 6 000 套，拟入住居民 2 万多人。居民既可将其作为第一住宅，也可作为第二住宅（康养住宅）使用，使之体现养老房的功能（图 17-1-3）。

2. 康养区　株洲市凤凰谷康养社区建有 2 栋 20 层公寓楼，可以同时容纳 1 200 位老年人居住，主要用于慢病调养、康养旅居和活力型老年人（图 17-1-4）。

3. 医养区　株洲市凤凰谷的医养区包括一所拥有 97 张床位的医院和一所拥有 304 张床位的养老院，其医养功能包括门诊部、康复部、药房以及检验、放射、B 超、心电等全套辅助科室。医院名称为“中医康养医院”，经卫生健康

图 17-1-3　株洲市凤凰谷康养社区外景

图 17-1-4　株洲市凤凰谷康养区环境设施实景

委审批为一级医疗资质，而养老院在民政局备案。

4. 日照中心　为完善老年健康服务功能，株洲市凤凰谷康养社区配备有文化、生活、康复、娱乐、休息等场所及其必要的设施设备，完全可满足老年人的日常需要。

5. 老年大学　株洲市凤凰谷康养社区为老年人配置有琴棋书画、练功、舞蹈等文化娱乐场所和设施。

6. 老年食堂　凤凰谷康养社区较好地落实了政府关于社区建立老年食堂的要求，充分保证老年人餐餐吃好，确保老年人吃得健康、营养和快乐（图 17-1-5）。

以上 6 个方面都是重资产投入的建设板块，以其完善的功能设计和配套设施实现了社区与居家养老深度融合，从而为居家养老提供坚实的社区养老物质支撑。

（三）社区医养综合体的功能设置

为了充分发挥社区医养综合体的功能，切实保证社区老年人对医-养-康

图 17-1-5　株洲市凤凰谷康养区老年食堂

全方位的需求服务，凤凰谷康养社区设置了医疗、养老、康复、文化生活、健康管理、日间照料、上门服务以及绿色通道八项功能。其中，文化生活包括老年大学，日间照料包括老年食堂，这 8 个方面比较完整地体现了全方位的服务保障。

1. 医疗　这里的医疗主要指针对社区老年人的急诊救治和慢病防治。病房设置的 97 张床位主要用于慢病调理与防治，门诊主要解决日常头疼发热等小伤小病和急诊处置。

2. 养老　凤凰谷康养社区养老院，是民政局审批备案的养老机构，主要面向生活自理困难的老年人解决入住养老问题，让老年人在自己家门口或熟悉的环境入住，家属子女也更加放心。同时，这里的养老服务也向周边老年人开放。

3. 康复　凤凰谷康养社区特别重视将中医药的精髓、自然医学的理念与现代高科技手段相融合。通过这种方法，社区为老年人提供治未病、疗慢病、促康复以及抗衰老的全方位服务，旨在帮助老年人延年益寿，享受更高质量的晚年生活。

4. 文化生活　凤凰谷康养社区设置有老年大学，这不仅能满足老年人对文化艺术的学习热情，还能为他们的精神世界带来愉悦与慰藉。

5. 健康管理　健康管理包括健康体检、健康评估和健康服务。健康体检主要依托医院共享的医疗设备进行；健康评估由学会的专家定期或远程进行可视化评估；健康服务可由康复中心提供。

6. 日间照料　康养社区旨在为居家养老的活力型老年人、自理能力良好的老年人，尤其是处于亚健康状态的老年人，提供全面的日间照料服务。这些老年人在白天可以自由前往日间照料中心,享用餐饮、参与娱乐活动,并享受康养社区所提供的多样化健康服务。而到了晚上,他们可以回到家中,与家人共度温馨时光。对于子女来说,这样的安排使得他们能够在白天专注于工作和事业,同时确保老年人在日照中心得到周到的生活照料。而到了晚上,他们便可以与老年人团聚,尽享天伦之乐。

7. 上门服务 对于希望居家养老或由于各种原因不方便前往日照中心的老年人,康养社区提供上门服务。老年人和家人可以通过手机 APP 下单,方便快捷地预约所需的上门服务项目。

8. 绿色通道(或称生命通道) 在出现意外突发情况或老年人因重病急需救治时,无论是在家中还是在社区医养机构内,康养社区都能迅速启动"绿色通道",及时派出救护车将患者送往大医院进行急救。这一通道确保了紧急医疗救援的高效与顺畅。

设置如上八项服务功能,兼顾了老年人医养的方方面面,这是凤凰谷康养社区的最大特点。

三、凤凰谷康养社区的主要特征

(一) 社区建设标准化

凤凰谷康养社区创立的初衷,是以老年人的健康为核心,融入医养结合的大健康理念。该社区的目标是打破社区养老与居家养老的界限,构建一种全新的、高端养老模式,实现医养服务的全面覆盖。在社区规划阶段,标准化的医养结合综合体就被视为新社区建设的基石,旨在达到三个主要目标:首先,在结构上,这一养老模式希望成为新社区建设的重要标准,甚至争取上升为国家标准;其次,在功能上,它要成为居家养老者的坚实后盾;最后,在形式上,该模式旨在被打造成社区养老的典范,为城市养老模式奠定基础,并引领新时代城市社区和旧社区改造的标准。当然,如何使这些标准与不同规模的社区建设相契合,仍是需要进一步探讨的问题。

(二) 服务内容人性化

凤凰谷社区功能设置确定了 8 个方面的内容,这里提出的主要是框架体系,而具体服务内容则需在进一步强调人性化和适老化的基础上确定。

1. 针对活力型老年人的服务内容

(1) 满足老年人实现自我价值的需求:凤凰谷康养社区创办了凤凰学院,针对老年人的价值需求而提供特定的教育平台,业主可免费参与学习。具有一技之长的业主在这里可以拥有多重身份,使之有更多的机会展示、交流并实现与社会的共鸣,进而满足老年人的价值追求。

(2) 满足老年人的娱乐需求:凤凰谷俱乐部组织各种兴趣小组,经常安排富有特色而且应时应景的各种文艺活动，比如用艺术活动迎中秋、庆国庆、过重阳、贺新春等，全年举办有40多场文化娱乐活动。

（3）满足老年人的社交需求：凤凰谷康养社区很多业主有着相似的社会背景，年龄处于退休前后阶段，在共同的养老生活过程中能够成为好邻居、好朋友或好伙伴。

（4）满足老年人的医疗保障：老年人平常有个小伤小病都可在凤凰谷自设的医康养医院得到及时诊治，如有重大疾病须住院治疗则可以送到湖南省直中医医院云龙院区，因此医养条件非常方便。此外，社区配置有紧急呼叫系统，院前处置能及时得到省直中医医院的绿色通道支持，能够确保急病救治无虞、重病医疗无忧。

（5）满足老年人的健康管理需求：业主在凤凰谷的中医康养医院建立有健康档案，可及时接受健康评估和健康服务。康养区自然医学调理中心经常邀请著名专家来此坐诊指导。

（6）满足老年人的旅居需求：凤凰谷康养社区已与国内多个城市定制有旅居互动方案，老年人可根据个人的兴趣和爱好自行选择。

2. 针对居家养老的服务内容　除了上述针对活力型老年人的服务项目，凤凰谷康养社区还可为居家老年人提供个性化的服务。一是居家上门服务，凤凰谷康养社区可为老年人提供助浴、送餐、医疗上门等服务内容，解除起居不便老年人的后顾之忧。二是调养服务，凤凰谷社区康复部门可为老年人提供中医慢病调理康复服务，其服务项目均属于医保政策范围内。三是日间照料服务，凤凰谷康养社区有为老年人准备的生活照料、日间陪护等措施。

3. 针对失能半失能老年人的服务内容　凤凰谷养老院有300张护理床位，护理内容涵盖轻度、中度、重度护理需求，可确保为失能失智老年人提供全护服务。服务内容包括：一是均衡营养用餐服务，为老年人提供三餐、两点的营养餐食；二是高标准居住环境服务，如凤凰谷康养社区配置有星级酒店、适老式寓居设施和分区布置，还配置有新风系统、供氧系统等；三是零距离医疗服务，凤凰谷养老院每日组织医疗查房，在楼栋内即可实现康复住院安排；四是制式化社工服务，包括每天上下午均安排有定制式的社工活动，方便有需求老年人进行选择；五是个性化特殊服务，社区可提供以客户为中心的个性化特别护理服务（图17-1-6）。

为上述三类不同老年人安排的服务内容，充分体现了个性化和适老化的服务需求，同时也体现了打造居家、社区和机构养老一体化、全龄化康养社区的特征，即从中老年人→老年人、从活力型老年人→多病老年人→半失能老年人→失能老年人→安宁疗护老年人、从居家老年人→日照老年人→医养院老年人……面向全龄老年人提供全生命周期医养服务。

图 17-1-6 株洲市凤凰谷康养活动场景

（三）服务模式智能化

引入智能芯片技术为支撑的安全保护智能感知和生命特征监测监护设备，大大提高了老人居家、病房、社区活动的生命安全水平。

（四）文化生活居民自主

文化娱乐对于老年人生活非常重要。凤凰谷康养社区采取了文化娱乐自适自助的办法，居住老年人中有各种各样的人才，基于这一特点，社区采取由居民选举和个人自愿相结合的方式，成立了“凤凰学院”，组建了“快乐凤凰会”，开设了书法、美术、摄影、工艺、声乐、戏曲、器乐、舞蹈、茶艺、健康讲座、花卉栽培等课程，由“凤凰学院”自行安排、自己组织，社区物业提供条件保障（图 17-1-7）。

四、凤凰谷康养社区值得借鉴的几个理念

1. 将居家养老与社区养老相结合的医养结合综合体作为健康社区建设的标准，并成为今后社区规划、建设和改造的指导原则。这不仅是老龄化社会中优化老年健康服务的起点，更是其终极目标。若能将凤凰谷康养社区所积累的经验和理念上升到国家标准的高度，不仅能为城市养老服务和健康城市建设提供一条切实可行的捷径，同时也将为房地产业的发展探索出一条新路。

2. 以社区医养全覆盖为基础，构建智慧康养社区服务模式，这实际上是“互联网+社区建设”的一种创新实践。借助互联网与数据化技术，可以实现社区的全面覆盖，推动社区数字化进程，进而实现服务的数智化。这一模式

图 17-1-7 凤凰谷康养社区丰富多彩的文化生活

理应成为智慧城市建设的重要基石。

3. “买房子，送健康”——这种创新的经营理念，已成为推动康养社区发展的新动力。康养社区，也即我们所说的健康社区，构成了城市养老的基本单元，同时也是健康中国建设的重要基石。为了全面落实健康中国的战略构想，我们必须大力推动健康社区建设。这一理念应成为社区建设的共同追求，同时也标志着房地产业探索出了一种全新的发展模式。

第二节 托管式社区医养模式
——杭州市“暖心窝”社区医养模式

城市养老的重要基础之一在于社区养老，它涵盖了以社区居民为中心的居家生活日间照料、上门服务、医养结合以及健康维护等服务。这种养老模式的重点在于构建一个特色鲜明、功能完备的医养照护与生活服务体系。以杭州市为例，他们通过政府托管、单位托管、社区托管以及与企业如地产商的合作托管等多种形式，借助“暖心窝”养老公司，成功打造了一种将社区与居家服务相结合的医养结合服务模式。

一、杭州市“暖心窝”社区医养模式基本情况

杭州“暖心窝”养老公司成立于2017年1月,自2019年开始自主研发“暖心值”管理系统,以提供优质医养服务,培育养老人才为主业,团队成员80%以上毕业于康养服务专业院校,70%的团队成员接受过日本知名养老机构“合掌院”的实地受训和在院工作经历;团队成员先后荣获杭州市养老技能竞赛个人一、二、三等奖及团体二、三等奖,2021年荣获“第十三届健康中国论坛十大康养项目”,2023年荣获“第七届中国品牌发展论坛品牌之光——创新品牌”。

目前已经在杭州、沈阳、成都、石家庄、厦门、福州、郑州、汉中、保定、长治等城市建成并投入运营的“暖心窝”养老机构有六家,正在建设和筹建的项目有六个,已经开设运营床位520张,目前留住老年人350人,开业以来先后服务老年人680余人次。“暖心窝”在实际运营过程中取得了成功,基本达到了政府满意、企业满意、客户满意的初衷,不失为一种成功的城市创新社区和居家养老相结合的模式。

二、杭州市“暖心窝”社区医养模式内涵与特色

(一)杭州市“暖心窝”社区医养模式服务内容

1. 康养地产运营　参加和协助房地产企业提升产品价值和附加值。

2. 养老机构运营　包括但不限于康养小镇养老服务、咨询服务、CCRC养老社区托管运营、存量物业康养升值、专业技术人员培训服务。

3. 社区居家运营　包括健康小屋配置,居家体系服务,居家智能设计,产品设计整套定制方案,适老化居家改造方案。

4. 暖心值系统　包括服务体系共享平台以及操作系统培训。

5. 暖心汇培训　包括康养培训、个性化照护系统培训、实操培训、个人成长计划。

(二)杭州市“暖心窝”社区医养模式的主要特征

1. 灵便的运行机制　杭州市“暖心窝”社区医养模式最大的特点是由政府或社区开发、企业建设社区养老机构,质量高、环境好,又为运营养老机构减轻了成本压力,也为养老机构追求提高服务质量,建立高水平的服务体系创造了条件。通过竞争机制在社区内嵌入一个市场化运营的养老方式,并以此为基础,整合社区周边养老服务资源,为老年人就近养老提供专业化、个性化服务。

2. 良好的地缘优势　“暖心窝”养老服务机构选择设立在社区,主要看重的是良好的地缘优势,这通常是选址的首要考虑因素。该机构采用多种运营模式,通过托管购买服务、增强机构的服务功能,以及提供日托、助餐等服

务方式，"暖心窝"能够有效地覆盖到社区内有需求的老年人群体，从而满足他们就近养老的需求，并帮助他们及其家属克服照护上的困难。

3. 轻资产运营服务 杭州市"暖心窝"社区医养模式采取轻资产运营，注重管理团队和专业技术人才的培养，在前期机构建设上依托政府和企业资源投入，早期介入内部环境改造与装修，保证建成的养老机构服务功能齐全，环境优美，以全新理念打造"暖心窝"的督导服务模式。

4. 紧密结合基层实际 "暖心窝"致力于营造出养老不离家的模式，突出优势在于规模小、灵活性高、对外部环境要求比较低，而且对社区日常生活影响较小，资金需求少，运营成本低，管理相对简单，可复制性强。这种嵌入式养老服务模式克服了传统家庭养老、社区居家养老和机构养老的缺陷和不足。

5. 寻求康-养-医功能互补 "暖心窝"社区医养模式强调医养结合和康养融合服务，"暖心窝"机构限于机构面积小，难以展开较大范围的医疗保障服务，他们注重优势互补，主动寻找就近的医疗机构特别是康复养老医疗机构以及老年用品机构的合作，以弥补自己医疗服务的短板，保障了入住和服务对象的基本医疗需求。

6. 现代特色的服务体系 社区积极探索研究具有"暖心窝"特色的服务体系和服务模式，引入现代化管理机制和专业技能服务，与网络信息开发机构合作，开发建立自己的网络数据平台，用现代化技术手段提升服务能力和价值，引进机器人服务模式，减轻机构人力资源成本。重视对员工和队伍的全方位专业技能培训，使"暖心窝"的基本服务理念深入人心并贯彻于日常工作之中。

三、杭州市"暖心窝"模式的社会意义

在当前国内人口老龄化和养老机构缺乏矛盾日益加剧的情况下，杭州"暖心窝"模式无疑是有十分积极的社会价值和启示作用。

1. 这种以政府背书或国有资产介入、社会资本的投入，专业养老管理机构的介入，形成三位一体的养老服务管理模式，既能突出政府的监管职能作用，又为多模式养老服务和驻区群众解决养老问题提供了更多的选择。

2. 还能最大限度地调动多方面的积极性参与养老服务项目的投入。合理运用政府部门的政策扶持可以使养老服务机构少走许多弯路，也为政府部门解决资金投入、机构建设等诸多棘手问题。社会资本作为养老机构的主要投资方也可充分运用政府部门对养老机构的扶持，依照专业养老机构的建设标准，高标准、高质量的建设完善养老机构的配套设施和运营环境，使养老机构的运营得到充分的基础保障，即可增加房地产产业含金量，也为未来功能性社区建设奠定一个良好的基础。

3. 养老经营管理机构以专业的管理团队全程负责养老机构的日常运营，

可以有效地使养老服务的基本功能得到全方位的落实，用专业的团队做专业的服务，把政府对养老服务的政策真正落实到实处，把更多的精力投入到改善服务模式，提升服务质量和为群众排忧解难上来，避免因为高昂的成本支出导致养老服务质量不到位，体系建设不完善和保障能力下降的诸多问题上来。

4. “暖心窝”模式在杭州和山西长治的成功案例已经充分说明了这种三位一体的建设运营模式是行之有效的，对于目前许多地方在养老机构建设、资金筹措、仿佛建设管理团队培养以及运营、养老服务模式都是具有十分有益的指导意义。

第三节 租赁式社区医养模式
——广东省珠海市“佳医邦”社区医养模式

珠海市“佳医帮”健康管理有限公司创建于1996年，前身是珠海文安健康管理咨询有限公司。公司以“家庭云医生，社区健康城”为产业发展模式，精心为社区居民提供高品质的基础医疗与个性化的健康服务，是较早开展为社区提供家庭医生服务的企业。

一、“佳医邦”社区医养模式基本情况

“佳医邦”是一家诞生于广东大湾区的社区医养服务连锁机构。该机构以社区卫生服务中心(站)为依托，以自建“中医馆”“护理站”“家庭医生站”等医养服务机构为支撑，组织经过专业培训的家庭医生和社区护士为主力医养服务团队，通过“互联网+”而深入社区家庭，开展连续、便利、个性化的医养服务。“佳医邦”从1996年开始实施家庭病床服务，2018年引入香港新世纪集团“仁山优社”的“长者康复”模式。该服务模式主要集中在广州、珠海，并已逐步推广到湖南，形成了10余家服务站点，每年为近千名社区居家老年人和高龄、失能失智老年人服务，上门服务万余人次，取得了良好的社会和经济效益。

佳医帮集团立足于大健康产业，依托基础医疗平台，重点发展国医馆、家庭口腔、居家康护等领域的专业化服务，是一家集健康科技、转诊会诊、产业投资、项目输出、综合运营以及全科诊疗机构、国医馆、口腔诊所、家庭康复护理院等机构为一体的集团化新型健康产业联合体，致力于给每个家庭提供全面的智能化健康管理服务。公司以“让医疗为健康服务”为使命，经过20多年的不断发展壮大，目前集团已拥有在运营中的佳医邦社区卫生服务中心(站)，“尚古杏林”连锁国医馆，“海曼”口腔连锁诊所，“佳医优护”家庭康

复护理站等子品牌构成的系列健康服务机构，分布于广州、珠海等地区。

二、"佳医邦"社区医养模式基本架构

"佳医邦"的基本实体，是由"公建民营"的社区卫生服务站和自建的"中医馆""护理站""家庭医生站""口腔门诊"等综合匹配形成社区医养服务综合体。这个综合体上联大型医院，确保绿色通道，下延社区居家，开启备受社区老年人欢迎的医养服务。其基本架构如图17-3-1所示。

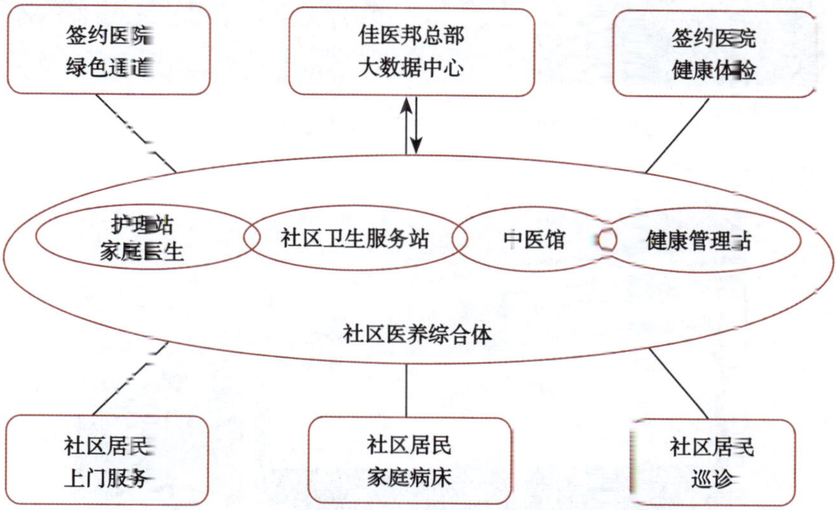

图17-3-1　"佳医邦"社区医养模式基本架构示意图

三、"佳医邦"社区医养模式服务内容

（一）社区卫生服务中心站

开设老年慢病科，重点负责老年人的日常保健公共卫生和慢病管理任务（图17-3-2）。

（二）中医馆

重点为老年人提供个性化的体质调理、四季养生膏方和中医外治、理疗康复服务（图17-3-3）。

（三）家庭医生服务站

主要功能是组织老年人健康体检、健康评估，为老年人提供先进的家庭医生服务（图17-3-4）。

（四）护理站和会诊中心

护理站、会诊中心与社区卫生服务机构家庭病床科合作，专门提供上门

图 17-3-2 株洲市青龙湾社区服务站

图 17-3-3 “佳医邦”社区医养中医馆

出诊、长期照护、高龄照护、延续护理和家庭康复服务。会诊中心负责健康监测、远程会诊和转诊绿色通道服务(图 17-3-5)。

四、珠海市“佳医邦”社区医养模式基本特征

1. 租赁式　场地交房租,自费装修,自购设备,自组专业团队。

2. 政府支持　给社区卫生服务机构提供资质和经营政策,公共卫生服务按政策补贴。

3. 卫生、民政、医保、残联等机构根据企业运营需求提供政策支持。

4. 中医馆突出自己的中医药特色和服务品牌,通过为社区居民提供特色

图 17-3-4　佳医邦社区家庭医生工作站

图 17-3-5　佳医邦护理站、远程会诊站

服务而形成较强的吸引力。

5. “佳医邦”具有自己的医疗管理中心和服务中心，确保布局多省份的连锁机构统一管理和质量控制。易于移植推广，适合于城市养老广泛应用。

社区与居家养老是当今社会的热门话题。国家的部署是“以居家养老为基础，社区养老为依托，机构养老为补充”。我们的理解是“90% 为居家养老，主要是普通居民；7% 为社区养老，包括城市社区的各类养老院，多为高龄老人、高危老人；3% 为机构养老，多指风景区养老院或高端养老院，多为活力老人或亚健康老人”。而真正的热点难点是居家养老如何落实。根据上述三种模式，我们认为必须抓住如下四点：

一是城市居家养老老人如何利用“社区依托”。这个“社区依托”究竟如何建设？如何服务？本书前文描述为“社区医养综合体”，并细述了全方位为居家老人服务的全部功能。

二是农村居家老人如何利用“乡村依托”。“乡村依托”指的是依托乡镇卫生院和村医务室，扩建而成的“乡村医养综合体”。农村居住分散，员工素质低，条件也比较差，但也必须坚持应有职能任务。

三是城市社区与农村乡村的医养综合体，其建设规模、服务模式和责任主体不同，城市社区可以多种形式，多种模式，责任主体也可以多样。农村乡村则必须坚持政府主导，实行县乡村一体化，统一领导，统一部署，统一培训，统一检查，统一标准，否则难以成功。

四是必须坚持服务标准化和智能化。标准化和智能化是当代服务业发展的两大航标。而且标准化和智能化是两个相辅相成不可分割的两个部分。《医养结合健康管理服务标准》设定的“机构养老-社区养老-居家养老”三个层面的医养结合服务标准和智能化的要求，在全国开始落实，对于统一城市社区和农村乡村的医养结合健康管理服务标准，提高服务质量，将发挥重要作用。

附录　国家关于医养结合的重要文件

1. 国务院关于加快发展养老服务业的若干意见（国发〔2013〕35号）

2. 国务院关于促进健康服务业发展的若干意见（国发〔2013〕40号）

3. 国务院办公厅转发卫生计生委等部门关于推进医疗卫生与养老服务相结合指导意见的通知（国办发〔2015〕84号）

4. 中共中央　国务院印发《"健康中国2030"规划纲要》

5. 关于促进中医药健康养老服务发展的实施意见（国中医药医政发〔2017〕2号）

6. 关于做好医养结合机构审批登记工作的通知（国卫办老龄发〔2019〕17号）

7. 关于深入推进医养结合发展的若干意见（国卫老龄发〔2019〕60号）

8. 关于建立完善老年健康服务体系的指导意见（国卫老龄发〔2019〕61号）

9. 国家卫生健康委办公厅关于印发老年医学科建设与管理指南（试行）的通知（国卫办医函〔2019〕855号）

10. 关于印发医养结合机构服务指南（试行）的通知（国卫办老龄发〔2019〕24号）

11. 关于印发医养结合机构管理指南（试行）的通知（国卫办老龄发〔2020〕15号）

12. 关于开展医养结合机构服务质量提升行动的通知（国卫办老龄函〔2020〕974号）

13. 关于印发医疗卫生机构与养老服务机构签约合作服务指南（试行）的通知（国卫办老龄发〔2020〕23号）

14. 中共中央　国务院关于加强新时代老龄工作的意见（2021年11月18日）

15. 关于开展社区医养结合能力提升行动的通知（国卫老龄函〔2022〕53号）

16. 国家卫生健康委办公厅关于开展第一批全国医养结合示范县(市、区)和示范机构创建工作的通知(国卫办老龄函〔2022〕128 号)

17. 国家卫生健康委关于印发医养结合示范项目工作方案的通知(国卫老龄发〔2022〕14 号)

18. 关于进一步推进医养结合发展的指导意见(国卫老龄发〔2022〕25 号)

19. 国务院办公厅关于印发中医药振兴发展重大工程实施方案的通知(国办发〔2023〕3 号)

20. 中共中央办公厅、国务院办公厅印发《关于推进基本养老服务体系建设的意见》

21. 国家卫生健康委关于命名全国医养结合示范县(市、区)和示范机构的通知(国卫老龄函〔2024〕18 号)

参考文献

[1] 张欣悦. 我国人口老龄化的现状特点和发展趋势及其对策研究[J]. 中国管理信息化,2020,23(5):195-199.

[2] 中华人民共和国国家统计局. 2010 年第六次全国人口普查主要数据公报(第 1 号)[R/OL].(2011-04-28)[2024-05-27].https://www.stats.gov.cn/sj/tjgb/rkpcgb/qgrkpcgb/202302/t20230206_1901997.html.

[3] 国家统计局国务院第七次全国人口普查领导小组办公室. 第七次人口普查公报[R/OL].(2021-05-11)[2024-05-27]. https://www.gov.cn/guoqing/2021-05/13/content_5606149.htm.

[4] 杜鹏,陈民强. 积极应对人口老龄化:政策演进与国家战略实施[J]. 新疆师范大学学报(哲学社会科学版),2022,43(03):91-99.

[5] 李昂,殷淑琴,徐勇,等. 2010~2030 年中国老年期痴呆的预测[J]. 中国老年学杂志,2015,35(13):3708-3711.

[6] 国家统计局. 中国统计年鉴 2021[Z/OL].(2024-04-06)[2024-05-27]. http://www.stats.gov.cn/tjsj/ndsj/2021/indexch.htm.

[7] 国家人口发展战略研究课题组. 国家人口发展战略研究总报告[M]. 北京:中国人口出版社,2007.

[8] 陆杰华,汪斌. 长寿社会下全球公共治理新动向研究[J]. 中国特色社会主义研究,2019(6):69-75.

[9] 董巧亮,赵丽萍,何桂香. 我国养老护理服务存在问题及对策[J]. 齐鲁护理杂志,2017,23(3):75-77.

[10] 张少琛. 我国劳动年龄人口老化及其对经济发展的影响研究[D]. 吉林大学,2022.

[11] 孙春丽,吴士英,董天宏,等. 基于老年综合评估的社区老年高血压培训效果评价[J]. 成都医学院学报,2022,17(5):660-663.

[12] 谢雨龙. 城市“双独家庭”医养结合养老问题研究[D]. 南充:西华师范大学,2022.

[13] 杨涵墨. 中国人口老龄化新趋势及老年人口新特征[J]. 人口研究,2022,46(5):104-116.

[14] 骆柏均,宋洋. 国外养老模式对中国的启示[J]. 经济研究导刊,2020(14):55-56.

[15] 魏兴瑶. 我国老年人医养结合养老服务需求的影响因素研究[D]. 东北师范大学,2020.

[16] 朱庆. 医养结合养老服务研究综述 2020 [J]. 中国初级卫生保健,2020,34(6):15-18.

[17] 刘文莉,张新宇,徐凌忠. 老龄化背景下医养结合养老模式的伦理价值和可行性初探[J]. 中国医学伦理学,2016,29(4):671-673.

[18] 李鸿敏,杨雪美,王晓翌,等. 健康中国背景下农村医养结合发展路径[J]. 经济师,2022(03):32-33.

[19] 朱孔来,朱孟斐,孔杨,等. 加快推动医养结合 建设健康山东研究[M]. 济南:山东大学出版社,2019.

[20] 徐卫华. 医养结合理论与沈阳实践[M]. 北京:中国中医药出版社,2020.

[21] 陈运奇,杨庭树,周琳,等. 健康养老中国模式探索[J]. 中国老年保健医学,2021,19(3):3-5.

[22] 陈运奇,肖晖,夏红,等. 健康中国建设快捷路径研究与实践[J]. 中国老年保健医学,2022,20(5):3-5.

[23] 陈运奇,周琳,杨庭树,等. 论数字时代人类主动健康与老龄化科技应对[J]. 中国老年保健医学,2021,19(6):6-7.

[24] 陈运奇,侯惠如. 试论医养结合的发展趋势[J]. 中华保健医学杂志,2020,22(3):107-108.

[25] 陈运奇,杨庭树,周琳,等. 医养结合服务体系建设是实现全民健康的基础工程和快捷路径[J]. 中国老年保健医学,2021,19(4):3-4.

[26] 陈运奇,周琳,杨庭树,等. 医养结合机构核心竞争力的发掘与建设[J]. 中国老年保健医学,2022,20(1):11-12.

[27] 陈运奇,杨庭树,周琳,等. 医养结合机构建设基本要求与职能设置的研究与实践[J]. 中国老年保健医学,2022,20(1):8-10.

[28] 梁智,陈运奇,李瑶盖,等. 医养结合健康管理中心与农牧区医养服务的协同发展研究与示范[J]. 中国老年保健医学,2021,19(5):3-4.

[29] 陈运奇,周琳,侯惠如. 医养结合形式与内容的研究[J]. 中华保健医

学杂志,2020,22(6):650-651.

[30]陈运奇,周琳,侯惠如. 医养结合养老模式的研究与实践[J]. 中华保健医学杂志,2021,23(2):200-201.

[31]葛琳. 医养结合的预防保健服务研究[D]. 上海师范大学,2019.

[32]严光,李静. 让老年医学成为医养结合的核心驱动力[J]. 中国临床保健杂志,2023,26(3):289-293.

[33]杨椰蓁."医养结合"模式下养老建筑设计策略初探[D]. 西安建筑科技大学,2019.

[34]李雪莹,董立纺. 医养结合养老机构开展安宁疗护的实践[J]. 现代医药卫生,2019,35(22):3553-3555.

[35]何坤. 老龄化背景下我国安宁疗护的现状与发展策略的思考[J]. 饮食保健,2018,5(13):285-286.

[36]郭建铭,杨威,董四平,等. 倡导联盟视角下我国医养结合政策变迁研究[J]. 华西医学,2021,36(12):1764-1769.

[37]贾婷婷,马国芳,何桂香,等. 中国医养结合政策梳理及量化评价——基于 PMC 指数模型分析[J]. 卫生软科学,2021,35(8):38-42.

[38]刘芷含,苏林仪. 中国医养结合政策文本量化研究(2013—2020 年)[J]. 中国农村卫生事业管理,2021,41(4):230-235.

[39]涂爱仙. 组织、政策和资源:三维透视医养结合服务供给碎片化[J]. 云南大学学报(社会科学版),2022,21(4):135-144.

[40]孙鹃娟,田佳音. 新健康老龄化视域下的中国医养结合政策分析[J]. 中国体育科技,2020,56(9):58-65.

[41]高鹏,杨翠迎. 上海市医养结合的政策过程与实践——基于"过程—工具"的分析[J]. 社会保障研究,2021,(6):23-34.

后　记

《医养结合创新研究与实践》终于付梓，这是我一生做过的最困难的事，也是我一生最想做成的事。说它“最困难”，是因为我已退休十年有余，真要写出一部广范畴实践、高视域研究的专著早已显得力不从心；说是“最想做成”，是因为这10多年，在中国老年医学学会的组织和领导下，我深入医养结合领域，与一群热衷于老年健康事业的专家学者共同研究、实践，成果需要与大家分享，探究医养结合新模式，助力健康中国建设。

在此，十分感谢张立平终身名誉会长、范利会长和高松柏会长的鼓励和帮助，感谢中南大学湘雅医院胡建中书记、黄伟红主任和解放军总医院侯惠如主任给予我机会，让我能够以顾问身份加入国家重大研发计划项目“主动健康和老龄化科技应对”中的重点专项“医养结合支持解决方案研究”的团队，尤其还要感谢湖南省郴州市桂阳县委县政府以巫初华书记为首的领导班子的全力支持和有力领导，感谢湖南省卫生健康委老年健康处杨谦处长的悉心指导和支持，使我们创建“全国医养结合示范县”的工作比国家文件提前了9个月启动，并得以圆满成功。

最后我还要感谢我的老战友成都医学院原副院长昝加禄教授，以及成都老年康疗院副院长吴仕英教授和孙春丽同志，他们为帮助我整理书稿做了大量工作；感谢成都青城山国际颐养中心董事长李元庆，为此书的成功做了这么多探索和保障工作。

尽管我们在研究与实践时力求从国家推动“健康中国”战略的高度和医养结合领域的广阔视角出发，紧密结合当前形势和需求，深入思考各类问题，才精心规划编写了这本书的内容，但仍然难免有许多不足，甚至可能出现错误。衷心希望广大读者能够理解，并在发现错误时不吝指正。

陈运奇

2024年3月